EICHSTÄTTER STUDIEN

NEUE FOLGE

BAND XXII

D1929001

Ludger Müller

Kirche, Staat, Kirchenrecht

EICHSTÄTTER STUDIEN

Im Auftrag von Professoren
der Theologischen Fakultät
der Katholischen Universität Eichstätt
herausgegeben von Bernhard Mayer
und Michael Seybold

NEUE FOLGE

BAND XXII

Ludger Müller

Kirche, Staat, Kirchenrecht

VERLAG FRIEDRICH PUSTET
REGENSBURG

H I d 19

LUDGER MÜLLER

Kirche, Staat, Kirchenrecht

Der Ingolstädter Kanonist Franz Xaver Zech SJ (1692–1772)

8-05-213
Phil.-Theol. Hochschule d. Salesianer Don Boscos 8174 Benediktbeuern Bibliothek
AUSGESCHIEDEN aus dem Bestand der Stiftsbibliothek Heiligenkreuz
8-89-750

VERLAG FRIEDRICH PUSTET
REGENSBURG

CIP-Kurztitelaufnahme der Deutschen Bibliothek

Müller, Ludger:
Kirche, Staat, Kirchenrecht : d. Ingolstädter
Kanonist Franz Xaver Zech SJ (1692–1772) /
Ludger Müller. – Regensburg : Pustet, 1986.
(Eichstätter Studien ; N.F., Bd. 22)
ISBN 3-7917-1024-9
NE: GT

ISSN 0170-9402
ISBN 3-7917-1024-9
© 1986 by Verlag Friedrich Pustet, Regensburg
Umschlag: Christoph Albrecht, Rotthalmünster
Gesamtherstellung: Friedrich Pustet, Regensburg
Printed in Germany 1986

Meinen Eltern
in Dankbarkeit
gewidmet

Vorwort

Die vorliegende Arbeit wurde im Sommersemester 1985 von der Katholisch-Theologischen Fakultät der Katholischen Universität Eichstätt als theologische Dissertation angenommen. Sie entstand während der Zeit meiner Tätigkeit als wissenschaftlicher Mitarbeiter am Lehrstuhl für Kirchenrecht und kirchliche Rechtsgeschichte, und dieser Tätigkeit verdanke ich manche Anregung und Hilfe.

An erster Stelle danke ich meinem Doktorvater, Herrn Prof. Dr. Peter Krämer, der die Arbeit angeregt und mit kritischem Interesse begleitet hat sowie meine kirchenrechtlichen Studien in mannigfacher Weise gefördert hat. Mein Dank gilt ebenfalls Herrn Prof. Dr. Alfred Gläßer, der die Aufgabe des Korreferenten für diese Dissertation übernommen hat.

Allen Professoren der Katholisch-Theologischen Fakultät Eichstätt, dem Herausgeberausschuß der Eichstätter Studien und seinem Vorsitzenden, Herrn Prof. Dr. Bernhard Mayer, danke ich für die Aufnahme dieser Arbeit in die Reihe der Eichstätter Studien und den gewährten Druckkostenzuschuß. Ebenso sei den Diözesen Osnabrück und Eichstätt sowie der Augustin Bea-Stiftung, München, für die Gewährung von Druckkostenzuschüssen Dank gesagt.

Die Mitarbeiter der Bibliotheken und Archive, deren Bestände ich benutzen konnte, haben sich stets freundlich und zuvorkommend meiner Anliegen angenommen. Msgr. Lic. theol. Alfred Hockel, Lülsdorf, hat das Entstehen dieser Arbeit in vielfältiger Weise unterstützt. Frau Dipl.-Theol. Reinhild Ahlers, Eichstätt, half mir bei Lesen der Korrekturfahnen. Viele andere, die ich nicht im einzelnen nennen kann, haben dazu beigetragen, daß die vorliegende Arbeit erscheinen und meine Promotion erfolgreich abgeschlossen werden konnte. Ihnen allen gilt mein Dank.

Büren, den 21. April 1986 Ludger Müller

Inhaltsverzeichnis

Zweiter Teil
Grundlegende Fragen der Kirchenrechtslehre

Dritter Teil
Die Kirche in ihrer inneren und äußeren Verfaßtheit

Abkürzungsverzeichnis

ADB	Allgemeine Deutsche Biographie
AkathKR	Archiv für katholisches Kirchenrecht
Archiv SJ, Mchn.	Provinzarchiv der Oberdeutschen Provinz der Gesellschaft Jesu, München
CCL	Corpus Christianorum, Series Latina
CSEL	Corpus Scriptorum Ecclesiasticorum Latinorum
CT	Concilium Tridentinum
DA	Diözesanarchiv
De Jud. I	Zech, De Judiciis Ecclesiasticis, Pars Prior
De Jud. II	Zech, De Judiciis Ecclesiasticis, Pars Posterior
De Jur. Rer. I	Zech, De Jure Rerum Ecclesiasticarum, Pars Prior
De Jur. Rer. II	Zech, De Jure Rerum Ecclesiasticarum, Pars Posterior
De Spons.	Zech, De Sponsalibus Academicorum
DS	Denzinger – Schönmetzer, Enchiridion Symbolorum
ep.	epistola
Fasz.	Faszikel
GCS	Die Griechischen Christlichen Schriftsteller der ersten drei Jahrhunderte
GL	Gerichtsliteralien
Hier.	Zech, Hierarchia Ecclesiastica
HStA Mchn.	Hauptstaatsarchiv München
In II. Sent.	Scriptum super Libros Sententiarum, Liber II
Index Univ.	Index Universalis ad Faciliorem Usum Institutionum Juris Canonici Autore P. Franc. Xav. Zech, S. J. editarum
$LThK^1$	Lexikon für Theologie und Kirche, erste Auflage
$LThK^2$	Lexikon für Theologie und Kirche, zweite Auflage
NDB	Neue Deutsche Biographie
N.F.	Neue Folge
PL	Patrologiae Cursus Completus, Series Latina
I Politic.	1. Buch der Politik
Praec.	Zech, Praecognita Juris Canonici
RNr.	Randnummer
SC	Sources Chrétiennes
StA	Staatsarchiv
StaBi Mchn.	Staatsbibliothek München
STh	Summa Theologiae
UA Mchn.	Universitätsarchiv München
ZSRG.K	Zeitschrift der Savigny-Stiftung für Rechtsgeschichte. Kanonistische Abteilung

Quellen- und Literaturverzeichnis

1. *Quellen*

a) *Archivalische Quellen*

Staatsarchiv Amberg, Bestand: Gymnasium Amberg, Nr. 4: Diarium Gymnasii Ambergensis.
Studienbibliothek Dillingen, Signatur: GESCH 105: Catalogi Studiosorum, Bd. 3: 1696–1712, masch. o. O. o. J.
Studienbibliothek Dillingen, Signatur: GESCH 106: Jos. Stegmayr, Die Studenten der ehemaligen Universität Dillingen aus den vorhandenen Verzeichnissen zusammengestellt, Bd. 1, masch. o. O. o. J.
Studienbibliothek Dillingen, Signatur: XV8 133/2: Promotionum academicarum Tom. II ab Anno 1632.
Diözesanarchiv Eichstätt, Generalregister der Eichstätter Bisthumsgeistlichen. Vom Sterbejahr 1769 an – 1904, Bd. 2.
Diözesanarchiv Eichstätt, Signaturen: B 179; B 196,1; B 201; B 219; q 27.
Pfarrarchiv Ellingen, Libri parochiales baptizatorum, matrimonio junctorum et defunctorum.
Provinzarchiv der Oberdeutschen Provinz der Gesellschaft Jesu, München, Signaturen: Mscr. VI 18; Mscr. VI 37; Mscr. XI 26/7.
Hauptstaatsarchiv München, Gerichtsliteralien, Faszikel 1489, Nr. 20; Faszikel 1490, Nr. 12.
Hauptstaatsarchiv München, Gerichtsliteralien Ingolstadt, No. 16/5.
Hauptstaatsarchiv München, Bestand: Jesuiten Nr. 252; 464; 466–477; 480–490; 493; 496; 500; 507; 510; 1770; 1778.
Staatsbibliothek München, Oefeleana 61.
Universitätsarchiv München, Signaturen: K I 1 a; L I 8, Bd. 2.
Universitätsarchiv München, Bestand Georgianum, 2. Abteilung, Akten Nr. 316.

b) *Schriften, die von Franz Xaver Zech stammen bzw. ihm zugeschrieben werden*

Die mit einem Asteriscus versehenen Schriften waren mir nicht zugänglich.

Benignitas Moderata Ecclesiae Romanae in Criminosos ad se Confugientes. Seu Dissertatio Historico-Juridica de Jure Asyli Ecclesiastici, Ingolstadt 1761.
* Casus ad Caput Scriptum est 40 de Electoris et Electi Potestate, o. O. o. J.
* Compendium Juris Canonici, Ingolstadt 1750.
De Ambitu Dissertatio Politico-Legalis ad Academicos Publicorum Officiorum Candidatos, Ingolstadt 1752.

* Decas Dubiorum ad Lib. III Decretal. Tit. XXV de Peculio Clericorum, Ingolstadt 1752.
De Judiciis Ecclesiasticis ad Germaniae Catholicae Principia et Usum. Pars Prior Complectens Sectionem I. De Judiciis Civilibus, Ingolstadt – Augsburg 1765.
De Judiciis Ecclesiasticis ad Germaniae Catholicae Principia et Usum. Pars Posterior Complectens Sectionem II. De Judiciis Criminalibus, Ingolstadt – Augsburg 1766.
De Jure Rerum Ecclesiasticarum ad Germaniae Catholicae Principia et Usum. Pars Prior Complectens Sectionem I. & II., Ingolstadt – München 1758.
De Jure Rerum Ecclesiasticarum ad Germaniae Catholicae Principia et Usum. Pars Posterior Complectens Sectionem III. & IV., München – Ingolstadt 1762.
* De Testamento, quod valeat, etiam in Foro Externo, licet sine Solemnitatibus Conditum, o. O. o. J.
Dissertatio Juridico-Canonica de Sponsalibus Academicorum absque Consensu Parentum Contractis cum Appendice de in Integrum Restitutione Minorum contra Sponsalia, Ingolstadt 1754 (Ingolstadt – München [2]1757).
Exercitium Practicum Virtutum Theologicarum, anonym, Konstanz 1727 (München [2]1738).
Facti Species in Causa Decimarum Langenmosensium ex Instrumentis Authenticis Extracta, cum Corollariis, anonym, o. O. o. J.
Hierarchia Ecclesiastica, ad Germaniae Catholicae Principia et Usum delineata, Ingolstadt – Augsburg 1750.
Index Universalis ad Faciliorem Usum Institutionum Juris Canonici Autore P. Franc. Xav. Zech, S. J. editarum, anonym, o. O. o. J.
* Opuscula Minora, Ingolstadt 1761.
Praecognita Juris Canonici ad Germaniae Catholicae Principia et Usum accomodata, Ingolstadt – Augsburg 1749 ([2]1766).
Rigor Moderatus Doctrinae Pontificiae circa Usuras a SS. D. N. Benedicto XIV. per Epistolam Encyclicam Episcopis Italiae Traditus, ab Ingolstadiensi Academia constanter Assertus. Dissertatio I, Ingolstadt 1747 ([2]1751); Dissertatio II, Ingolstadt 1749; Dissertatio III, Ingolstadt – Augsburg 1751.

c) Weitere gedruckte Quellen

Aristoteles, Opera, hrsg. v. *Immanuel Bekker,* Berlin 1831–1870.
Catechismus Romanus ex Decretis Concilii Tridentini, ad Parochos, Pii V. et Clementis XIII. Pont. Max. Iussu Editus, lat.-dt. Ausg., Regensburg 1896.
Cicero, Marcus Tullius, De Legibus, hrsg. v. *Konrat Ziegler – Waldemar Görler,* Freiburg – Würzburg [3]1979 (Heidelberger Texte 20).
Clemens Alexandrinus, Zweiter Band: Stromata Buch I–VI, hrsg. v. *Otto Stählin,* Leipzig 1906 (Die Griechischen Christlichen Schriftsteller der ersten drei Jahrhunderte 15).
Concilii Tridentini Actorum Pars Sexta, hrsg. v. *Stephan Ehses,* Freiburg/Brsg. 1924 (Concilium Tridentinum IX).
Concilium Universale Ephesenum, hrsg. v. *Eduard Schwartz,* Bd. 2, Berlin – Leipzig 1925/26 (Acta Conciliorum Oecumenicorum, Tom. I, Vol. 2).

Constitutiones Concilii Quarti Lateranensis cum Commentariis Glossatorum, hrsg. v. *Antonio García y García*, Città del Vaticano 1981 (Monumenta Iuris Canonici, Series A, Vol. 2).
Corpus Iuris Canonici, hrsg. v. *Aemilius Friedberg*, Pars Prior: Decretum Magistri Gratiani, Leipzig 1879 (Nachdruck: Graz 1959); Pars Posterior: Decretalium Collectiones, Leipzig 1879 (Nachdruck: Graz 1959).
Denzinger, Heinrich – Adolph Schönmetzer, Enchiridion Symbolorum, Definitionum et Declarationum de Rebus Fidei et Morum, Barcelona – Freiburg/Brsg. [35]1967.
Denys l'Aréopagite, La Hiérarchie Céleste, hrsg. v. *René Roques – Gunther Heil – Maurice de Gandillac*, Paris [2]1970 (Sources Chrétiennes 58bis).
Duhr, Bernhard, Die Studienordnung der Gesellschaft Jesu. Mit einer Einleitung, Freiburg 1896 (Bibliothek der katholischen Pädagogik 9).
Epiphanius (Ancoratus und Panarion), hrsg. v. *Karl Holl*, Bd. 3: Panarion Haer. 65–80. De Fide, Leipzig 1933 (Die Griechischen Christlichen Schriftsteller der ersten drei Jahrhunderte 37).
Febronius, Justinus, De Statu Ecclesiae et Legitima Potestate Romani Pontificis Liber Singularis, ad Reuniendos in Religione Christianos Compositus. Tomus Secundus, Frankfurt – Leipzig 1770.
Gerson, Jean, Oeuvres Complètes, hrsg. v. *[Palémon] Glorieux*, Vol. 6: L'Oeuvre Ecclésiologique, Paris – Tournai – Rom – New York o. J. [1965].
Hugonis de S. Victore Opera Omnia, hrsg. v. *J[acques]-P[aul] Migne*, Bd. 2, Paris 1880 (Patrologiae Cursus Completus, Series Latina 176).
Ickstatt, Johann Adam von, De Studio Juris, Ordine atque Methodo Scientifica Instituendo (Meditationes Praeliminares), Würzburg 1731.
Ickstatt, Johann Adam von, Kurtzer Entwurff einer vernünfftigen Lehr-Art wornach unsere teutsche adeliche und andere, insonderheit Catholische, Academische Jugend ihre Studia Juris auf Universitäten mit Nutzen einrichtet, München 1746.
Ignatius von Antiochien, An die Smyrnäer, in: Die Apostolischen Väter, hrsg. v. *Joseph A. Fischer*, Darmstadt 1970 (Schriften des Urchristentums 1), 204–215.
Sancti *Ivonis Carnotensis* Episcopi Opera Omnia, Bd. 2, hrsg. v. *J[acques]-P[aul] Migne*, Paris 1889 (Patrologiae Cursus Completus, Series Latina 162).
Lancelotti, Giovanni Paolo, Institutiones Juris Canonici, quibus Jus Pontificium Singulari Methodo Libris quatuor comprehenditur, Lyon 1584.
Mederer, Johannes Nepomuk, Annales Ingolstadiensis Academiae, Pars III. Ab Anno 1672. Ad Annum 1772, Ingolstadt 1782; Pars IV seu Codex Diplomaticus, Ingolstadt 1782.
[Neller, Georg Christoph,] Principia Juris Publici Ecclesiastici Catholicorum, Frankfurt – Leipzig 1746.
S. Optati Milevitani Libri VII, hrsg. v. *Karl Ziwsa*, Prag – Wien – Leipzig 1893 (Corpus Scriptorum Ecclesiasticorum Latinorum 26).
Pachtler, Georg Michael, Ratio Studiorum et Institutiones Scholasticae Societatis Jesu per Germaniam olim Vigentes, Bd. 1, Berlin 1886 (Monumenta Germaniae Paedagogica II).
Pichler, Vitus, Candidatus Jurisprudentiae Sacrae, Bd. 1, Augusburg [4]1733; Bd. 5, Augsburg [3]1728.
Prudentii Clementis Aurelii Carmina, hrsg. v. *Mauricius P. Cunningham*, Turnhout 1966 (Corpus Christianorum, Series Latina 126).

Quellen zum Verfassungsorganismus des Heiligen Römischen Reiches Deutscher Nation 1495–1815, hrsg. v. *Hanns Hubert Hofmann,* Darmstadt 1976 (Ausgewählte Quellen zur Deutschen Geschichte der Neuzeit. Freiherr vom Stein-Gedächtnisausgabe 13).

Reiffenstuel, Anacletus, Jus Canonicum Universum, Bd. 1, Freising 1700.

Rothfischer, Franz sonst *Gregorius,* Nachrichten von seinem Übergange von der Römischen zu der Evangelischen Kirche zu Steuer der Wahrheit aufgesetzt und der unpartheyischen Welt vor Augen geleget, Leipzig – Wolfenbüttel 1752.

Schmalzgrueber, Franciscus, Introductio ad Jus Canonicum, seu Dissertatio Prooemialis, beigebunden zu ders., Jus Ecclesiasticum Universum, Bd. 1, Ingolstadt 1727.

Schmalzgrueber, Franciscus, Jus Ecclesiasticum Universum, Bd. 1, Ingolstadt 1727.

Suárez, Franciscus, Tractatus de Legibus ac de Deo Legislatore, Bd. 1, Neapel 1872.

Thomas von Aquin, Scriptum super Libros Sententiarum Magistri Petri Lombardi Episcopi Parisiensis, Tom. II, hrsg. v. *P[ierre] Mandonnet,* Paris 1929.

Sancti *Thomae Aquinatis* Summa Theologiae, 5 Bde., Madrid [3]1961–[3]1965 (Biblioteca de Autores Cristianos 77. 80. 81. 83. 87).

Ueblacker, Christoph, Conspectus Juris Ecclesiastici in Collegiis tum publicis, tum privatis in alma, Catholica et electorali Universitate Anglipolitana explicandi, Augsburg – Ingolstadt 1769.

Das Zweite Vatikanische Konzil. Konstitutionen, Dekrete und Erklärungen. Lateinisch und Deutsch. Kommentare, Teil I, Freiburg – Basel – Wien 1967 (Lexikon für Theologie und Kirche); Teil II, Freiburg – Basel – Wien 1967 (Lexikon für Theologie und Kirche).

2. *Literatur*

a) Bibliographien und Sammelwerke

Backer, Augustin de – Aloys de Backer – Carlos Sommervogel, Bibliothèque de la Compagnie de Jésus, Premier Partie: Bibliographie, Bd. 1, Brüssel – Paris 1890; Bd. 7, Brüssel – Paris 1898.

[Caballero, Ramon Diosdado], Bibliothecae Scriptorum Societatis Jesu Supplementa, Supplementum alterum, Rom 1816.

Handbuch der bayerischen Geschichte, hrsg. v. *Max Spindler,* Bd. 2, München 1969.

Handbuch des katholischen Kirchenrechts, hrsg. v. *Joseph Listl – Hubert Müller – Heribert Schmitz,* Regensburg 1983.

Handbuch des Staatskirchenrechts, hrsg. v. *Ernst Friesenhahn – Ulrich Scheuner,* Bd. 1, Berlin 1974.

b) Weitere häufiger benutzte Literatur

Arnold, Franz Xaver, Die Staatslehre des Kardinals Bellarmin. Ein Beitrag zur Rechts- und Staatsphilosophie des konfessionellen Zeitalters, München 1934.

Aymans, Winfried, Laien als kirchliche Richter? Erwägungen über die Vollmacht zu geistlicher Rechtsprechung, in: AkathKR 144 (1975), 3–20.

Bamberger, Rudolf, Johann Adam Freiherr von Ickstatt und seine Bedeutung für Würzburg. Eine Biographie unter besonderer Berücksichtigung seiner Lehrtätigkeit in Würzburg, Diss. jur. Würzburg 1971.

Bauch, Andreas, Bischof, Professoren und Studenten. Ein Beitrag zu den Auswirkungen des Kanzleramtes der Eichstätter Bischöfe an der Universität Ingolstadt im 17. und 18. Jahrhundert, in: Sammelblatt des Historischen Vereins Eichstätt 65/66 (1972/73), 7–29.

Böckenförde, Ernst-Wolfgang, Staat – Gesellschaft – Kirche, in: Christlicher Glaube in moderner Gesellschaft, Teilbd. 15, Freiburg – Basel – Wien 1982, 5–120.

Brunner, Heinz, Der organologische Kirchenbegriff in seiner Bedeutung für das ekklesiologische Denken des 19. Jahrhunderts, Frankfurt – Bern – Las Vegas 1979 (Europäische Hochschulschriften, Reihe 23: Theologie 118).

Corecco, Eugenio, Theologie des Kirchenrechts. Methodologische Ansätze, Trier 1980 (Canonistica 4).

Dickerhof, Harald, Land, Reich, Kirche im historischen Lehrbetrieb an der Universität Ingolstadt (Ignaz Schwarz 1690–1763), Berlin 1973.

Endemann, Wilhelm, Studien in der romanisch-kanonistischen Wirthschafts- und Rechtslehre bis gegen Ende des siebenzehenten Jahrhunderts, Bd. 1, Berlin 1874; Bd. 2, Berlin 1883.

Fahrnberger, Gerhard, Bischofsamt und Priestertum in den Diskussionen des Konzils von Trient. Eine rechtstheologische Untersuchung, Wien 1970 (Wiener Beiträge zur Theologie 30).

Frowein, Peter, Philipp Hedderich 1744–1808. Ein rheinischer Kanonist aus dem Minoritenorden im Zeitalter der Aufklärung, Köln – Wien 1973 (Bonner Beiträge zur Kirchengeschichte 3).

Frowein, Peter, Primat und Episkopat in der deutschen Kanonistik des 18. Jahrhunderts, in: Römische Quartalschrift 69 (1974), 210–229.

Gerstner, J., Geschichte der Stadt Ingolstadt in Oberbayern, München 1852 (Nachdruck: Frankfurt 1980).

Gläßer, Alfred, Das Kirchenrecht als konsekutives Recht und die Bestellung der Bischöfe, in: Theologisch-praktische Quartalschrift 130 (1982), 4–19.

Gläßer, Alfred, Zur Theologie von Sittlichkeit und Recht, in: Recht und Sittlichkeit, hrsg. v. *Johannes Gründel,* Freiburg/Schweiz – Freiburg/Brsg. – Wien 1982 (Studien zur Theologischen Ethik 10), 72–111.

Grabmann, Martin, Geschichte der katholischen Theologie seit dem Ausgang der Väterzeit, Freiburg 1933 (Nachdruck: Darmstadt 1983).

Grass, Nikolaus, Die Kirchenrechtslehrer der Innsbrucker Universität von 1672 bis zur Gegenwart. Ein Beitrag zur Wissenschaftsgeschichte Österreichs, in: Veröffentlichungen des Museum Ferdinandeum (Innsbruck) 31 (1951), 157–212.

Haas, Robert, Die geistige Haltung der katholischen Universitäten Deutschlands im 18. Jahrhundert. Ein Beitrag zur Geschichte der Aufklärung, Freiburg 1952.

Hammermeyer, Ludwig, Die Aufklärung in Wissenschaft und Gesellschaft, in: Handbuch der bayerischen Geschichte, Bd. 2, 985–1033.

Hammermeyer, Ludwig, Die letzte Epoche der Universität Ingolstadt. Reformer, Jesuiten, Illuminaten (1746–1800), in: Ingolstadt. Die Herzogsstadt – Die Universitätsstadt – Die Festung, hrsg. v. *Theodor Müller – Wilhelm Reissmüller,* Bd. 2, Ingolstadt 1974, 299–357.

Hammerstein, Notker, Aufklärung und katholisches Reich. Untersuchungen zur Universitätsreform und Politik katholischer Territorien des Heiligen Römischen Reiches deutscher Nation im 18. Jahrhundert, Berlin 1977 (Historische Forschungen 12).

Heckel, Martin, Staat und Kirche nach den Lehren der evangelischen Juristen Deutschlands in der ersten Hälfte des siebzehnten Jahrhunderts, in: ZSRG.K 42 (1956), 117–247; 43 (1957), 202–308.

Hegel, Eduard, Die katholische Kirche Deutschlands unter dem Einfluß der Aufklärung des 18. Jahrhunderts, Opladen 1975 (Rheinisch-Westfälische Akademie der Wissenschaften, Geisteswissenschaften, Vorträge G 206).

Heimerl, Hans, Kirche, Klerus und Laien. Unterscheidungen und Beziehungen, Wien 1961.

Jedin, Hubert, Zur Theologie des Episkopates vom Tridentinum bis zum Vaticanum I, in: Trierer Theologische Zeitschrift 74 (1965), 176–181.

Kluckhohn, August, Der Freiherr von Ickstatt und das Unterrichtswesen in Bayern unter dem Kurfürsten Maximilian Joseph. Vortrag in der öffentlichen Sitzung der k. Akademie der Wissenschaften am 25. Juli 1868 zur Vorfeier des allerhöchsten Geburts- und Namens-Festes Sr. Majestät des Königs Ludwig II., München 1869.

Klug, Arwed, Die Rechts- und Staatslehre des Franciscus Suarez. Eine rechtsphilosophische Untersuchung, Diss. jur. Köln 1958.

Kluxen, Wolfgang, Philosophische Ethik bei Thomas von Aquin, Hamburg ²1980.

Krämer, Peter, Dienst und Vollmacht in der Kirche. Eine rechtstheologische Untersuchung zur sacra potestas-Lehre des II. Vatikanischen Konzils, Trier 1973 (Trierer Theologische Studien 28).

Kraus, Andreas, Das Problem des Glaubenskrieges bei den bayerischen Kanonisten der Barockzeit, in: Politik und Konfession. Festschrift für Konrad Repgen zum 60. Geburtstag, hrsg. v. *Dieter Albrecht – Hans Günther Hockerts – Paul Mikat – Rudolf Morsey,* Berlin 1983, 101–122.

Kreh, Fritz, Leben und Werk des Reichsfreiherrn Johann Adam von Ickstatt (1702–1776). Ein Beitrag zur Staatsrechtslehre der Aufklärungszeit, Paderborn 1974 (Rechts- und Staatswissenschaftliche Veröffentlichungen N. F. 12).

Kreh, Fritz, Reichsfreiherr Johann Adam von Ickstatt. Leben und Werk eines katholischen Staatsrechtslehrers der Aufklärungszeit, in: Zeitschrift für Bayerische Landesgeschichte 36 (1973), 72–114.

Landsberg, Ernst, Geschichte der Deutschen Rechtswissenschaft, Dritte Abtheilung, 1. Halbband, München – Leipzig 1898 (Nachdruck: Aalen 1978) (Geschichte der Wissenschaften in Deutschland, Neuere Zeit, Bd. 18, 3,1).

Listl, Joseph, Kirche und Staat in der neueren katholischen Kirchenrechtswissenschaft, Berlin 1978 (Staatskirchenrechtliche Abhandlungen 7).

Merzbacher, Friedrich, Wandlungen des Kirchenbegriffs im Spätmittelalter. Grundzüge der Ekklesiologie des ausgehenden 13., 14. und 15. Jahrhunderts, in: ZSRG.K 39 (1953), 274–361.

Mikat, Paul, Gesetz und Staat nach Thomas von Aquin unter besonderer Berücksichtigung der Lehre vom Gesetz in der Summa Theologiae, in: Beiträge zur Rechtsgeschichte. Gedächtnisschrift für Hermann Conrad, hrsg. v. *Gerd Kleinheyer – Paul Mikat,* Paderborn – München – Wien – Zürich 1979 (Rechts- und Staatswissenschaftliche Veröffentlichungen N. F. 34), 439–465.

Müller, Hubert, Zum Verhältnis zwischen Episkopat und Presbyterat im Zweiten Vatikanischen Konzil. Eine rechtstheologische Untersuchung, Wien 1971 (Wiener Beiträge zur Theologie 35).

Naz, R[aoul], Art. Zech (François Xavier), in: Dictionnaire de Droit Canonique, hrsg. v. *R[aoul] Naz,* Bd. 7, Paris 1965, 1669.

Neumann, Johannes, Die Kirche und die kirchliche Gewalt bei den deutschen Kirchenrechtlern vom Ende der Aufklärung bis zum Ersten Vatikanischen Konzil, masch. Habil.-Schr. München 1965.

Paulsen, Friedrich, Geschichte des gelehrten Unterrichts auf den deutschen Schulen und Universitäten vom Ausgang des Mittelalters bis zur Gegenwart. Mit besonderer Rücksicht auf den klassischen Unterricht, Bd. 1, Leipzig [3]1919; Bd. 2, Berlin – Leipzig [3]1921.

Pesch, Hermann Otto, Sittengebote, Kultvorschriften, Rechtssatzungen. Zur Theologiegeschichte von Summa Theologiae I–II 99,2–5, in: Thomas von Aquino. Interpretation und Rezeption. Studien und Texte, hrsg. v. *Willehad Paul Eckert,* Mainz 1974 (Walberberger Studien, Philosophische Reihe 5), 488–518.

Pitzer, Volker, Justinus Febronius. Das Ringen eines katholischen Irenikers um die Einheit der Kirche im Zeitalter der Aufklärung, Göttingen 1976 (Kirche und Konfession 20).

Potz, Richard, Die Geltung kirchenrechtlicher Normen. Prolegomena zu einer kritisch-hermeneutischen Theorie des Kirchenrechts, Wien 1978 (Kirche und Recht 15).

Prantl, Carl, Geschichte der Ludwig-Maximilians-Universität in Ingolstadt, Landshut, München, 2 Bde., München 1872.

Pree, Helmuth, Die evolutive Interpretation der Rechtsnorm im kanonischen Recht, Wien – New York 1980 (Linzer Universitätsschriften, Monographien 6).

Raab, Heribert, Die Concordata Nationis Germaniae in der kanonistischen Diskussion des 17. bis 19. Jahrhunderts, Wiesbaden 1956 (Beiträge zur Geschichte der Reichskirche in der Neuzeit 1).

Rommen, Heinrich, Die Staatslehre des Franz Suarez S. J., M[önchen]-Gladbach o. J. [1926].

Schlaich, Klaus, Kollegialtheorie. Kirche, Recht und Staat in der Aufklärung, München 1969 (Jus Ecclesiasticum 8).

Schlaich, Klaus, Der rationale Territorialismus. Die Kirche unter dem staatsrechtlichen Absolutismus um die Wende vom 17. zum 18. Jahrhundert, in: ZSRG.K 54 (1968), 269–340.

Schulte, Johann Friedrich von, Geschichte der Quellen und Literatur des Canonischen Rechts, 3 Bde., Stuttgart 1875–1880 (Nachdruck: Graz 1956).

[Siebenkees, Johann Christian], Nachrichten von Rechtslehrern auf der Universität Ingolstadt, welche im gegenwärtigen Jahrhundert gestorben sind, in: Neues juristisches Magazin, hrsg. v. *Joh. Christian Siebenkees,* Bd. 1, Anspach 1784, 464–497.

Sobański, Remigiusz, „Communio“ als Formalprinzip des kirchlichen Rechts, in: theologie und glaube 72 (1982), 175–188.

Stiegler, Anton, Der kirchliche Rechtsbegriff. Elemente und Phasen seiner Erkenntnisgeschichte, München – Zürich 1958.

Theiner, Johann, Die Entwicklung der Moraltheologie zur eigenständigen Disziplin, Regensburg 1970 (Studien zur Geschichte der kath. Moraltheologie 17).

Unverhau, Thassilo, Lex. Eine Untersuchung zum Gesetzesverständnis deutscher Publizisten des 17. und 18. Jahrhunderts, Diss. jur. Heidelberg 1971.

Walf, Knut, Das bischöfliche Amt in der Sicht josephinischer Kirchenrechtler, Köln – Wien 1975 (Forschungen zur kirchlichen Rechtsgeschichte und zum Kirchenrecht 13).

Wilczek, Gerhard, Johann Adam Freiherr von Ickstatt und die Hohe Schule zu Ingolstadt, in: Ingolstädter Heimatblätter 32 (1969), 1–4. 7–8. 10–12.

Wolter, Udo, Ius Canonicum in Iure Civili. Studien zur Rechtsquellenlehre in der neueren Privatrechtsgeschichte, Köln – Wien 1975 (Forschungen zur neueren Privatrechtsgeschichte 23).

Zeiger, I[vo], Art. Zech, Franz X., in: LThK[1] 10 (1938), 1045.

Einleitung

I. Kirche, Theologie und Kirchenrecht im 18. Jahrhundert

Das 18. Jahrhundert gilt als das Jahrhundert der Aufklärung, als das Zeitalter der Vernunft. Als solches war es auch ein Zeitalter der Wandlung, der Veränderung, des Übergangs. Als Charakteristika der Aufklärung sind zu nennen: „Vernunftoptimismus, Szientismus, positives Welt- und Menschenbild, Herrschaft der Kritik ... bis zur Hyperkrisie, Vernunftmoral“[1]. Als Hauptkennzeichen der Aufklärung bezeichnet Robert Haas: „einen ausgeprägten Rationalismus, d. h. Rationalismus hier im weitesten Sinne genommen als Herrschaft einer allgemeinen Verständigkeit und Vernünftigkeit.“[2] Auf diese „Hauptkennzeichen“ lassen sich alle übrigen Charakteristika der Aufklärung zurückführen, vor allem die Entstehung einer von theologischen Vorgaben befreiten Moral und – im Bereich des Rechts – der rationalen Naturrechtslehre.

Im staatlichen Bereich führte die Aufklärung zum Entstehen des aufgeklärten Absolutismus wie auch zu einem Prozeß der Säkularisierung, der Loslösung „des Staates aus den bis zur Aufklärungszeit bestehenden engen konfessionellen Bindungen an die universale Kirche bzw. an die Landeskirche“[3]. Dieser Wandel machte auf seiten der Kirche eine entsprechende Reaktion notwendig; die Kirche mußte ihr Verhältnis zum Staat neu über-

[1] *Heribert Raab*, Art. Aufklärung, in: Sacramentum Mundi. Theologisches Lexikon für die Praxis, Bd. 1, Freiburg – Basel – Wien 1967, 425–430, hier: 426; zur Charakterisierung der Aufklärung und zu ihrer Geschichte vgl. auch *Karl Otmar von Aretin*, Die historische Dimension der Aufklärung, in: Aufklärung und Gottesglaube, hrsg. v. *Walter Kern*, Düsseldorf 1981 (Schriften der Katholischen Akademie in Bayern 92), 11–24; *Notker Hammerstein*, Aufklärung und katholisches Reich. Untersuchungen zur Universitätsreform und Politik katholischer Territorien des Heiligen Römischen Reichs deutscher Nation im 18. Jahrhundert, Berlin 1977 (Historische Forschungen 12); den Versuch einer umfassenden philosophischen Deutung der Aufklärung unternimmt neuerdings *Panajotis Kondylis*, Die Aufklärung im Rahmen des neuzeitlichen Rationalismus, Stuttgart 1981.

[2] *Robert Haas*, Die geistige Haltung der katholischen Universitäten Deutschlands im 18. Jahrhundert. Ein Beitrag zur Geschichte der Aufklärung, Freiburg 1952, 7f. Unzutreffend ist allerdings die Bezeichnung der Aufklärung als rationalistische Bewegung dann, wenn damit das Urteil verbunden ist, Aufklärung sei prinzipiell mit einer Leugnung Gottes und der (übernatürlichen) Offenbarung verbunden; vgl. hierzu z. B. das Urteil von *Rudolf Reinhardt*, in: Ökumenische Kirchengeschichte, hrsg. v. *Raymund Kottje – Bernd Moeller*, Bd. 3: Neuzeit, Mainz – München 1974, 47.

[3] *Joseph Listl*, Kirche und Staat in der neueren katholischen Kirchenrechtswissenschaft, Berlin 1978 (Staatskirchenrechtliche Abhandlungen 7), 1.

denken. Dies stellte auch eine Aufgabe für die Kirchenrechtswissenschaft dar.

Wandlungen in der Kirchenrechtswissenschaft des 18. Jahrhunderts waren aber nicht nur exogen – durch die Veränderungen im staatlichen und gesellschaftlichen Bereich – bedingt, „eine alle Lebens- und Kulturgebiete erfassende Bewegung mit den ... charakteristischen Elementen des Rationalen, des Anti-Autoritären, des Anthropozentrischen hat selbstverständlich auch die katholische Kirche erfaßt"[4]. Die zunächst im protestantischen Norden beheimatete Aufklärung erhielt nun auch in katholischen Territorien Einfluß[5], so daß für diesen Vorgang von einer katholischen Aufklärung gesprochen wird[6]. In Bayern erlangte die katholische Aufklärung vor allem durch die Tätigkeit des Reichsfreiherrn Johann Adam von Ickstatt Bedeutung, der neben seiner Aufgabe als Direktor der Universität Ingolstadt auch Berater des Kurfürsten Maximilian III. Joseph war[7].

Auch die Theologen übernahmen nach und nach aufklärerisches Gedankengut. Nachdem die katholische Theologie des 17. und 18. Jahrhunderts einen Niedergang erlitten hatte, der im wesentlichen als Erstarrung in der Behandlung der Probleme vergangener Epochen zu beschreiben ist[8], stand sie in der zweiten Hälfte des achtzehnten Jahrhunderts „vor einer schwierigen Aufgabe: sie mußte den spekulativen Spätscholastizismus überwinden und ihn durch eine neue positive historische Theologie ersetzen, die sich allseits an den Quellen orientierte und dabei Exegese, orientalistischen Sprachen, Patristik, Kirchengeschichte, Kirchenrecht sowie den praktischen

[4] *Eduard Hegel*, Die katholische Kirche Deutschlands unter dem Einfluß der Aufklärung des 18. Jahrhunderts, Opladen 1975 (Rheinisch-Westfälische Akademie der Wissenschaften, Geisteswissenschaften, Vorträge G 206), 5f.

[5] Vgl. *Hammerstein*, Aufklärung und katholisches Reich 10; *Ludwig Hammermeyer*, Die letzte Epoche der Universität Ingolstadt. Reformer, Jesuiten, Illuminaten (1746–1800), in: Ingolstadt. Die Herzogsstadt – Die Universitätsstadt – Die Festung, hrsg. v. *Theodor Müller – Wilhelm Reissmüller*, Bd. 2, Ingolstadt 1974, 299–357, hier: 302.

[6] Vgl. *Ludwig Hammermeyer*, Die Aufklärung in Wissenschaft und Gesellschaft, in: Handbuch der bayerischen Geschichte, hrsg. v. *Max Spindler*, Bd. 2, München 1969, 985–1033, hier: 986f.

[7] Vgl. vor allem *Fritz Kreh*, Leben und Werk des Reichsfreiherrn Johann Adam von Ickstatt (1702–1776). Ein Beitrag zur Staatsrechtslehre der Aufklärungszeit, Paderborn 1974 (Rechts- und Staatswissenschaftliche Veröffentlichungen N. F. 12); *Rudolf Bamberger*, Johann Adam Freiherr von Ickstatt und seine Bedeutung für Würzburg. Eine Biographie unter besonderer Berücksichtigung seiner Lehrtätigkeit in Würzburg, Diss. jur. Würzburg 1971; *Hammerstein*, Aufklärung und katholisches Reich, bes. 33–131.

[8] Vgl. *Klaus Schilling*, Die Kirchenlehre der Theologia Wirceburgensis, München – Paderborn 1969 (Abhandlungen zur Philosophie, Psychologie, Soziologie der Religion und Ökumenik N. F. 15/16) 22f.; vgl. auch *Philipp Schäfer*, Kirche und Vernunft. Die Kirche in der katholischen Theologie der Aufklärungszeit, München 1974 (Münchener Theologische Studien, Systematische Abteilung 42) 1–3. 270.

theologischen Fächern besonderes Augenmerk schenkte. Auf dieser Basis galt es dann die Auseinandersetzung mit den Zeitströmungen zu wagen, mit dem Protestantismus und innerhalb der eigenen Reihen mit immer radikaleren aufklärerischen und irrationalen Tendenzen, aber auch mit einer falsch verstandenen ‚Orthodoxie'."[9] Nach dem Urteil von Andreas Kraus war die bayerische Theologie für diese Aufgabe besonders gut gerüstet. „Besonders seit der Mitte des siebzehnten Jahrhunderts beginnt die große Zeit der bayerischen Theologie, das Feld ihrer bedeutendsten Leistungen war die Moraltheologie und die Kanonistik. Hier finden wir auch Gelehrte, die nicht nur auf der Höhe der Zeit standen, sondern der Entwicklung voranschritten."[10]

Von Bedeutung war besonders der naturrechtlich geprägte Kirchenbegriff der aufklärerischen Kanonistik, nach welchem die Kirche „als eine Form menschlicher Vergesellschaftung" beschrieben wurde, „die nach den Sozialprinzipien des Naturrechts lebe"[11]. Als Quellen des kirchenrechtlichen Denkens treten in der Aufklärungszeit die vernunftgemäße Naturrechtslehre und ein Episkopalismus gallikanisch-febronianischen Ursprungs in den Vordergrund[12]. Vor allem in der kanonistischen Tradition der Würzburger Schule, die von Johann Kaspar Barthel ihren Ausgang genommen hat[13] und der auch der Ingolstädter Universitätsdirektor Ickstatt verbunden war[14], wird die Kirche als eine dem Staat gleichberechtigte „vollkommene Gesell-

[9] *Hammermeyer,* Aufklärung in Wissenschaft und Gesellschaft 1012; vgl. *ders.,* Die letzte Epoche der Universität Ingolstadt 301 f.

[10] *Andreas Kraus,* Bayerische Wissenschaft in der Barockzeit, in: Handbuch der bayerischen Geschichte, hrsg. v. *Max Spindler,* Bd. 2, München 1969, 779–806, hier: 797; vgl. auch *Schilling,* Die Kirchenlehre der Theologia Wirceburgensis 26.

[11] *Hegel,* Die katholische Kirche 7.

[12] Vgl. *Johannes Neumann,* Die Kirche und die kirchliche Gewalt bei den deutschen Kirchenrechtlern vom Ende der Aufklärung bis zum Ersten Vatikanischen Konzil, masch. Habil.-Schr. München 1965, 8.

[13] Zu Barthel vgl. *Friedrich Merzbacher,* Johann Caspar Barthel (1697–1771), in: Würzburger Diözesangeschichtsblätter 39 (1977) 183–201; *Listl,* Kirche und Staat 15f.; zu Barthels Einfluß auf die Entwicklung der Theologie in Würzburg vgl. noch *Karl Josef Lesch,* Neuorientierung der Theologie im 18. Jahrhundert in Würzburg und Bamberg, Würzburg 1978 (forschungen zur fränkischen kirchen- und theologiegeschichte [1]), 109–114.

[14] *Martin Grabmann* (Geschichte der katholischen Theologie seit dem Ausgang der Väterzeit, Freiburg 1933 [Nachdruck: Darmstadt 1983], 211) bezeichnet Ickstatt als Kanonisten, und *Listl* (Kirche und Staat, passim) behandelt ihn als einen Hauptvertreter der Würzburger Schule. Doch ist das insofern unzutreffend, als das Kirchenrecht nur am Rande zu Ickstatts Interessengebieten gehörte. So fällt auch auf, daß Listl bei der Behandlung von Ickstatts Lehre sich nur auf eine einzige Schrift (Meditationes praeliminares de studio juris, ordine atque methodo scientifica instituendo) berufen kann, in der das Kirchenrecht deshalb besprochen wird, weil es zum in dieser Schrift behandelten Fächerkanon der Juristischen Fakultät gehört. Vgl. auch die Aufstellung der Schriften Ickstatts bei *Kreh,* Leben und Werk des Reichsfreiherrn Johann Adam von Ickstatt 78. 102. Allerdings hat Ickstatt auch einige Schriften staatskirchenrechtlichen Inhalts

schaft" beschrieben, die sich durch das übernatürliche Ziel, die Stiftung durch Christus und die hierarchische Struktur auszeichnet. „Vom Wirken Christi an und in der Kirche bleibt nichts anderes als seine historische Stiftung und die auf ihn zurückgeführte Hierarchie."[15] Das Wesen der Kirche wurde von den Kanonisten der Aufklärungszeit also zunächst naturrechtlich zu fassen versucht, „selbst wenn sie sich nachher bemühten, dieses rein ‚vernünftige' System mit der Offenbarung in Einklang zu bringen".[16] Das naturrechtliche Verständnis der Kirche führte zu einer Überbetonung des institutionellen Elements und zu einer Vernachlässigung des Charismatischen. „Die das Pneumatische ausklammernde Auffassung von der Kirche hat in der Lehre zu einem Vorrang des Rechtlichen geführt; nicht umsonst ist das 18. Jahrhundert die große Zeit des Kirchenrechts und der Kanonisten geworden."[17] Außer der Frage des Verhältnisses der Kirche zum Staat stellten sich der Kirchenrechtslehre des 18. Jahrhunderts somit auch grundlegende Fragen der Kirchenverfassung, wobei insbesondere das Amt des Bischofs im Mittelpunkt des Interesses stand[18].

II. Fragestellung und Gliederung der Arbeit

Die vorliegende Arbeit wendet sich beispielhaft dem „letzten großen Kanonisten der Universität Ingolstadt"[19] zu, Franz Xaver Zech SJ, der von 1743 bis 1768 an der bayerischen Landesuniversität lehrte, also zu der Zeit, als mit dem neuernannten Universitätsdirektor Johann Adam von Ickstatt die Aufklärung in Ingolstadt einen wachsenden Einfluß erlangte. Es wird ein doppeltes Ziel verfolgt: Zum einen soll die Person eines heute kaum noch bekannten Kanonisten des 18. Jahrhunderts vorgestellt werden, sein Lebenslauf und seine wissenschaftlichen Leistungen. Zum anderen aber soll seine kirchenrechtliche Lehre systematisch dargestellt werden, wobei einige Ver-

verfaßt, aber wohl eher mit staatsrechtlichem als mit kanonistischem Interesse; vgl. *Kreh*, ebd. 103–106.

[15] *Hegel*, Die katholische Kirche 7f.; vgl. *Peter Frowein*, Primat und Episkopat in der deutschen Kanonistik des 18. Jahrhunderts, in: Römische Quartalschrift 69 (1974) 210–229, hier 218: „Hierarchologie"; *Listl*, Kirche und Staat 87–91; vgl. auch *Remigiusz Sobański*, „Communio" als Formalprinzip des kirchlichen Rechts, in: theologie und glaube 72 (1982) 175–188, hier: 176f.

[16] *Neumann*, Die Kirche und die kirchliche Gewalt 26.

[17] *Hegel*, Die katholische Kirche 7f.

[18] *Frowein* (Primat und Episkopat 218) nennt zwei Hauptthemen der Kanonistik des 18. Jahrhunderts: „das Verhältnis von Papst und Bischöfen und das von Staat und Kirche".

[19] *R[aoul] Naz*, Art. Zech (François Xavier), in: Dictionnaire de Droit Canonique, hrsg. v. *R[aoul] Naz*, Bd. 7, Paris 1965, 1669; zitiert bei: *Listl*, Kirche und Staat 25.

gleiche mit Anschauungen der Kanonisten der „Jesuitenschule", vor allem aber seines Lehrers Vitus Pichler, und einiger zeitgenössischer und späterer Kanonisten einen Hinweis darauf geben können, ob Zech im wesentlichen die bislang übliche Lehre tradiert hat, oder ob er in der Auseinandersetzung mit den gewandelten Anschauungen seiner Zeit Wege gesucht hat, die zur Lösung der strittigen Fragen beitragen konnten.

Die Darstellung der Ansichten Zechs wird nicht „rein historisch" erfolgen – das heißt: es geht nicht nur darum, was Zech tatsächlich geschrieben hat –, vielmehr sollen seine Lehren und Argumente des öfteren mit Ansichten heutiger Kanonisten konfrontiert werden, um einerseits eine kritische Betrachtung der Lehre Zechs vorzulegen, andererseits aber auch die heutige Kanonistik aus der historischen Betrachtungsweise einer Kritik zu unterziehen. So soll gezeigt werden, wie längst bekannte Argumente – zu Recht oder zu Unrecht – in der Kirchenrechtswissenschaft tradiert worden sind; an einigen Stellen wird sich aber auch die Frage stellen, ob die Argumente Zechs als Anregungen dienen können, um auf heute noch ungeklärte Fragen einer Antwort näherzukommen.

Aus den besonderen Interessen der Kirchenrechtswissenschaft des 18. Jahrhunderts ergibt sich die Beschränkung der systematischen Abschnitte dieser Arbeit auf die Fragenbereiche der philosophischen und ekklesiologischen Grundlagen der Lehre Zechs, der wissenschaftstheoretischen Einordnung des Kirchenrechts, der (inneren) Verfassung der Kirche und ihrer „äußeren" Verfassung, also ihrer Beziehung zum Staat. Die übrigen von Zech vor allem in seinen verschiedenen Dissertationen angesprochenen Fragen werden nur kurz erwähnt; die bedeutsamste dieser Arbeiten dürfte wohl die über das Zinsnehmen sein, die nach dem Urteil von Ivo Zeiger für die kirchliche Beurteilung der weiteren Entwicklung des modernen Wirtschaftslebens von hoher Bedeutung gewesen ist[20].

[20] Vgl. *I[vo] Zeiger,* Art. Zech, Franz X., in: Lexikon für Theologie und Kirche, hrsg. v. *Michael Buchberger,* Bd. 10, Freiburg i. Br. 1938, 1045.

Erster Teil

Franz Xaver Zech, Leben und Werk

A) Biographischer Abriss

I. Herkunft

Franciscus Xaverius Volpertus Zech wurde im Dezember 1692 in Ellingen in der Diözese Eichstätt geboren[1]. Bezüglich des genauen Geburtsdatums ist keine völlige Klarheit zu gewinnen, da das Taufbuch der Stadtpfarrkirche Ellingen den 21. Dezember 1692 als Tauftag nennt[2], in den Verzeichnissen des Jesuitenordens und in der Weihematrikel des Bistums Eichstätt aber der 23. Dezember 1692 als Geburtsdatum angegeben ist[3]; doch dürfte wohl den Angaben des Ellinger Taufbuchs der Vorzug zu geben sein.

Seine Eltern waren der Syndikus der Deutschordensballei in Ellingen, Johann Jakob Zech († 9. März 1739), und dessen Frau Maria Katharina († 24. Mai 1735), sein Taufpate der Sekretär der Deutschordensballei Christopherus Volpertus Schad († 6. November 1702). Der Grabstein der Eltern

[1] Zu den Lebensdaten vgl. *Johannes Nepomuk Mederer,* Annales Ingolstadiensis Academiae, Pars III: Ab Anno 1672. Ad Annum 1772, Ingolstadt 1782, 301 f.; *Clemens Alois Baader,* Lexicon verstorbener Baierischer Schriftsteller des achtzehenten und neunzehenten Jahrhunderts, Bd. I, 2. Teil, Augsburg – Leipzig 1824 (Nachdruck: Hildesheim – New York 1972) 356 f.; *Carl Prantl,* Geschichte der Ludwig-Maximilians-Universität in Ingolstadt, Landshut, München, Bd. 2, München 1872, S. 509, Nr. 187; *Johann Friedrich von Schulte,* Geschichte der Quellen und Literatur des Canonischen Rechts, Bd. III,1, Stuttgart 1880 (Nachdruck: Graz 1956) 179 f.; *ders.,* Art. Zech, in: Allgemeine Deutsche Biographie 44, Leipzig 1898, 737; *Ernst Landsberg,* Geschichte der Deutschen Rechtswissenschaft, Dritte Abtheilung, 1. Halbband, Noten, München – Leipzig 1898 (Nachdruck: Aalen 1978) (Geschichte der Wissenschaften in Deutschland: Neuere Zeit, Bd. 18,3,1) 232 f.; *Augustin de Backer – Aloys de Backer – Carlos Sommervogel,* Bibliothèque de la Compagnie de Jésus, Premier Partie: Bibliographie, Bd. 7, Brüssel – Paris 1898, 1474–1478; *Heinrich Thoelen,* Menologium oder Lebensbilder aus der Geschichte der deutschen Ordensprovinz der Gesellschaft Jesu, Roermond 1901, 174 f.; *Zeiger* Art. Zech; *Nikolaus Graß,* Die Kirchenrechtslehrer der Innsbrucker Universität von 1672 bis zur Gegenwart. Ein Beitrag zur Wissenschaftsgeschichte Österreichs, in: Veröffentlichungen des Museum Ferdinandeum (Innsbruck) 31 (1951) 157–212, hier: 162 f.; *Naz,* Art. Zech.

[2] Pfarrarchiv Ellingen, Libri parochiales baptizatorum, matrimonio junctorum et defunctorum, zum 21. 12. 1692.

[3] Vgl. DA Eichstätt, B 219: Prothocollum Ordinatorum Eystadii incoeptum Anno Domini MDCCXIV, zum 20. 2. 1723. Dieses Datum erscheint auch in allen Abhandlungen und Artikeln, in denen der Lebenslauf Zechs dargestellt wird; vgl. oben Anm. 1.

Zechs befindet sich noch heute in der Ellinger Stadtpfarrkirche[4], der seines Taufpaten auf dem Ellinger Kirchhof[5].

Franz Xaver Zech dürfte wohl die Elementarschule des Deutschen Ordens in Ellingen besucht haben, in welcher er auch schon Grundkenntnisse in der lateinischen Sprache erlernen konnte[6]. Wo er die für das Universitätsstudium erforderliche Gymnasialbildung erworben hat, ist nicht hinreichend bekannt. Fest steht nur, daß er im Schuljahr 1705/06 Schüler der Grammatikklasse des Eichstätter Gymnasiums war[7]. Da er in den folgenden Jahren im Schülerverzeichnis nicht mehr genannt wird, muß er seine Gymnasialbildung an einer anderen Schule abgeschlossen haben.

II. Ausbildung und Tätigkeit Zechs bis zu seiner Berufung nach Ingolstadt

Sein Studium absolvierte Zech an den Universitäten Ingolstadt und Dillingen, die als Jesuitenuniversitäten zu bezeichnen sind, insofern die Universität Dillingen unter der Leitung der Gesellschaft Jesu stand, die Universität Ingolstadt zwar eine kurfürstliche Universität war, aber die Jesuiten in der Theologischen Fakultät drei, in der Juristischen einen (den kanonistischen) Lehrstuhl und vor allem die wichtige Philosophische Fakultät innehatten. Im Jahre 1709 immatrikulierte sich Zech an der Universität Ingolstadt als Student der Logik[8] und nahm damit den für alle Studienfächer vorgeschriebenen dreijährigen philosophischen Kursus auf, der nach der Studienordnung der Gesellschaft Jesu von 1599, die bis zur Aufhebung des Ordens im Jahre 1773 fast unverändert weitergalt[9], die Fächer: Logik (im ersten Jahr), Physik

[4] Am Chorbogen rechts (verdeckt); vgl. auch Die Kunstdenkmäler von Mittelfranken, Bd. 4: Stadt- und Bezirksamt Weissenburg i. B., hrsg. v. *Felix Mader – Alois Grüber,* München 1932, 153.

[5] Kirchhofmauer, nördliche Seite.

[6] In Ellingen ist seit 1677 die Existenz einer Elementarschule belegt; vgl. *Josef Link,* Das Schulwesen in der ehemaligen Deutsch-Ordens-Ballei Franken. Ein Beitrag zur Geschichte der Pädagogik, Diss. phil. Erlangen, Kallmüntz 1935, 21. Seit 1692 ist als Magister Scholae Valentin Pröschl bekannt, der auch Latein lehrte; vgl. *Joseph Wehn,* Chronik der Stadt Ellingen i. B. vormals Commende und Sitz der Deutschmeister, Land-, Haus-Commenthuren und Ritter des Deutsch-Ordens, Ellingen ²o. J. [1923], 212.

[7] Vgl. DA Eichstätt, B 196,1 zu 1705/06.

[8] Vgl. Die Matrikel der Ludwig-Maximilians-Universität Ingolstadt – Landshut – München, hrsg. v. *Götz v. Pölnitz,* Bd. 3,1, München 1941, S. 109, Nr. 16: „Franciscus Xaverius Volpertus Zech, Ellingensis Franco logicae studiosus".

[9] Vgl. *Bernhard Duhr,* Die Studienordnung der Gesellschaft Jesu. Mit einer Einleitung, Freiburg 1896 (Bibliothek der katholischen Pädagogik 9) 177; *Friedrich Paulsen,* Geschichte des gelehrten Unterrichts auf den deutschen Schulen und Universitäten vom Ausgang des Mittelalters bis zur Gegenwart. Mit besonderer Rücksicht auf den klassischen Unterricht, Bd. 1, Leipzig ³1919, 423; Bd. 2, Berlin – Leipzig ³1921, 103; *Wagenmann,* Art. Jesuiten, Jesuitenschu-

inklusive Mathematik, Astronomie, Geographie und Meteorologie (im zweiten Jahr) sowie Metaphysik, Ethik, Psychologie und Physiologie (im dritten Jahr) umfaßte. Maßgeblich für das Studium der Philosophie war das Werk des Aristoteles, doch wurde der Lehrer der Philosophie ermahnt, auch dem heiligen Thomas von Aquin gern zu folgen[10].

Schon im folgenden Jahr wechselte Zech an die Universität Dillingen, wo er als Student der Physik[11] eingeschrieben wurde und von 1710 bis 1712 das philosophische Triennium vollendete. Nachdem er privat, also nicht am üblichen Termin für die gemeinsame Promotion, zum Baccalaureus promoviert worden war, erlangte er am 14. Juli 1712 das philosophische Magisterium, und zwar als zweitbester von dreiundzwanzig Kandidaten[12].

Offensichtlich wollte Zech zunächst – wie sein Vater – Jurist werden, denn er gab dieses Ziel bei seiner Immatrikulation in Dillingen an und studierte zusätzlich zum philosophischen Studiengang noch weltliches und kanonisches Recht[13], doch trat er am 3. Oktober 1712 in die Gesellschaft Jesu ein, in der er zu allen vier Gelübden zugelassen wurde[14]. Der Entschluß, Jesuit werden zu wollen, wird also in der Zeit seiner Studien an den Jesuiten-Universitäten Ingolstadt und Dillingen, vor allem aber in Dillingen, gereift sein; näheres darüber ist aber nicht bekannt.

In den folgenden Jahren wurde Zech in der ordensüblichen Weise ausgebildet, wobei natürlich das bereits absolvierte Philosophiestudium entfallen konnte. Nach dem Eintritt in den Jesuitenorden folgte nach der Ratio studiorum von 1599 zunächst ein zweijähriges Noviziat, während dessen keine wissenschaftlichen Studien stattfanden; dieses Noviziat absolvierte Zech in Landsberg am Lech[15]. Hieran schloß sich für ihn eine einjährige Wiederholung der Rhetorik in Neuburg an der Donau an[16], die deshalb erforderlich war, weil in der Ratio studiorum im Rahmen der Gymnasialaus-

len, in: Encyklopädie des gesammten Erziehungs- und Unterrichtswesens, hrsg. v. *K. A. Schmidt*, Bd. 3, Gotha ²1880, 793–852.

[10] Vgl. *Paulsen*, Geschichte des gelehrten Unterrichts, Bd. 1, 429.

[11] Vgl. Studienbibliothek Dillingen, GESCH 105: Catalogi Studiosorum, Bd. 3, 1696–1712, masch. o. O. o. J., pag. 281.

[12] Vgl. *Jos. Stegmayr*, Die Studenten an der ehemaligen Universität Dillingen aus den vorhandenen Verzeichnissen zusammengestellt, Bd. 1, masch. o. O. o. J., 1709, Nr. 79, pag. 737: Studienbibliothek Dillingen, GESCH 106. Der Promotionskatalog ist noch vorhanden: Studienbibliothek Dillingen, XV8 133/2 (Rückentitel: Promotionum Academicarum Tom. II ab Anno 1632).

[13] Vgl. *Stegmayr*, ebd.

[14] Vgl. Catalogus Generalis Provinciae Germaniae Superioris et Bavariae Societatis Iesu 1556–1773, o. O. o. J. [München 1968], 494; vgl. auch *Zeiger*, Art. Zech; *Baader*, Lexicon verstorbener Baierischer Schriftsteller 356; siehe auch unten, S. 33 f. mit Anm. 35.

[15] Vgl. HStA Mchn., Jesuiten 464.

[16] Vgl. HStA Mchn., Jesuiten 466.

bildung für die Jesuitenschüler („für die unsrigen") ein zweijähriger Kurs in Rhetorik vorgesehen war, für diejenigen aber, die nicht der Gesellschaft Jesu angehörten oder beitreten wollten, nur ein einjähriger Rhetorikkurs[17]. Zech aber hatte während seiner Gymnasialzeit wohl noch nicht die Absicht, in den Jesuitenorden einzutreten, und deshalb nur eine einjährige Rhetorikklasse absolviert.

Nach dem Abschluß der Gymnasialzeit war normalerweise das philosophische Triennium zur Vorbereitung auf das Theologiestudium vorgesehen, woran sich eine mehrjährige Tätigkeit als Lehrer an einem oder mehreren Jesuitengymnasien anschloß. Da Zech das Philosophiestudium bereits abgeschlossen hatte, wurde er nach der Wiederholung der Rhetorik unmittelbar als Lehrer eingesetzt. Der Lehrer unterrichtete in der Regel mindestens einmal alle Klassen des Gymnasiums, wobei er mit der untersten Klasse begann und jedes Jahr die nächst höhere Klasse unterrichtete[18]. Die Gymnasialbildung der Jesuiten sah drei Stufen vor: In der Grammatik verbrachte der Schüler – und somit im Normalfall dann auch der Lehrer – drei Jahre (grammatica infima, media, suprema), es folgte ein Jahr „Humanitas", auch „Humaniora" genannt, worunter Poesie zu verstehen ist[19]. Den Abschluß bildete die ein- bzw. – für Jesuiten – zweijährige Rhetorikklasse[20].

Zech begann seine Tätigkeit als Gymnasiallehrer am Jesuitengymnasium in Solothurn, wo er von 1715 bis 1717 war[21], und kam dann am 14. September 1717 als Lehrer der Grammatica suprema nach Eichstätt[22], wo er zugleich noch die Ämter des Bibliothekars im Eichstätter Jesuitenkollegium und des Katecheten in Landershofen ausübte[23]. Im Schuljahr 1718/19 lehrte er die Humaniora und war Katechet am Eichstätter Gymnasium[24]. Sofern vermutet werden kann, daß Zech in der ordensüblichen Weise als Lehrer

[17] Vgl. *Paulsen,* Geschichte des gelehrten Unterrichts, Bd. 1, 423; *Wagenmann,* Art. Jesuiten, Jesuitenschulen 818f.

[18] Vgl. *Paulsen,* ebd. 394.

[19] Vgl. *Paulsen,* ebd. 393f.; *Duhr,* Die Studienordnung der Gesellschaft Jesu 79.

[20] Vgl. *Paulsen,* ebd. 423.

[21] Vgl. HStA Mchn., Jesuiten 467. Jesuiten 468; *F. Fiala,* Geschichtliches über die Schule von Solothurn, Bd. 5, Solothurn 1881, 60.

[22] Vgl. DA Eichstätt, B 179: Historia Collegii Societatis Jesu Eystadii, pag. 197f.; DA Eichstätt, B 201, pag. 79; *F[ranciscus] S[alesius] Romstöck,* Zur Statistik des Jesuitenkollegiums in Eichstätt, in: Sammelblatt des Historischen Vereins Eichstätt 18 (1903) 116–131; 20 (1905) 1–32, hier: (1903) 122, Nr. 532; (1905) 27. 29. 36; DA Eichstätt, Generalregister der Eichstätter Bisthumsgeistlichen. Vom Sterbejahr 1769 an – 1904, Bd. 2, S. 189.

[23] Vgl. HStA Mchn., Jesuiten 469; *Romstöck,* ebd.; Generalregister, ebd.; DA Eichstätt, B 179, pag. 298v.

[24] Vgl. HStA Mchn., Jesuiten 470; DA Eichstätt, B 179, pag. 302; DA Eichstätt, B 201, pag. 101; *Romstöck,* ebd.; Generalregister, ebd.

mit den Klassen aufstieg, wird er in Solothurn die untere und mittlere Grammatikklasse gehabt haben; Rhetorik scheint er aber nicht gelehrt zu haben.

Erst nach dieser weiteren Bewährung wurden die Mitglieder der Gesellschaft Jesu zum Studium der Theologie zugelassen. Zech ging also von Eichstätt nach Ingolstadt und studierte dort von 1720 bis 1723 Theologie[25], und zwar als Stipendiat der Denichschen Stiftung[26]. Das vierjährige Theologiestudium umfaßte die Fächer: Hebräisch, Heilige Schrift, Scholastische Theologie, Kontroverstheologie und die „Gewissensfälle" (Casus) – diese Disziplin ist die Vorläuferin der heutigen Moraltheologie[27]. Als Lehrbuch der Theologie, zumindest der Scholastischen Theologie, war die Summa Theologiae des Thomas von Aquin vorgeschrieben[28]. Auch das Studium der Kirchengeschichte und des Kirchenrechts war im Rahmen des Theologiestudiums vorgesehen; das kanonische Recht lehrte in diesen Jahren in Ingolstadt Vitus Pichler[29].

An das Theologiestudium schlossen sich dann nach der Ordnung des Jesuitenordens unmittelbar die Priesterweihe und weitere Gelübde an sowie die Tätigkeit des Neugeweihten in Predigt, Seelsorge, Mission oder Unterricht[30].

Die Priesterweihe empfing Zech am 22. Mai 1723 im Eichstätter Dom[31]. Danach verbrachte er zunächst das dritte Erprobungsjahr in Altötting[32] und wurde dann als Professor verschiedener philosophischer Disziplinen an mehreren Jesuitenschulen eingesetzt: zunächst als Professor der Logik (1724/25), dann der Physik (1725/26) in Regensburg[33], sodann wiederum als Professor der Logik (1726/27) und der Physik (1727/28) in Amberg in der Oberpfalz[34], wo er am 2. Februar 1727 das vierte Gelübde im Jesuitenorden

[25] Vgl. HStA Mchn., Jesuiten 471. Jesuiten 472. Jesuiten 473. Jesuiten 474.

[26] Vgl. HStA Mchn., Jesuiten 1778: Liber Alumnorum Denichianorum ab Anno MDCLXXII.

[27] Vgl. *Johann Theiner,* Die Entwicklung der Moraltheologie zur eigenständigen Disziplin, Regensburg 1970 (Studien zur Geschichte der kath. Moraltheologie 17), 148.

[28] Vgl. Ratio studiorum, Regeln für den Studienpräfekt, Nr. 30, in: *Duhr,* Die Studienordnung der Gesellschaft Jesu 198; Regeln für den Lehrer der (scholastischen) Theologie, Nr. 2, in: *Duhr,* ebd. 205; vgl. *Duhr,* ebd. 205–208; vgl. auch *Theiner,* ebd. 148: „Die Summa theologiae des Thomas wird zum Lehrbuch der Theologie für den gesamten Orden erklärt."

[29] Vgl. *Schulte,* Geschichte der Quellen und Literatur, Bd. III,1, 163.

[30] Vgl. *Paulsen,* Geschichte des gelehrten Unterrichts, Bd. 1, 394.

[31] Vgl. DA Eichstätt, B 219; DA Eichstätt, B 179, pag. 319r.; zum Subdiakon war Zech am 20. 2. 1723, zum Diakon am 13. 3. 1723 geweiht worden.

[32] Vgl. Archiv SJ, Mchn., Mscr. VI 37; HStA Mchn., Jesuiten 475.

[33] Archiv SJ, Mchn., Mscr. VI 37; HStA Mchn., Jesuiten 476. Jesuiten 477.

[34] Archiv SJ, Mchn., Mscr. VI 37; vgl. StA Amberg, Gymnasium Amberg, Nr. 4: Diarium Gymnasii Ambergensis, zum 18. 10. 1726 und zum 18. 10. 1727. Nach *Thaddä Anselm Rixner*

ablegte[35] und im zweiten Jahr seiner Tätigkeit Präfekt des Gymnasiums und des mit Beginn des Schuljahres 1726/27 eröffneten Lyzeums war[36]. Möglicherweise wurde Zech schon während seiner Amberger Zeit für die Laufbahn eines Universitätsprofessors bestimmt.

Nach seiner Tätigkeit in Amberg wurde Zech dann auch mit der Lehre theologischer Fächer beauftragt. So las er von 1728 bis 1730 in Konstanz Kontroverstheologie[37]; von 1730 bis 1732 war er in Solothurn, zunächst als Professor Casuum und Präfekt des Lyzeums[38], dann als Kanonist und Präfekt des Gymnasiums[39]. Hieran schloß sich eine dreijährige Seelsorgstätigkeit als Volksmissionar an der Marienwallfahrtskirche auf dem Schönenberg bei Ellwangen an[40], bevor er wieder in das akademische Lehrfach wechseln konnte. Nachdem er noch einmal in Amberg tätig gewesen war (1735–1738), und zwar als Lehrer des kanonischen Rechts und wiederum für ein Jahr als Präfekt des Gymnasiums und des Lyzeums (1737/38)[41], ging er erstmalig als Professor an eine Universität.

Von 1738 bis 1741 lehrte Zech das Kirchenrecht in Dillingen, wo er als Professor der Juristischen Fakultät angehörte[42], von welcher er auch 1739 zum Dekan gewählt wurde[43]. Nach 1734[44] und vermutlich noch vor dem Antritt seiner Professur in Dillingen dürfte Zech zum Doktor promoviert

(Geschichte der Studien-Anstalt zu Amberg; ein Beitrag zur Geschichte der bayerschen gelehrten Schulen, Sulzbach 1832, 162) war Zech von 1726 bis 1729 in Amberg. Im Diarium des Gymnasiums wird er aber zu Beginn des Schuljahres 1728 nicht mehr genannt; vgl. auch weiter unten, Anm. 37. Zum Jesuiten-Gymnasium in Amberg vgl. *Georg Blößner,* Geschichte des Hum. Gymnasiums Amberg. Beitrag zur Geschichte der Stadt Amberg, Amberg 1929, 24–85, sowie – in enger Anlehnung an Blößner – *Heribert Batzl,* Geschichte des Erasmus-Gymnasiums Amberg. Eine Festschrift zum 350jährigen Jubiläum, o. O. o. J. [Amberg 1976], 19–31.

[35] Vgl. StA Amberg, Gymnasium Amberg, Nr. 4, zum 2. 2. 1727; Archiv SJ, Mchn., Mscr. XI 26/7; Mscr. VI 18, fol. 29.

[36] Zur Eröffnung des Lyzeums in Amberg vgl. StA Amberg, Gymnasium Amberg, Nr. 4, zum 18. 10. 1726; *Blößner,* ebd. 76–79, bes. 78; *Batzl,* ebd. 31–61, bes. 32; *Ulrike Hiltl,* Geschichte des Lyzeums Amberg unter besonderer Berücksichtigung des Unterrichtsbetriebes, masch. Zulassungsarbeit München 1982, 8 f.

[37] Archiv SJ, Mchn., Mscr. VI 37; HStA Mchn., Jesuiten 480. Jesuiten 481.

[38] Vgl. HStA Mchn., Jesuiten 482.

[39] Vgl. HStA Mchn., Jesuiten 483; Archiv SJ, Mchn., Mscr. IV 37; *Fiala,* Geschichtliches über die Schule von Solothurn, Bd. 5, 61.

[40] Vgl. HStA Mchn., Jesuiten 484. Jesuiten 485. Jesuiten 487; Archiv SJ, Mchn., Mscr. VI 37; Mscr. XI 26/7.

[41] Vgl. HStA Mchn., Jesuiten 488, Jesuiten 489. Jesuiten 490; StA Amberg, Gymnasium Amberg, Nr. 4, zum 18. 10. 1735, 18. 10. 1736 und 18. 10. 1737; *Rixner,* Geschichte der Studien-Anstalt zu Amberg 162. 60.

[42] Vgl. *Thomas Specht,* Geschichte der ehemaligen Universität Dillingen (1549–1802) und der mit ihr verbundenen Lehr- und Erziehungsanstalten, Freiburg 1902, 292.

[43] Vgl. ebd. 116.

[44] Das Personenverzeichnis der Gesellschaft Jesu zum Jahre 1734 nennt als akademischen Grad Zechs nur den Magister der Philosophie; vgl. HStA Mchn., Jesuiten 486.

worden sein. Auf den Titelblättern verschiedener Veröffentlichungen nennt er sich Doktor der Theologie und des kanonischen Rechts[45]; ebenso werden diese Grade in den Personenverzeichnissen der Gesellschaft Jesu genannt[46]. Wo und wann er diese akademischen Grade erlangt hat, ist nicht festzustellen. Nach einer wiederum kurzen Tätigkeit als Kanonist an der Juristischen Fakultät der Universität Innsbruck[47] von 1741 bis 1743 wurde er im Jahre 1743 nach Ingolstadt berufen[48], wo er nun fast den ganzen Rest seines Lebens Kirchenrecht lehrte.

III. Zech als Kanonist in Ingolstadt

1. Die Zustände in Ingolstadt im Jahre 1743

Als Zech die Professur in Ingolstadt übernahm, fand er dort eine Situation vor, die ein Studium und die Existenz einer Universität kaum noch zuließ[49]. Schon im Januar 1742 war die Stadt in die kriegerischen Ereignisse des österreichischen Erbfolgekrieges[50] verwickelt worden. So wurden die Räumlichkeiten der Universität wie später auch die Privatwohnungen der Professoren als Spital und als Quartier für die in Ingolstadt zusammengezogenen französischen Hilfstruppen verwendet[51]. Die Ingolstädter Jesuiten waren 1742 von Bischof Johann Anton II. von Freyberg (1736–1757) in die Bischofsstadt Eichstätt aufgenommen worden[52]. Am 17. Juli 1742 beschloß der Senat der Universität sogar, „die Verlegung der Universität von Ingol-

[45] Vgl. z. B. Rigor moderatus (1747 und 1749); Praecognita Juris Canonici (1749); Hierarchia Ecclesiastica (1750); De Ambitu (1752).

[46] Vgl. HStA Mchn., Jesuiten 493 (zum Jahre 1752); Archiv SJ, Mchn., Mscr. XI 26/7 (zum Jahre 1771); vgl. auch Francisci Zech Vita, in: Theologiae Cursus completus, hrsg. v. *J[acques]-P[aul] Migne,* Tom. 16, Petit-Montrouge 1841, 763–766, hier: 763.

[47] Vgl. *Rixner,* Geschichte der Studien-Anstalt zu Amberg 162; *Baader,* Lexicon verstorbener Baierischer Schriftsteller 356; *Schulte,* Art. Zech 737; *Grass,* Die Kirchenrechtslehrer der Innsbrucker Universität 162f.; *Jacob Probst,* Geschichte der Universität in Innsbruck seit ihrer Entstehung bis zum Jahre 1860, Innsbruck 1869, 382.

[48] Nicht, wie *Rixner* (ebd. 162), 1745!

[49] Vgl. *Kreh,* Leben und Werk des Reichsfreiherrn Ickstatt 88.

[50] Zum österreichischen Erbfolgekrieg vgl. *Max Braubach,* Vom Westfälischen Frieden bis zur Französischen Revolution, in: *[Bruno] Gebhardt,* Handbuch der deutschen Geschichte, hrsg. v. *Herbert Grundmann,* Bd. 2, Stuttgart [9]1970, 241–359, hier: 317–320.

[51] Vgl. *J. Gerstner,* Geschichte der Stadt Ingolstadt in Oberbayern, München 1852 (Nachdruck: Frankfurt 1980), 282f.; *Otto Kleemann,* Geschichte der Festung Ingolstadt bis zum Jahre 1815, München 1883, 97; *Prantl,* Geschichte der Ludwig-Maximilians-Universität, Bd. 1, 516–518.

[52] Vgl. *Andreas Bauch,* Bischof, Professoren und Studenten. Ein Beitrag zu den Auswirkungen des Kanzleramtes der Eichstätter Bischöfe an der Universität Ingolstadt im 17. und 18. Jahrhundert, in: Sammelblatt des Historischen Vereins Eichstätt 65/66 (1972/73) 7–29, hier: 24f.

stadt nach Eichstätt zu beantragen ... Der Kaiser hielt eine Verlegung jedoch für übereilt. Im Winter 1742/43 mußten die Studien ganz eingestellt werden."[53]

Nach längerer Belagerung wurden am 1. Oktober 1743 die bayerischen und französischen Truppen abgezogen und die Festung Ingolstadt den Österreichern übergeben[54]. Gegen eine „ansehnliche Kriegskontribution" garantierte Kaiserin Maria Theresia nun die Fortführung der Universitätsstudien[55], und so wurden trotz der fortbestehenden Beeinträchtigungen des Lebens in der Stadt[56] Ende Oktober 1743 die Vorlesungen an der Universität in den Privathäusern der Professoren wieder aufgenommen[57]. Die Zahl der Studenten war in diesem Zeitraum erheblich gesunken; so hatten sich 1744 nur noch 21 Studenten in Ingolstadt neu immatrikuliert[58]. Erst nachdem am 18. Oktober 1745 die österreichischen Truppen wieder abgezogen waren[59], konnte an die Wiederherstellung geordneter Verhältnisse an der Universität gedacht werden.

Zu diesem Zweck forderte der Kurfürst im Jahre 1746 die Stellungnahmen der Ingolstädter Professoren über die bestehenden Mängel und Vorschläge zu deren Beseitigung an. In seinem daraufhin am 11. Juli 1746 abgesandten Gutachten beklagte Franz Xaver Zech vor allem, daß die Vorlesungen noch in den Privathäusern der Professoren stattfinden mußten, daß es ständig zu Streitereien an der Universität kam und daß die Kollegien nach Gutdünken begonnen und beendet sowie Studenten angenommen wurden, die keine genügende Vorbildung aufwiesen. Nach seiner Ansicht waren auch einige Professoren nicht hinreichend qualifiziert[60].

2. *Das Verhältnis zwischen Zech und dem Universitätsdirektor Ickstatt*

Um die Mißstände an seiner Landesuniversität zu beheben, beschloß Kurfürst Maximilian III. Joseph im Sommer 1746, seinen bisherigen Berater, Johann Adam von Ickstatt[61], mit dieser Aufgabe zu betrauen. Dieser kam im

[53] *Bauch,* ebd. 25.

[54] Vgl. *Gerstner,* ebd. 285; *Kleemann,* ebd. 98–106; *Prantl,* ebd. 518.

[55] Vgl. *Bauch,* ebd. 25.

[56] Vgl. *Gerstner,* ebd. 285–288.

[57] Vgl. *Prantl,* ebd. 518.

[58] Vgl. *Gerstner,* ebd. 288; *Prantl,* ebd. 519; *Kreh,* Leben und Werk des Reichsfreiherrn Ickstatt 89.

[59] Vgl. *Gerstner,* ebd. 290; *Kleemann,* Geschichte der Festung Ingolstadt 106.

[60] Vgl. HStA Mchn., GL Fasz. 1489 Nr. 20, 11. 7. 1746.

[61] Zu Ickstatt vgl. *Fritz Kreh,* Reichsfreiherr Johann Adam von Ickstatt (1702–1776). Leben und Werk eines katholischen Staatsrechtslehrers der Aufklärungszeit, in: Zeitschrift für Bayerische Landesgeschichte 36 (1973) 72–114; *ders.,* Leben und Werk des Reichsfreiherrn Ickstatt;

Oktober 1746 als Universitätsdirektor und Professor für Reichs-, Natur- und Völkerrecht sowie für ökonomische, Polizei- und Finanzwissenschaften nach Ingolstadt[62]. Vor allem durch das neugeschaffene Amt des Universitätsdirektors sollte die Durchführung der Universitätsreform gesichert werden. Ickstatt hatte die Aufgabe, über das regelmäßige Abhalten der Vorlesungen und die Einhaltung der Ordnung an der Universität zu wachen.

Nach dem Urteil von Ludwig Hammermeyer bedeutet das Jahr 1746 wegen der beginnenden Tätigkeit Ickstatts in Ingolstadt einen bedeutenden Einschnitt, „eine Wendemarke"[63]. Mit diesem Ereignis begann für die Universität und für ganz Bayern die „zweite Phase der Aufklärung ... Jetzt öffnete sich Bayern mehr und mehr auch dem protestantischen Norden, übernahm in beachtlichem Ausmaß Wolffs Methode und Philosophie sowie das rationalistische moderne Natur- und Völkerrecht."[64]

Ungeklärt war das Verhältnis zwischen dem Universitätsdirektor und dem Rektor der Universität. „Das Rektoramt blieb bestehen; Ickstatts Aufgabenbereich beschränkte sich an sich auf die Maßnahmen, die zur Wiederherstellung der Universität und zur Einleitung eines neuen Aufschwungs des wissenschaftlichen Lebens in Ingolstadt nützlich und nötig waren. Jedoch waren Ickstatts Eingriffsmöglichkeiten groß genug, um ihm – in Verbindung mit der nahezu uneingeschränkten kurfürstlichen Rückendeckung – eine Position zu verschaffen, die der des ständig wechselnden Rektors an Gewicht und Bedeutung erheblich überlegen war."[65] In dieser Stellung Ickstatts lag natürlich einiger Zündstoff für Auseinandersetzungen in der Universität[66].

Was das Verhältnis zwischen Zech und dem neuen Fakultätskollegen und Universitätsdirektor Ickstatt angeht, kann man den Quellen nur einige wenige Hinweise entnehmen. Da Ickstatt aber in dieser Zeit sicher die bedeutendste Persönlichkeit an der Universität Ingolstadt und zudem für die katholische Aufklärung in Bayern einer der wichtigsten Vorarbeiter war, ist

Bamberger, Johann Adam Freiherr von Ickstatt; *Hammermeyer,* Die letzte Epoche der Universität Ingolstadt 305–309; *Hammerstein,* Aufklärung und katholisches Reich, bes. 33–52. 88–120.

[62] Vgl. *Kreh,* Leben und Werk des Reichsfreiherrn Ickstatt 86–109; *Gerhard Wilczek,* Johann Adam Freiherr von Ickstatt und die Hohe Schule zu Ingolstadt, in: Ingolstädter Heimatblätter 32 (1969) 1–4. 7–8. 10–12.

[63] *Hammermeyer,* Die letzte Epoche der Universität Ingolstadt 299; vgl. *Laetitia Boehm,* Das Hochschulwesen in seiner organisatorischen Entwicklung, in: Handbuch der bayerischen Geschichte, Bd. 2, hrsg. v. *Max Spindler,* München 1969, 815–838, hier: 829–831.

[64] *Hammermeyer,* ebd. 300.

[65] *Kreh,* Leben und Werk des Reichsfreiherrn Ickstatt 90.

[66] Vgl. *Haas,* Die geistige Haltung der katholischen Universitäten 124. *Hammerstein* (Aufklärung und katholisches Reich 93) bezieht die Streitigkeiten hauptsächlich auf die Vorordnung Ickstatts vor die Dekane.

es von besonderem Interesse, das Verhältnis zwischen diesem und Zech soweit aufzuzeigen, wie die Quellen es erlauben. An diesem Verhältnis läßt sich vielleicht auch ablesen, wie Zech zu der Aufklärung Stellung genommen hat. Dies ist für die Beurteilung eines Kanonisten des 18. Jahrhunderts eine sehr wichtige Frage, zumal Zech Mitglied der Gesellschaft Jesu war, die als einer der Hauptgegner der Aufklärung angesehen wird.

An der wissenschaftlichen Qualifikation Zechs hat Ickstatt wohl nicht gezweifelt. Hierfür sprechen einige Indizien: Zum einen fällt auf, daß Zech als einziger Professor der Juristischen Fakultät bei der – unzweifelhaft durch Ickstatt angeregten[67] – Neuordnung der juristischen Studien im Jahre 1746 völlig unbehelligt blieb[68]. Eine wesentliche Verringerung des Studiums des kanonischen Rechts – nämlich von zwei Jahren auf ein Jahr – wurde erst 1769, also ein Jahr nach dem Ausscheiden Zechs aus dem Lehramt, durchgeführt[69], obwohl Ickstatt schon in einer Schrift des Jahres 1731 eine einschneidende Verkürzung des kanonistischen Studiums zugunsten der in der Praxis wichtigeren Fächer gefordert hatte[70]. Allerdings wäre eine Änderung, die die kanonistische Professur betroffen hätte, nur gegen den größten Widerstand des Jesuitenordens, in dessen Händen dieser Lehrstuhl war, möglich gewesen[71]. Zum anderen ist aber auch auffallend, daß Ickstatt in seinem „Kurtzen Entwurff einer vernünfftigen Lehr-Art“ aus dem Jahre 1746 das kanonische Recht sehr zurückhaltend behandelte[72]. Vermutlich wollte er seinem Kolle-

[67] Vgl. *Haas,* ebd.; *Hammerstein,* ebd. 95.

[68] Vgl. *Kreh,* ebd. 91f. Zur Reform der juristischen Studien von 1746 vgl. *Karl Schug,* Zur Geschichte der juristischen Vorlesungen an den deutschen Universitäten bis 1800. (Mit besonderer Hervorhebung der Universitäten Ingolstadt und Göttingen), Diss. jur. München 1942, 67–70.

[69] Vgl. *Johann Nepomuk Mederer,* Annales Ingolstadiensis Academiae, Pars IV seu Codex Diplomaticus, Ingolstadt 1782, 468f.; vgl. auch *Haas,* ebd. 125. *Kreh* (Reichsfreiherr Johann Adam von Ickstatt 97) erwähnt die Verkürzung des Studiums des kanonischen Rechts im Zusammenhang mit der Berufung Ickstatts nach Ingolstadt und erweckt so den (unzutreffenden) Eindruck, als sei dies schon bei der ersten Reform des juristischen Studiums durchgeführt worden.

[70] Vgl. *Johann Adam von Ickstatt,* De studio juris, ordine atque methodo scientifica instituendo (Meditationes praeliminares), Würzburg 1731; *Kreh,* Leben und Werk des Reichsfreiherrn Ickstatt 43. 92.

[71] Vgl. auch *Hammerstein,* Aufklärung und katholisches Reich 95.

[72] Vgl. *Johann Adam von Ickstatt,* Kurtzer Entwurff einer vernünfftigen Lehr-Art wornach unsere teutsche adeliche und andere, insonderheit Catholische, Academische Jugend ihre Studia Juris auf Universitäten mit Nutzen einrichtet, München 1746, S. 8f., § 11: „Die Kirchen-Rechte, oder das sogenannte Jus Canonicum gehöret zwar hauptsächlich nur für geistliche Personen, oder gehet nur auf solche Sachen, welche dem geistlichen Gerichts-Zwang unterworffen seyn. Allein da wir in Teutschland mit dergleichen höhern und niedern Kirchen-Vorstehern gar vieles zu schaffen haben; die Gränzen der geistlichen und weltlichen Gerichtsbarkeit auch öffters zweiffelhaft, und zu vielen Strittigkeiten Anlaß geben; nebst dem gar viel von denen Canonischen Rechten auch bey weltlichen Gerichten zur Richtschnur genommen,

gen Zech nicht zu nahe treten. In eben dieser Schrift sagt Ickstatt von den Professoren der Juristischen Fakultät: „Die Facultät ist mit fünff tüchtigen Professorn, und solchen Männern besetzt, welche sich in ganz Teutschland den Ruhm fürtrefflicher Rechts-Lehrer bereits von vielen Jahren her erworben, und der Welt häuffige Proben ihrer Gelehrsamkeit vorgeleget haben."[73] Dieses Urteil ist wohl auch auf Zech zu beziehen[74]. Insgesamt scheint Ickstatt über Zech grundsätzlich positiv geurteilt zu haben, was auch insofern verständlich ist, als Ickstatt großen Wert auf publizistische Tätigkeit gelegt hat und Zech zumindest von seiner Tätigkeit in Ingolstadt an zahlreiche und recht anerkannte Werke veröffentlicht hat[75].

Was nun andererseits die Ansicht Zechs über Ickstatt angeht, läßt sich direkt nichts erfahren. Wohl aber kann man einige Hinweise zu seinem Verhältnis zu Ickstatt aus der Art und Weise entnehmen, wie Zech in den Auseinandersetzungen zwischen der Theologischen Fakultät und dem Universitätsdirektor Stellung bezogen hat; hierzu muß allerdings etwas weiter ausgeholt werden[76].

3. Exkurs: Auseinandersetzungen zwischen der Theologischen Fakultät und Ickstatt

a) Der Streit des Jahres 1747

Auf der Münchner Jakobi-Dult[77] hatten einige Juristen das anonym erschienene Buch von Georg Christoph Neller „Principia Juris Publici

und in usu fori beobachtet werden, so begreifft man leichtlich, daß so wohl weltliche als geistliche Rechts-Gelehrte sich in dem Jure Canonico wohl umzusehen vonnöthen haben. Mithin können die Institutiones Juris Canonici denen Academischen Candidatis derer Rechte nach denen Institutionibus Juris Civilis & Criminalis gar füglich erkläret werden. Welche Materien oder Tituln aber einer oder der andre vorzüglich zu wissen nöthig, und mit mehrern Fleiß sich darauf zu legen hat, muß ein jeder nach seinen besonderen Umständen beurtheilen."

[73] *Ickstatt,* ebd. S. 18, § 29.

[74] Man beachte vor allem die ausdrückliche Einbeziehung aller fünf Professoren der Juristischen Fakultät in dieses Lob.

[75] *Kreh* (Reichsfreiherr Johann Adam von Ickstatt 95 mit Anm. 152) nennt unter den Professoren der Juristischen Fakultät, die schon 1746 durch Veröffentlichungen hervorgetreten sind, ausdrücklich auch Zech.

[76] Vgl. zum folgenden auch *August Kluckhohn,* Der Freiherr von Ickstatt und das Unterrichtswesen in Bayern unter dem Kurfürsten Maximilian Joseph. Vortrag in der öffentlichen Sitzung der k. Akademie der Wissenschaften am 25. Juli 1868 zur Vorfeier des allerhöchsten Geburts- und Namens-Festes Sr. Majestät des Königs Ludwig II., München 1869, 13–20.

[77] Vgl. Ickstatt an Maximilian Joseph: HStA Mchn., GL Fasz. 1490, Nr. 12, 21. 1. 1747; *Kluckhohn,* ebd. 13.

Ecclesiastici Catholicorum"[78] gekauft und nach Ingolstadt gebracht. Neller war in Würzburg eng mit Ickstatt verbunden gewesen und bezeichnete sich als dessen Schüler[79]. Die Theologische Fakultät – zu der Zech ja auch gehörte – veröffentlichte im Januar 1747 ohne das Wissen des Universitätsdirektors einen Aushang, in welchem sie das Buch als mit der katholischen Lehre in vielen Punkten unvereinbar erklärte und die Studenten aufforderte, von der Lektüre des Buches Abstand zu nehmen und etwa vorhandene Exemplare bei der Theologischen Fakultät abzuliefern[80]. Am 9. Januar 1747 fand im Hause des Rektors der Universität, des Juristen Hermann Anton von Chlingensperg, eine Sitzung statt[81], in welcher der Dekan der Theologischen Fakultät, der weltgeistliche Professor Balthasar Eckher, von dem Buch Nellers berichtete. Die Theologische Fakultät habe in Ausübung ihres Zensurrechtes einen Aushang beschlossen, womit die Studenten ermahnt werden sollten, dieses Buch nicht zu kaufen oder zu lesen. Der Rektor anerkannte dieses Recht der Fakultät grundsätzlich, fügte aber hinzu, er „wolle doch gebetten haben Vorhin Ihme das Buch sehen zu lassen"[82].

Zwei Tage später, am 11. Januar 1747, schrieb die Theologische Fakultät an den Kurfürsten, teilte ihm die von ihr vorgenommene Bekanntmachung mit, indem sie eine Kopie des Aushangs beilegte, und übersandte auch ein Exemplar des Buchs von Neller. Die Fakultät nutzte die Gelegenheit, zugleich auch die „ohnmaßgebige Nachricht" anzuschließen, daß in der Juristischen Fakultät außer im kanonischen Recht und im Jus Patrium „Vast Lauther Uncatholische authores vorgelesen, und denen auditoribus Vorgeschrieben werden: welches seine Zeitübliche folgerungen nach sich ziehen mechte"[83]. Der Einschätzung des Buchs von Neller durch die Theologische

[78] Principia Juris Publici Ecclesiastici Catholicorum, Frankfurt – Leipzig 1746.

[79] Vgl. *Heribert Raab,* Die Concordata Nationis Germaniae in der kanonistischen Diskussion des 17. bis 19. Jahrhunderts, Wiesbaden 1956 (Beiträge zur Geschichte der Reichskirche in der Neuzeit 1), 98. Zu Georg Christoph Neller (1709–1783) vgl. *ders.,* Georg Christoph Neller und Febronius, in: Archiv für mittelrheinische Kirchengeschichte 11 (1959) 185–206, zu den Lehrern Nellers bes. 189.

[80] UA Mchn., Georgianum, 2. Abt., Akten Nr. 316, Programa: „Nos Decanus, Doctores et Professores p. relatum est ad Sacram facultatem, quod liber incerti auctoris, cujus titulus Principia Iuris Publici Catholicorum versetur in manibus quorundam DD. studiosorum. Quemadmodum iam Summa hujus libri in multis non concordat cum illo, quem prosefert, titulo: ita omnes DD. studiosos admonendos censuimus, prout in praesenti facimus, de hujus libri lectione ex causis notis abstinendum esse. Unde istius exemplaria ad sacram facultatem deferenda, et in postremo non amplius comparanda noverint. datum sub sigillo facultatis nostrae Theologicae."

[81] Aus dem Aktenstück ist nicht zu erkennen, um welche Art von Sitzung es sich handelt, doch kommt wohl nur eine Sitzung des Senates der Universität in Betracht.

[82] UA Mchn., K I 1 a, 9. 1. 1747.

[83] HStA Mchn., GL Fasz. 1490, Nr. 12, 12. 1. 1747.

Fakultät trat auch der Geistliche Rat, die für Schulfragen zuständige Instanz beim Kurfürsten[84], bei[85].

Wenige Tage später griff Ickstatt in die Angelegenheit ein, bezeichnete in einem Schreiben vom 21. Januar 1747 an den Kurfürsten die Handlungsweise der Theologischen Fakultät als eigenmächtig und vertrat die Ansicht, daß sich die Theologische Fakultät vor der Veröffentlichung ihrer Ansicht über das Buch von Neller an ihn hätte wenden müssen, um „einen außer die gesamte Churfürstliche Universität noth folglichen Nachklang und verunklümpfung bey auswärtigen abzuwenden"[86]. Ickstatt ließ anklingen, daß nach seiner Ansicht – wobei er sich auf Informationen seitens nichtgenannter Theologen berief – das Buch nichts enthalte, was unmittelbar dem katholischen Glauben widerspreche[87].

Bezüglich des Vorwurfs der Theologischen Fakultät, in der Juristischen Fakultät würden fast nur protestantische Lehrbücher zugrundegelegt, teilte Ickstatt mit, er habe die Professoren befragt, welche Bücher sie in ihren Vorlesungen benützten. Das Ergebnis dieser Befragung bestätigt eigentlich den Vorwurf der Theologen: Der Professor der Pandekten und des Feudalrechts Johann Peter Schiltenberger las nach den „Elementa juris civilis secundum ordinem digestorum" des Johann Gottlieb Heineccius sowie über die „Commentatio compendiaria pandectarum" von Amadeus Eckhold; der Professor für Institutionen und Kriminalrecht Johann Georg Weißhaupt legte ebenso Heineccius zugrunde („Elementa juris civilis secundum ordinem institutorum") wie auch Joachim Hoppe's „Commentarius ad Institutiones" und Ickstatt selbst las nach Johann Jacob Mascov („Principia iuris publici") und nach der „Einleitung zu denen Oeconomischen Policey- und Cameralwissenschaften" von Justus Christoph Dithmar[88].

Zu Heineccius, Eckold und Hoppe bemerkte Ickstatt, daß in diesen Werken – als reinen Kommentaren – nicht viel Häretisches enthalten sein könne, was aber dennoch verfänglich sei, könne der Professor mit wenigen Worten widerlegen. In dem von ihm benutzten Buch von Mascov sei zwar mehr protestantisches Gedankengut enthalten, „allein doch nichts anderes,

[84] Zum geistlichen Rat vgl. *Hammermeyer,* Die letzte Epoche der Universität Ingolstadt 309. Zur Entwicklungsgeschichte des geistlichen Rates vgl. *Richard Bauer,* Der kurfürstliche geistliche Rat und die bayerische Kirchenpolitik 1768–1802, München 1971 (Miscellanea Bavarica Monacensia 32), 1–14.

[85] HStA Mchn., GL Fasz. 1490, Nr. 12; vgl. *Wilczek,* Johann Adam Freiherr von Ickstatt 2; *Kluckhohn,* Der Freiherr von Ickstatt 14.

[86] HStA Mchn., GL Fasz. 1490, Nr. 12, 21. 1. 1747.

[87] Vgl. ebd.

[88] Vgl. ebd.; vgl. auch *Kreh,* Leben und Werk des Reichsfreiherrn Ickstatt 265 f., Anm. 732. 733.

als was der Religions- und westphälische Frieden dennen acatholicis zulegt." Zudem sei Mascov sehr moderat, und er, Ickstatt, halte es daher für unbedenklich, einen solchen Autor zugrundezulegen, bis er selbst ein Compendium iuris publici veröffentlicht haben werde. Die Theologische Fakultät aber habe sich hier in „frembde, Sie von weitem nichts angehende dinge" eingemischt und so dem Ansehen der Universität Schaden zugefügt[89].

Trotz des Briefes von Ickstatt erging am 24. Januar 1747 die Entscheidung des Kurfürsten, wonach die „Principia Juris Publici Ecclesiastici Catholicorum" verworfen wurden[90]. Wie aber die gleichzeitig ergangene Aufforderung des Kurfürsten an die Theologische Fakultät zeigt, einen Bericht über die Verwendung akatholischer Autoren in der Juristischen Fakultät zu erstellen, hatte der Kurfürst das Schreiben seines Universitätsdirektors Ickstatt vermutlich nicht rechtzeitig erhalten, in dem ja ein solcher Bericht bereits enthalten war, so daß er ohne Kenntnis der Argumente der Gegenseite entschieden haben dürfte. Am 17. Juli 1747 schließlich wurde Nellers Buch von der römischen Index-Kongregation auf den Index der verbotenen Bücher gesetzt[91].

Was das Verhältnis Zechs zu Ickstatt angeht, fällt auf, daß eine Beteiligung Zechs an der Auseinandersetzung des Jahres 1747 nicht zu erkennen ist, obwohl ja gerade er als Kanonist ein fachliches Interesse daran hätte haben müssen, wie das Buch Nellers beurteilt wurde. Als treibende Kraft ist vielmehr der Professor der Kontroverstheologie, Balthasar Eckher, anzusehen[92], der als Dekan der Theologischen Fakultät das Zensurrecht ausübte[93]. Möglicherweise hat sich Zech deshalb aus der Auseinandersetzung zwischen Eckher und Ickstatt herausgehalten, weil er sich – als Mitglied der beiden beteiligten Fakultäten – durch die Stellungnahme für eine der beiden Seiten zugleich Schwierigkeiten mit seinen Kollegen aus der anderen Fakultät bereitet hätte. Möglicherweise ist dies aber auch als ein Indiz dafür zu werten, daß Zech auf Ausgleich bedacht gewesen ist.

[89] HStA Mchn., GL Fasz. 1490, Nr. 12, 21. 1. 1747.

[90] UA Mchn., Georgianum, 2. Abt., Akten Nr. 316, 24. 1. 1747; vgl. ebd. 31. 1. 1747.

[91] Vgl. ebd., 5. 8. 1747: Copia Attestati Authentici ex Curia Romana. Nach *Listl* (Kirche und Staat 14) wurde das Buch Nellers erst am 11. 9. 1750 auf den Index der verbotenen Bücher gesetzt.

[92] Siehe oben, Anm. 82; vgl. auch *Klaus Neumaier,* Das letzte Jahrhundert in Ingolstadt, in: Ludwig-Maximilians-Universität. Ingolstadt – Landshut – München. 1472–1972, hrsg. v. *Laetitia Boehm – Johannes Spörl,* Berlin 1972, 177–194, hier: 185.

[93] Zum Zensurrecht der Theologischen Fakultät vgl. *Kluckhohn,* Der Freiherr von Ickstatt 13; *Prantl,* Geschichte der Ludwig-Maximilians-Universität, Bd. 1, 396. 552.

b) Der Streit des Jahres 1752

Die Verwendung akatholischer Lehrbücher in der Juristischen Fakultät war mit dem Schreiben des Kurfürsten vom Januar 1747 allerdings weder verboten noch erlaubt worden, so daß hier weiterer Stoff für Auseinandersetzungen zwischen Theologen und Juristen lag. Eine Entscheidung in dieser Frage brachte erst die Auseinandersetzung des Jahres 1752, in der wieder Eckher und Ickstatt als die herausragenden Persönlichkeiten der gegnerischen Parteien erschienen.

Anlaß für diese Auseinandersetzung war die Veröffentlichung einer Schrift des ehemaligen Benediktiners Franz Rothfischer[94], der als Student in Ingolstadt zu den Anhängern Ickstatts und des Professors für Institutionen Georg Lori gehört hatte; Rothfischer war nunmehr zum Protestantismus übergetreten. „Was er damals in seiner aufsehenerregenden Apologie über die Ingolstädter Verhältnisse publizierte, führte zu einem neuen ‚philosophischen Krieg' zwischen Jesuiten" – oder besser gesagt: der Theologischen Fakultät – „und Reformern. Doch diesmal blieb es nicht mehr bei massiven Vorwürfen von Lehrkanzel zu Lehrkanzel. Aus dem akademischen Streit entwickelte sich ein Kampf um die Existenz der Reformpartei und ihres Werkes. Im ganzen Land wurden Ickstatt, Lori und ihre Freunde als ‚Lutheraner' verschrien, nicht nur von Jesuiten."[95] Der „Fall Rothfischer" bot die willkommene Gelegenheit, die Frage der Verwendung akatholischer Lehrbücher an der Universität Ingolstadt nochmals aufzugreifen, und so beschuldigte Eckher in einer Predigt am 4. Juni 1752 im Ingolstädter Münster den Universitätsdirektor, durch die Verwendung akatholischer Lehrbücher dem Eindringen des Protestantismus nach Ingolstadt Vorschub zu leisten. Als Grund für diese öffentliche Anklage gegen Ickstatt, die von zwei weiteren Ingolstädter Pfarrern unterstützt wurde[96], wurde die Tatsache angeführt, daß Ickstatt zwei Studenten das Kompendium der Reichsgeschichte von Johann David Köhler empfohlen hatte[97], „in welcher der Papst und fromme Kaiser, sowie katholische Gebräuche verspottet werden"[98].

[94] *Franz* sonst *Gregorius Rothfischer,* Nachrichten von seinem Uebergange von der Römischen zu der Evangelischen Kirche zu Steuer der Wahrheit aufgesetzt und der unpartheyischen Welt vor Augen geleget, Leipzig – Wolfenbüttel 1752.

[95] *Hammermeyer,* Die letzte Epoche der Universität Ingolstadt 313; vgl. *Prantl,* ebd., 559; *Kreh,* Leben und Werk des Reichsfreiherrn Ickstatt 98. *Rothfischer* (ebd. 44. 81–88) äußert sich lobend über Ickstatt, erwähnt seine Begegnung mit Wolff und läßt durchwegs einen ausgeprägten Haß gegen die Jesuiten erkennen.

[96] Vgl. *Kreh,* ebd. 97.

[97] Vgl. *Kreh,* ebd. 100; *Wilczek,* Johann Adam Freiherr von Ickstatt 3; *ders.,* Die Universität zu Ingolstadt, in: Ingolstädter Heimatblätter 35 (1972) 5–6. 11–12. 19–20. 23–24. 27–28. 31–32. 35–36. 39–40, hier: 36.

[98] *Prantl,* ebd. 560.

Hinzu kamen noch Nachrichten über ketzerische und gegenüber der Kirche abfällige Äußerungen aus dem Freundeskreis Ickstatts[99].

Die Predigten bewirkten einige Unruhe in Ingolstadt. „Ganz Ingolstadt gerieth in Bewegung, und das Gerücht, daß die alte katholische Universität im Glauben wanke, verbreitete sich wie ein Lauffeuer nach allen Enden."[100] Ickstatt ordnete eine Untersuchung bezüglich dieser Predigten an und sandte am 21. Juni 1752 den Bericht über diese Untersuchung an den Kurfürsten. Am folgenden Tag protestierte die Kurie des Bischofs von Eichstätt gegen diese Vorgehensweise Ickstatts und bat den Kurfürsten, das Zensurrecht über akatholische Lehrbücher, die an der Universität Verwendung finden sollten, den beiden Ingolstädter Stadtpfarrern zu übertragen[101]. Auch die Theologische Fakultät beschwerte sich am 1. Juli 1752 beim Kurfürsten und verlangte, daß das Zensurrecht wieder ihr zugesprochen würde[102].

Der Kurfürst reagierte nun zunächst mit einem Reskript, in welchem die Juristische Fakultät zurechtgewiesen, eine genaue Untersuchung bezüglich akatholischer Lehrbücher angeordnet und eine Zensur durch die Theologen zugelassen wurde[103]. Nach einer umfangreichen Stellungnahme Ickstatts zu den gegen ihn und die Juristische Fakultät erhobenen Vorwürfen vom 9. August 1752, die hier nicht ausführlich referiert zu werden braucht[104], kam es zu einer Sitzung mit dem Kurfürsten in Nymphenburg, bei der für die Beschuldigten Ickstatt und Lori erschienen, die zudem Unterstützung durch Wigulaeus Kreittmayr[105] und den kurfürstlichen Revisionsrat Joseph Eucharius Obermayr erfuhren, die Sache der Theologischen Fakultät aber von den Jesuitenpatres Daniel Stadler[106] und Franz Xaver Zech vertreten wurde; Zech war eigens zu diesem Termin aus Ingolstadt angereist, vermochte aber nicht viel auszurichten[107].

[99] Vgl. *Kluckhohn*, ebd. 16f.; *Kreh*, ebd. 97; *Neumaier*, Das letzte Jahrhundert in Ingolstadt 185.

[100] *Kluckhohn*, ebd. 17.

[101] Vgl. *Prantl*, ebd. 560.

[102] Vgl. *Prantl*, ebd. 560f.; *Kreh*, ebd. 97.

[103] Vgl. *Kluckhohn*, ebd. 17; *Prantl*, ebd. 561.

[104] Vgl. HStA Mchn., GL Ingolstadt No. 16/5: „Verantwort- und Beschwers-schrifft der Juristischen Facultet zu Ingolstatt wider dasigen ober Pfarrer Herrn Egger, und Theologische Facultet de dato 9. Augustij anno 1752"; abgedruckt bei *Kluckhohn*, ebd. 46–57; referiert ebd. 17–20; vgl. auch *Prantl*, ebd. 561–564; *Hammerstein*, Aufklärung und katholisches Reich 106–109; *Kreh*, ebd. 99–101.

[105] Wigulaeus Xaverius Aloysius Kreittmayr (1705–1790), Jurist, Ratgeber des Kurfürsten; vgl. *Hans Rall*, Art. Kreittmayr, in: NDB 12, Berlin 1980, 741–743.

[106] Daniel Stadler SJ (1705–1764), Beichtvater des Kurfürsten; vgl. *v. Oefele*, Art. Stadler, in: ADB 35, Leipzig 1893, 381.

[107] StaBi Mchn., Oefeleana 61: „Schreib-Calender ... Auf das Schalt-Jahr nach der Geburt JESU Christi 1752 Felicis Oefelij" zum 28. 8. 1752; vgl. auch *Hammermeyer*, Die letzte Epoche

Die Entscheidung des Kurfürsten fiel nun im wesentlichen im Sinne Ickstatts aus; nach dem am 23. August 1752 erlassenen „gnädigsten Befehl“[108] wurde Ickstatt angewiesen, zusammen mit Zech und Chlingensperg die Studienordnung der Juristischen Fakultät zu überarbeiten und dem Kurfürsten vorzulegen, sodann wurden die Professoren aufgefordert, eigene Lehrbücher zu verfassen, damit nicht weiter akatholische Lehrbücher verwendet zu werden brauchten; im übrigen aber sei die Verwendung akatholischer Bücher unbedenklich, sofern „die darinn befindliche anstössige Passagen wohl erkläret, widerleget und unter diesem Vorwand der studierenten Jugend keine gefährliche, und unnöthige Bücher zugeschoben, oder angerathen werden.“[109] Für den Fall, daß es zu einem Streit wegen einer Vorlesung oder eines Buches kommen sollte, behielt sich der Kurfürst die Entscheidung vor. Das Zensurrecht durfte die Theologische Fakultät nicht mehr öffentlich ausüben, d. h. die Entscheidung über die Verwendung eines von ihr beanstandeten Buches sollte beim Kurfürsten liegen. Das „allzu freye Reden, und Critisieren in Religions- Kirchen- und anderen geistlichen Sachen“ bei Privatzusammenkünften der Professoren untersagte der Kurfürst, doch sollten der Rektor der Universität und die Theologische Fakultät auch in solchen Fällen nicht von sich aus tätig werden, sondern nach einer ersten Ermahnung des Betreffenden, die „in der Stille“ vor sich zu gehen hatte, dem Kurfürsten Anzeige erstatten[110]. Insgesamt also war es die Absicht des Kurfürsten, Streitigkeiten an der Universität in der Weise zu regeln, daß bei eventuellen Meinungsverschiedenheiten niemand an die Öffentlichkeit gehen durfte, sondern die Sache nach München berichten mußte, damit von dort aus eine Entscheidung gefällt wurde.

Was die an der Auseinandersetzung des Sommers 1752 beteiligten Personen betrifft, wurden zwei Disziplinarmaßnahmen angeordnet: Zum einen hatte sich Prof. Eckher vor dem Senat der Universität bei Ickstatt, Lori und Weißhaupt öffentlich zu entschuldigen, zum anderen wurde am 1. Septem-

der Universität Ingolstadt 314; *ders.*, Gründungs- und Frühgeschichte der Bayerischen Akademie der Wissenschaften, Kallmüntz 1959 (Münchener Historische Studien, Abteilung Bayerische Geschichte 4), 62.

[108] Abgedruckt bei: *Mederer*, Annales Ingolstadiensis Academiae, Pars IV, 457–460; referiert bei: *Prantl*, ebd. 564f.; vgl. auch *Kreh*, ebd. 101. *Kluckhohn*, ebd. 37, Anm. 22: „Der Erlaß des Churfürsten vom 23. August 1752 ... ist von Mederer Annales IV, 457 insofern verstümmelt wiedergegeben worden, als die dem Oberstadtpfarrer Eckher zu Theil gewordene Rüge unterdrückt ist.“

[109] *Mederer*, ebd. 458.

[110] Vgl. *Mederer*, ebd. 459.

ber 1752 Lori von der Universität weg als Hofrat nach München versetzt[111]. „Den Jesuiten mochte die Versetzung als Strafe erscheinen, war doch der Unruhestifter endlich von der Alma Mater verbannt. Tatsächlich aber war wohl der Entscheid, dank Kreittmayr, ein Sieg, eine Beförderung Loris“[112], urteilt Ludwig Hammermeyer. Man wird aber sicher sagen können, daß für die Universität mit der Versetzung Loris tatsächlich eine Entscheidung im Sinne der Theologischen Fakultät getroffen worden war, mag dies auch im folgenden der Ausbreitung aufklärerischer Gedanken förderlich und auch für Lori persönlich eher vorteilhaft gewesen sein[113].

Worum es bei den Auseinandersetzungen um akatholische Lehrbücher an der Universität Ingolstadt eigentlich ging, wird erst klar, wenn man berücksichtigt, warum Ickstatt solchen Wert auf diese Lehrbücher legte: Sie sollten ihm dazu dienen, den Gedanken der zunächst von Protestanten vertretenen Aufklärung auch im katholischen Raum zum Sieg zu verhelfen[114]. Hinzu kam, daß die protestantische Rechtswissenschaft der an katholischen Universitäten vertretenen Rechtslehre überlegen war; Ickstatt aber strebte eine Hebung der wissenschaftlichen Leistung auch an katholischen Universitäten an, wozu ihm die Anlehnung an die protestantische Rechtswissenschaft zunächst unerläßlich erschien[115]. Ob der Theologischen Fakultät diese Zusammenhänge bewußt waren, ist fraglich; diese scheint das Problem rein kontroverstheologisch verstanden und das Eindringen von protestantischen Lehren befürchtet zu haben[116].

4. Die Rolle Zechs bei den Auseinandersetzungen mit Ickstatt

Im Unterschied zum Streit des Jahres 1747 erscheint Zech bei der Auseinandersetzung des Jahres 1752 als eine der handelnden Personen und ergreift Partei für die Theologische Fakultät. Es fällt auf, daß er und nicht etwa Eckher, der eigentliche Gegner Ickstatts, zu der Sitzung in Nymphenburg geladen wurde. Vielleicht erwartete der Kurfürst von der Anhörung Zechs,

[111] Vgl. StaBi Mchn., Oefeleana 61, zum 1. 9. 1752; vgl. auch *Kluckhohn*, ebd. 20; *Prantl*, ebd. 564 f.; *Hammermeyer*, Die letzte Epoche der Universität Ingolstadt 314.

[112] *Hammermeyer*, Gründungs- und Frühgeschichte 62; so auch: *Hammerstein*, Aufklärung und katholisches Reich 109.

[113] *Kreh* (Reichsfreiherr Johann Adam von Ickstatt 100) bezeichnet die Versetzung Loris nach München als ein „Zugeständnis an die theologische Fakultät“.

[114] Zu Ickstatts Programm einer katholischen Aufklärung vgl. *Kreh*, Leben und Werk des Reichsfreiherrn Ickstatt, vor allem 5 f. 178–182.

[115] Vgl. hierzu *Kreh*, ebd. 3 f. 182–184.

[116] Dies zeigt die Redeweise vom „Gift des Luthertums“, so Eckher in seiner Predigt vom 4. 6. 1752; vgl. *Kreh*, ebd. 268, Anm. 770.

daß dieser zum Einlenken bereit sei, was von Eckher sicher nicht zu erwarten gewesen wäre. In welcher Weise sich Zech nun näherhin im Sinne der Theologischen Fakultät geäußert hat, ist leider nicht genauer zu erkennen. Einen Hinweis hierzu kann vielleicht die Aussage über verbotene Bücher geben, die Zech in seinem – allerdings erst einige Jahre später (1758) erschienenen – Lehrbuch über das kirchliche Sachenrecht trifft: „Gute und nützliche Bücher sollen vorgelesen werden, verboten werden aber sollen Bücher von Häretikern, die ausdrücklich über die Religion handeln, frivole Bücher usw."[117] Da die Ansicht bestand, daß das Buch Nellers von einem Protestanten stammte, wird Zech 1747 die Entscheidung der Theologischen Fakultät mitgetragen haben. Die 1752 zur Verhandlung stehenden evangelischen Lehrbücher der Juristischen Fakultät dürften zwar für Zech auch ein Stein des Anstoßes gewesen sein; da diese aber nicht ausdrücklich („ex professo") über die Religion handelten, bestand für ihn vielleicht keine zwingende Notwendigkeit, das Verbot dieser Bücher zu fordern. Aus diesem Grund war es ihm wohl möglich, in einen Kompromiß zwischen den Ansichten Eckhers und der Juristischen Fakultät einzuwilligen. Es dürfte aber Stadlers und Zechs Verdienst sein, daß Eckher – anders als Ickstatt dies gefordert hatte[118] – nicht seines Lehrstuhls enthoben, dafür aber Lori von der Universität wegversetzt wurde.

Offensichtlich hatte Zech 1752 bereits seine Stellung an der Universität gefestigt – wozu sicher auch seine zwischenzeitlich erschienenen Publikationen beigetragen haben. Er hatte darüber hinaus auch einen gewissen Einfluß auf den Kurfürsten erlangt, wie einige der Nachrufe auf Zech bezeugen[119], und konnte es daher jetzt auch wagen, sich Ickstatt zu widersetzen. Daß der Kurfürst aber ihn zusammen mit Ickstatt und Chlingensperg die Statuten der Juristischen Fakultät neu ordnen ließ, zeigt, daß Zech durchaus zu einer Zusammenarbeit mit Ickstatt fähig war. Zudem ist ja auch zu beachten, daß es 1747 und 1752 eigentlich nicht um Auseinandersetzungen Ickstatts mit den Jesuiten, sondern vielmehr mit der Theologischen Fakultät insgesamt ging, an denen vor allem der weltgeistliche Professor Balthasar Eckher beteiligt war[120].

[117] De Jur. Rer. I, S. 186, § 151. Bezeichnend ist, daß sich diese Aussage unter dem Titel „De Academiis" findet.

[118] Vgl. *Hammermeyer,* Die letzte Epoche der Universität Ingolstadt 313; *Wilczek,* Johann Adam Freiherr von Ickstatt 8.

[119] Vgl. HStA Mchn., Jesuiten 252: Litterae Annuae Soc. Jesu Provinciae Bavariae 1772, pag. 17–19; Archiv SJ, Mchn., Mscr. I 46, pag. 716; *Karl Heinrich Ritter von Lang,* Geschichte der Jesuiten in Baiern, Nürnberg 1819, 202 f.

[120] So richtig: *Kreh,* Reichsfreiherr Johann Adam von Ickstatt 98 f.; *ders.,* Leben und Werk des Reichsfreiherrn Ickstatt 268, Anm. 775, gegen Merkle. Auch *Hammermeyer* (Die letzte

Insgesamt erscheint somit das Verhältnis zwischen Ickstatt und Zech als nicht immer ganz ohne Spannungen, dennoch aber muß eine grundsätzliche Bereitschaft zur Zusammenarbeit und wohl auch eine gewisse gegenseitige Wertschätzung gegeben gewesen sein.

IV. Die letzten Jahre Zechs

Zech blieb insgesamt fünfundzwanzig Jahre Professor für kanonisches Recht an der Universität Ingolstadt. Was in dieser Zeit sonst noch geschehen sein mag, ist leider nicht überliefert, so daß man von seiner Tätigkeit als Universitätsprofessor kein genaues Bild gewinnen kann. Im Jahre 1768 war es Zech nicht mehr länger möglich, seinen Lehrstuhl des kanonischen Rechts weiterhin innezuhaben. Am 27. August 1768 schrieb der Provinzial der Oberdeutschen Provinz der Gesellschaft Jesu, Ignatius Rhomberg, an den Kurfürsten wegen der Besetzung verschiedener Professuren der Jesuiten in Ingolstadt. Bezüglich der kanonistischen Professur Zechs führte er aus: „Nun glaube ich, in betreff unserer Professorum in Ingolstadt, dermahlen Eüer Churfürstlichen Durchlaucht nicht weiteres vortragen zu dürffen. Da aber erst disse Tagen von P. Rectore des Collegii allda berichtet worden, wie das der schon fünf und zwanzig jährige Professor SS. Canonum, P. Franciscus Xaverius Zech, wegen immer abnehmenden Kräfften, und sonderlich der Stimme, seinem Lehr-Amt in Zukunft nicht wohl länger werde vorstehen können, ja sich selbsten nach einer, seinem hohen Alter nothwendigen, Ruehe zu sehnen beginne, hab ich Eür Churfürstliche Durchlaucht mehrmalen in tüefester Unterthänigkeit anzuflehen, es wollen höchst dieselbe gnädigst gestatten, das auch disser die so ville Jahr betrettene Lehr-Canzel verlassen, ich aber einen anderen aus dennen unsrigen gehorsamst anerbiethen möge, und zuförderst jenen, welchen vor allbereit einem Jahr, ermeldter P. Franciscus Xaverius Zech Eür Churfürstlichen Durchlaucht zu dem Ende unterthänigst vorzustellen die höchste Gnade hatte, nemlich P. Christophorum Ublacker, einen Vasallen Eüer Churfürstlichen Durchlaucht, welcher dem Studio Juris, nicht nur Canonici, sondern auch Civilis; sich vorlängst ergeben, und das erstere in mehrer Städten, sonderbahr München und

Epoche der Universität Ingolstadt 312–316) und *Hammerstein* (Aufklärung und katholisches Reich 110. 117) stellen die Jesuiten als die – einzigen oder zumindest hauptsächlichen – Gegner Ickstatts dar. Im selben Sinn äußert sich Richard van Dülmen, der umgekehrt Ickstatt als „eingeschworenen Feind der Jesuiten“ bezeichnet; vgl. *Richard van Dülmen,* Antijesuitismus und katholische Aufklärung in Deutschland, in: Historisches Jahrbuch 89 (1969) 52–80, hier: 59.

Constanz, mit villem Beyfall der Auditorum vorgelesen. Nicht weniger Erfahrenheit, vorzüglich in Jure Canonico, haben gleichfalls schon mehrere Jahr auf verschidenen Lehr Canzlen erprobet P. Ignatius Bellosier, und P. Antonius Deebman, deren ersterer dermahlen in Regenspurg, der andere aber in Augspurg Sacros Canones öffentlich erklärt.“[121]

Auch Zech selbst wandte sich einige Tage später mit einer entsprechenden Bitte um Entlassung an den Kurfürsten Maximilian Joseph und empfahl Ueblacker als seinen Nachfolger. Die beiden von Rhomberg noch genannten Kanonisten Bellosier und Deebman erwähnte er nicht. Sein Brief vom 31. August 1768 soll im vollen Wortlaut wiedergegeben werden:

„Durchleüchtester Churfürst, gnädigster Fürst und Herr. Eür Churfürstliche durchleücht haben gnädigst geruhet, meine durch 25. Jahr in dem Lehrambt des Juris Canonici auf höchst dero berühmten Universitet zu Ingolstatt geleistete dienst mit solchen gnaden-bezeügungen zubegünstigen, das ich aufgemundert worden, die ansonst in dennen Rechten zur Ruhe eines offentlichen Professoris anberaumte 70. Jahr, schon mit 6. ferneren zuüberschreiten. da nun endlich die Kräften einer offentlichen Academischen Rechts-Canzel vorzustehen allgemach entwichen, werden Eür Churfürstliche durchleücht sich zuerinnern gnädigst belieben tragen, wie ich im herbst des verflossenen Jahrs die huldreicheste begnehmigung erhalten, das derjenige, welcher dortmahl nebst mir sich unterthänigst zu füssen gelegt, nemlich P. Christophorus Üblacker, so Theologiam Moralem mit allgemeiner Satisfaction allhier tradiret, meine stell bey abnehmenden Kräfften vertretten solte. Gleichwie ich versichert bin, das selbiger durch seinen fleiss und gelehrtheit, welche er schon vorhin in tradendo Jure Canonico zu München erwisen, Eür Churfürstlicher Durchleücht gnädigst approbation verdienen, und den aufnahm der Universität befördern werde; allso wird auch ich, so lang immer Gott noch mein leben zuerhalten beliebet, niemahl nachlassen, meine letzte übrige Kräfften zu Eür Churfürstlichen durchleücht gehorsamsten diensten, und nuzen des gemeinen weesens zuverwenden, mich allzeit in höchste hulden und gnaden empfehlend, Ingolstatt 31. August 1768, Eür Churfürstlicher durchleücht demüthig=gehorsamster Franc. Xav. Zech S. J.“[122]

Aus der Bemerkung Zechs in seinem Brief an den Kurfürsten, daß dieser bereits im Herbst 1767 genehmigt hatte, daß Ueblacker die Stelle Zechs „bey abnehmenden Kräfften vertretten solte“, könnte man schließen, daß Ueblakker ihn schon im Winter 1767/68 vertreten hatte, wenn er seiner Gesundheit

[121] HStA Mchn., Jesuiten 1770, 27.8. 1768.
[122] Ebd., 31.8. 1768.

wegen die Vorlesungen nicht halten konnte. Der Vergleich mit dem Schreiben des Provinzial aber zeigt, daß diese Aussage so zu verstehen sein dürfte, daß die Nachfolge für Zech bereits im Herbst 1767 mit dem Kurfürsten grundsätzlich besprochen worden war[123]. Am 14. September 1768 erging nun die Antwort des Kurfürsten auf das Schreiben Rhombergs. Der Kurfürst überließ die Besetzung der vom Provinzial angesprochenen Professuren der Philosophie und des kanonischen Rechts dem Urteil Rhombergs, der die vorgeschlagenen Kandidaten ja am besten kennen müsse[124].

Im Oktober 1768[125] verließ Zech Ingolstadt und zog sich in das Jesuitenkollegium in München zurück; sein Nachfolger wurde der von ihm und dem Provinzial vorgeschlagene Ueblacker[126]. In München übte Zech noch das Amt des Präfekten der Bibliothek aus[127], bis er dann am 15. März 1772 starb[128], „nicht so sehr durch eine Krankheit hinweggerafft, als vielmehr durch die Auflösung der Natur selbst ausgelöscht"[129], also aufgrund von Altersschwäche[130].

[123] Vgl. vor allem die Bemerkung, daß Ueblacker dem Kurfürsten „zu dem Ende", d. h. der Nachfolge auf die kanonistische Professur wegen, vorgestellt worden war; siehe oben S. 48.

[124] HStA Mchn., Jesuiten 1770, 14. 9. 1768; zum ganzen Briefwechsel vgl. auch *Bernhard Duhr,* Geschichte der Jesuiten in den Ländern deutscher Zunge, Bd. 4, Teil 2, München – Regensburg 1928, 119, Anm. 1.

[125] Vgl. *Mederer,* Annales Ingolstadiensis Academiae, Pars III, 301.

[126] Vgl. ebd. 302.

[127] Vgl. HStA Mchn., Jesuiten 252, pag. 17–19; Jesuiten 507. Jesuiten 510.

[128] Vgl. HStA Mchn., Jesuiten 496. Jesuiten 500. Das Datum von Zechs Tod wird des öfteren falsch angegeben; *Nikolaus Grass* (Die Kirchenrechtslehrer der Innsbrucker Universität 162, Anm. 43) nennt den 5. März 1772, offensichtlich ein Druckfehler! Viele andere nennen das Jahr 1768 als sein Todesjahr, so: *Baader,* Lexicon verstorbener Baierischer Schriftsteller 356; *Rixner,* Geschichte der Studien-Anstalt zu Amberg 162: „... bis 1768, in welchem Jahr er das Lehramt aufgab, *und bald hernach verstarb*" (zumindest mißverständlich!); *Constant von Wurzbach,* Biographisches Lexicon des Kaiserthums Österreich, Bd. 59, Wien 1890, 243; *Prantl,* Geschichte der Ludwig-Maximilians-Universität, Bd. 2, S. 506, Nr. 187; *Schulte,* Geschichte der Quellen und Literatur, Bd. III,1, S. 180; *ders.,* Art. Zech 737; *Landsberg,* Geschichte der Deutschen Rechtswissenschaft III,1, Noten, S. 232; *Grabmann,* Geschichte der katholischen Theologie 185; *Georg Schwaiger,* Die Theologische Fakultät der Universität Ingolstadt (1472–1800), in: Die Ludwig-Maximilians-Universität in ihren Fakultäten, Bd. 1, hrsg. v. *Laetitia Boehm – Johannes Spörl,* Berlin 1972, 13–126, hier: 98; *Peter Frowein,* Philipp Hedderich 1744–1808. Ein rheinischer Kanonist aus dem Minoritenorden im Zeitalter der Aufklärung, Köln – Wien 1973 (Bonner Beiträge zur Kirchengeschichte 3), 233f.

[129] HStA Mchn., Jesuiten 252, pag. 17.

[130] Archiv SJ, Mchn., Mscr. I 46, pag. 716.

B) Das wissenschaftliche Werk

I. Die Veröffentlichungen

Zur weiteren Charakterisierung Zechs soll jetzt ein Überblick über seine Veröffentlichungen folgen, wobei auch jene Schriften kurz vorgestellt werden sollen, die für den systematischen Teil dieser Arbeit nur selten herangezogen werden. Insbesondere Zechs Dissertationen über das Zinsnehmen werden ausführlicher dargestellt, obwohl sie für die inhaltlichen Schwerpunkte dieser Arbeit (Philosophische und ekklesiologische Grundlagen, Kirchenrecht und Kirchenrechtswissenschaft, Kirchenverfassung und Verhältnis zwischen Kirche und Staat) nichts erbringen; im Rahmen der wissenschaftlichen Arbeit Zechs sind sie aber von großer Bedeutung.

1. Die Institutionen des kanonischen Rechts

a) Die Gliederung der Institutionen

Mit den im Jahre 1749 erschienenen „Praecognita Juris Canonici" begann Zech mit der Arbeit an seinem Lehrbuch des kanonischen Rechts, das in der Zeit von 1749 bis 1766, also fast während der ganzen Zeit seiner Tätigkeit in Ingolstadt, in sechs verschiedenen Bänden herauskam. Zwar trägt jeder einzelne dieser Bände einen eigenen Titel, doch nennt Zech selbst dieses Werk des öfteren „Institutiones Juris Canonici ad usum Tyronum"[131]. Nach den „Praecognita Juris Canonici", einem Einleitungsband, stellte Zech in drei „Büchern" die wichtigsten Gegenstände des kanonischen Rechts dar, und zwar – „nach der bei den Rechtsgelehrten üblichen Weise"[132] – gegliedert nach Personen, Sachen und Gerichtswesen (Personae, Res, Judicia)[133].

Hinter der Gliederung der Lehrbücher Zechs steht somit offensichtlich das von Giovanni Paolo Lancelotti[134] auf das kanonische Recht angewendete römisch-rechtliche Schema „Personae – Res – Actiones". Hiermit ging Zech von der üblichen Gliederung der Lehrbücher zum kanonischen Recht ab, die in Form von Kommentaren zu den Dekretalen Gregors IX. geschrieben

[131] Praec., Oeconomia Operis (nicht paginiert).

[132] Ebd.

[133] Ebd.; vgl. auch ebd. S. 9f., § 14.

[134] Giovanni Paolo Lancelotti (1522–1590) veröffentlichte 1563 die Institutiones iuris canonici, quibus ius pontificium singulari methodo libris quatuor comprehenditur; vgl. *Schulte*, Geschichte der Quellen und Literatur, Bd. III,1, 451–453.

wurden, und versuchte, die wichtigsten Gegenstände des kanonischen Rechts unabhängig von der Dekretalengliederung systematisch darzustellen[135]. Die von Zech übernommene Institutionen-Gliederung wurde zu Beginn des 20. Jahrhunderts auch als Gliederungsprinzip für die Kodifikation des kanonischen Rechts aufgegriffen und führte dazu, daß der Codex Iuris Canonici aus dem Jahre 1917 folgende Gliederung hatte: Normae generales – De personis – De rebus – De processibus – De poenis.

In der Rezension des ersten Bandes Zechs über das kirchliche Sachenrecht, die 1759 in den „Göttingischen Anzeigen von gelehrten Sachen" erschienen ist, wird diese Gliederung kritisiert, weil vor allem das Recht der Sakramente und der übrigen gottesdienstlichen Handlungen nicht unter die Bezeichnung „kirchliche Sachen" passe: „Dem ohngeachtet scheint sich der Hr. P. auf seine hier erwählte Ordnung vieles einzubilden und wünschet in der Zuschrift an den Fürsten Bischoff von Eichstedt, daß solche als neu und ungewöhnlich ihm auffallen möge. Wir unsers Orts aber sehen nicht ab, wie eine solche Lehrart (denn der Hr. P. schreibt ausdrücklich, daß er diese Arbeit zu seinen Vorlesungen bestimmet habe,) von einigem Nutzen seyn könne, und wann in einem Collegio über die Geistliche Rechtsgelehrsamkeit keine beßere Ordnung herrschen sollte, so ist es nach unserem Ermeßen am besten, daß man bey der Ordnung der Decretalien bleibe."[136]

Auch gegenüber der Gliederung des kirchlichen Gesetzbuches von 1917 wurde vor allem die Aufteilung des Rechtsstoffes in Personen- und Sachenrecht kritisiert: „Die Teilung in Personen- und Sachenrecht ist nicht adäquat, da sich im Grunde jede Rechtsnorm mit Personen oder Sachen befaßt."[137] Ebenso erscheint die Zusammenstellung verschiedener Materien unter der Überschrift „De Rebus" wenig sinnvoll. Zwar versucht der einleitende Canon zu diesem Buch, einen Zusammenhang der verschiedenartigen Materien herzustellen, indem er den Begriff „Sachen" umschreibt als „Mittel zur Erreichung des Ziels der Kirche" (c. 726 CIC/1917), „doch ist dazu seine Aussage wenig geeignet, denn Mittel zur Erreichung kirchlicher Zwecke ‚ist nicht allein das Sachenrecht, sondern das Kirchenrecht überhaupt, weil es seine Aufgabe darin hat, der Kirche

[135] In der Kanonistik ging man nach und nach von der Dekretalen- zur Institutionengliederung über; vgl. hierzu *Frowein,* Hedderich 233f.

[136] Göttingische Anzeigen von gelehrten Sachen, Stück 47 vom 19. 4. 1759, 419–421, hier: 420.

[137] *Heribert Schmitz,* Die Gesetzessystematik des Codex Iuris Canonici Liber I–III, München 1963 (Münchener Theologische Studien, Kanonistische Abteilung 18), 34.

in der Erreichung ihres Zieles, d. i. der Verwirklichung des Reiches Gottes auf Erden, helfend beizustehen'."[138]

Diese Kritik gegenüber der systematischen Gliederung des CIC von 1917 gilt ebenso auch für die Institutionengliederung insgesamt, also auch für die Gliederung des Lehrbuchs von Zech. Hier zeigt sich, wie problematisch es ist, wenn für die Darstellung kirchenrechtlicher Materien ein aus dem weltlichen Recht stammendes Prinzip herangezogen wird. Diese Kritik gilt aber in ähnlicher Weise auch für die Ordnung der Dekretalen, die in dem Merkvers „Iudex, iudicium, clerus, sponsalia, crimen" zusammengefaßt wurde. Diese Gliederung geht auf die „Compilatio prima" genannte Schrift des Bernhard von Pavia, das „Breviarium Extravagantium", zurück, und auch Bernhard hatte sich – wenn auch geringfügig – an ein römischrechtliches Schema angelehnt, an die Gliederung der Pandekten[139].

Sachlich bietet der Übergang von der Dekretalen- zur Institutionenordnung keinen Vorteil, dennoch aber ist die Übernahme der Institutionenordnung im Lehrbuch Zechs im Rahmen der Kirchenrechtslehre seiner Zeit insofern als ein gewisser Fortschritt anzusehen, als die Ordnung des Rechtsbuchs, das der Kirchenrechtslehre zugrundelag, verlassen[140] und der Weg zu einer sachgerechten systematischen Ordnung eröffnet wurde. Wenn auch der Institutionen- ebenso wie der Dekretalengliederung der Mangel anhaftet, daß sie nicht aus den inneren Prinzipien des Kirchenrechts erwachsen ist, sondern aus einer anderen Rechtsordnung übernommen wurde, so zeigt sich hier doch das Unbehagen an der bisherigen Systematik und es wurde versucht, eine andere an deren Stelle zu setzen[141].

[138] *Schmitz,* ebd. 197, mit Zitat: *Eduard Eichmann – Klaus Mörsdorf,* Lehrbuch des Kirchenrechts auf Grund des Codex Juris Canonici, Bd. 2, München – Paderborn – Wien [9]1959, 12.

[139] Vgl. *Johann Friedrich Schulte,* Die Geschichte der Quellen und Literatur des Canonischen Rechts, Bd. I, Stuttgart 1875 (Nachdruck: Graz 1956), 80. Das Gliederungsschema des Bernhard von Pavia ist allerdings schon in früheren Dekretalensammlungen bekannt; vgl. *Peter Landau,* Die Entstehung der systematischen Dekretalensammlungen und die europäische Kanonistik des 12. Jahrhunderts. In memoriam Joseph Juncker, in: ZSRG.K 65 (1979) 120–148, hier: 133. 137. 147.

[140] Vgl. die Bewertung bezüglich Lancelotti bei *Schulte,* Geschichte der Quellen und Literatur, Bd. III,1, 452.

[141] Zechs Schüler und Nachfolger Christoph Ueblacker bezeichnet dessen Institutionengliederung als eine „natürliche", d. h. sachgemäße Ordnung; vgl. *Christophorus Ueblacker,* Conspectus Juris Ecclesiastici in Collegiis tum publicis, tum privatis in alma, Catholica, et electorali Universitate Anglipolitana explicandi, Augsburg – Ingolstadt 1769, 4. 7.

b) Praecognita Juris Canonici[142]

Das erste Buch der Institutionen des kanonischen Rechts ist wohl die bekannteste Schrift Zechs[143]; es geht der Darstellung der Rechtsmaterien vorauf und hat „einige allgemeine Lehren über ... die Natur und die inneren wie äußeren Prinzipien“ des kanonischen Rechts zum Gegenstand[144]. Unter den „inneren Prinzipien“ versteht Zech Materie und Form der kirchlichen Gesetze[145], mit den „äußeren Prinzipien“ dürfte er wohl Ursprung und Ziel des kanonischen Rechts meinen[146]. Den Zweck der Praecognita Juris Canonici sieht Zech in der Hinführung der Studenten zu der Art (ratio), in der sie sinnvollerweise das Studium des kanonischen Rechts betreiben sollen, und in der Vermittlung von Grundkenntnissen, die er mit der Grundierung vergleicht, „mit der ein Maler seine Leinwand versieht, bevor er lebendige und milde Farben aufträgt“[147].

Die Materien, die Zech in den Praecognita Juris Canonici darstellt, sind teilweise deckungsgleich mit dem, was schon andere Kanonisten vor ihm, z. B. Schmalzgrueber und Pichler, in ihren einleitenden Abschnitten dargestellt hatten, die dem ersten Band ihrer Lehrbücher zu den Dekretalen vorangestellt waren[148]. Wenn also Martin Grabmann in seiner „Geschichte der katholischen Theologie seit dem Ausgang der Väterzeit“ Zech lediglich als einen Kanonisten erwähnt, der eine Einleitung in das kanonische Recht verfaßt hat[149], so ist das dahin zu präzisieren, daß Zech als einer der ersten Vertreter seines Faches einen eigenen ausführlichen Band zur Einführung in das Studium des kanonischen Rechts veröffentlicht hat.

An der Gliederung der Praecognita wird nochmals klar, daß Zech sein Werk nicht als Kommentar zu den Dekretalen, sondern als Lehrbuch für seine Studenten verfaßt hat[150], was ja auch schon mit der Benennung „Institu-

[142] Praecognita Juris Canonici ad Germaniae Catholicae Principia et Usum accomodata. Auctore P. *Franc. Xaverio Zech*, S.J., Ingolstadt – Augsburg 1749 (^{2}1766).

[143] So werden die Praecognita Juris Canonici noch bei *Johannes Baptist Sägmüller* erwähnt (Lehrbuch des katholischen Kirchenrechts, Freiburg ^{2}1909, 20).

[144] Praec., Oeconomia Operis (nicht paginiert).

[145] Vgl. ebd., Oeconomia Operis zu Tit. XIII (nicht paginiert).

[146] Siehe unten, S. 108. 115–120.

[147] Praec. S. 10, § 14: „Praecognita, hoc est, Notiones Causarum Juris Pontificii pro modulo praesentis Instituti nunc breviter attingimus, eo fine, quo Pictores tabulas suas praevio quodam pigmento imbuunt, antequam vividos & mansuros colores illis imponant.“

[148] Vgl. *Franciscus Schmalzgrueber,* Introductio ad Jus Canonicum, seu Dissertatio Prooemialis, beigebunden zu: *ders.*, Jus Ecclesiasticum Universum, Bd. 1, Ingolstadt 1727; *Vitus Pichler,* Candidatus Jurisprudentiae Sacrae, Bd. 1, Augsburg ^{4}1733, S. 1–65 („Prolegomena“).

[149] Vgl. *Grabmann,* Geschichte der katholischen Theologie 185.

[150] Vgl. z. B. die häufige Erwähnung der „Tyrones“ in der Oeconomia Operis der Praecognita. Unzutreffend ist die Bezeichnung der Institutionen Zechs als „großes Kommentarwerk

tiones Juris Canonici ad usum Tyronum" klar ausgesagt ist. Er beginnt daher mit einem Titel über das Studium des kanonischen Rechtes, stellt dann dessen Natur und „äußeren Prinzipien" dar, indem er die Definition und die Namen des kanonischen Rechtes, seinen Ursprung und die Gliederung dieser Wissenschaft, die Wichtigkeit, Notwendigkeit und den Nutzen des Studiums des Kirchenrechts behandelt, und geht dann – nach einem Abschnitt über den katholischen Glauben und dessen öffentliches Bekenntnis – auf die Darstellung der „inneren Prinzipien" des kanonischen Rechtes über, indem er die verschiedenen Rechtsquellen abhandelt und Regeln für die Interpretation kirchlicher Gesetze bietet. Der Titel „über die wichtigsten Interpreten des kanonischen Rechtes", der zugleich auch die Funktion eines Verzeichnisses der wichtigsten Literatur hat, schließt den Band ab.

c) Hierarchia Ecclesiastica[151]

Das Personenrecht ist Gegenstand des zweiten Buches der Institutionen Zechs, und er faßt dies unter die Überschrift „kirchliche Hierarchie". Nach einem Überblick über den Inhalt dieses Bandes behandelt Zech zunächst das Weiherecht, das er wegen seiner engen Verbindung mit dem Personenrecht aus dem Abschnitt über die Sakramente im Buch über das kirchliche Sachenrecht vorgezogen hat. Anschließend stellt er die Weihehierarchie dar, und zwar aufsteigend von der ersten Tonsur bis zum Episkopat, und geht dann die Materien des kirchlichen Verfassungsrechtes durch, indem er die Jurisdiktionshierarchie absteigend vom Papst bis zum Pfarrer darstellt. Es folgt das Ordensrecht sowie ein Titel über die Laien, „sofern sie Glieder der Kirche sind"[152] und der abschließende Titel über Obrigkeit und Gehorsam, der das hierarchische Prinzip der kirchlichen Ordnung zusammenfaßt.

d) De Jure Rerum Ecclesiasticarum[153]

Das kirchliche Sachenrecht hat Zech in vier Abschnitte eingeteilt, die in zwei Teilbänden enthalten sind. Im ersten Band stellt er im ersten Abschnitt das Recht der heiligen Orte dar und im zweiten Abschnitt unter der Überschrift „über das, was in den Kirchen vollzogen wird" die Sakramente – außer dem

zum Corpus Iuris Canonici nach der Ordnung der Dekretalen Papst Gregors IX." durch *Listl* (Kirche und Staat 25 f.).

[151] Hierarchia Ecclesiastica, ad Germaniae Catholicae Principia et Usum delineata, Authore P. *Francisco Xaverio Zech,* Soc. Jesu, Ingolstadt – Augsburg 1750.

[152] Hier., Oeconomia Operis zu Tit. XXXIX (nicht paginiert).

[153] De Jure Rerum Ecclesiasticarum ad Germaniae Catholicae Principia et Usum. Pars Prior complectens Sectionem I. & II. Autore P. *Franc. Xav. Zech,* S. J., Ingolstadt – München 1758. Pars Posterior complectens Sectionem III. & IV., München – Ingolstadt 1762.

Weihesakrament, das ja bereits im Personenrecht behandelt wurde –, Sakramentalien, Verkündigung, Stundengebet, Kirchenjahr und Begräbnis sowie in einem abschließenden Teil die den heiligen Orten angemessene Verehrung.

Im zweiten Teilband des kirchlichen Sachenrechts sind der dritte und vierte Abschnitt enthalten, in denen es um das kirchliche Vermögensrecht geht. Der dritte Abschnitt behandelt zunächst das Vermögen der Kirche im allgemeinen, Stiftungen, Zehntrechte und die Verwaltung kirchlichen Vermögens. Daran schließt sich ein Teil über die Vermögensverhältnisse der Kleriker („ecclesiastici") an, der zum größten Teil das Benefizialrecht zum Inhalt hat; dieser Zusammenhang bietet zugleich auch die Möglichkeit, über die Verleihung von Benefizien sowie deren Veränderung und Aufhebung zu sprechen – auf diese Weise wird auch das kirchliche Ämterrecht dargestellt, wobei es allerdings vorwiegend unter vermögensrechtlichen Gesichtspunkten gesehen wird. Der vierte Abschnitt des kirchlichen Sachenrechts schließlich behandelt den Erwerb und die Veräußerung von Kirchengut.

In der Bibliographie von de Backer und Sommervogel werden auch zwei Schriften von Zech erwähnt[154], die sich aber bei näherem Hinsehen als Abdruck von zwei Titeln aus dem Lehrbuch über das kirchliche Sachenrecht erweisen. Der Jesuit Antonio Zaccaria (1714–1795) hatte 1782 die Schrift des französischen Juristen und Kirchenhistorikers Claude Fleury (1640–1723) „Disciplina Populi Dei in Novo Testamento" in zweiter Auflage herausgegeben und dabei mit Anmerkungen versehen sowie einige als „Dissertationen" bezeichnete Schriften verschiedener Verfasser beigefügt. Unter diesen „Dissertationen" begegnen die Abschnitte „De campanis et instrumentis musicis"[155] und „De calendario Ecclesiastico"[156] aus Zechs erstem Band über das kirchliche Sachenrecht. Zaccaria hatte zu diesem Zweck den Text Zechs leicht gekürzt.

Das Erscheinen des zweiten Bandes über das Sachenrecht wurde übrigens im Jahresbericht der Gesellschaft Jesu eigens erwähnt; der Jahresbericht bezeichnet den Band als Schrift „eines hochberühmten Verfassers"[157].

[154] *De Backer – Sommervogel,* Bibliothèque de la Compagnie de Jésus, Tom. VII, 1478, Nr. 17.

[155] *Zech,* De Jur. Rer. I, Sectio I, Tit. VII, S. 111–141, §§ 85–114, abgedruckt bei: *Claude Fleury – Franciscus Antonius Zaccaria,* Disciplina Populi Dei in Novo Testamento, Editio secunda, Tom. I, Venedig 1782, 122–130 (Dissertatio V).

[156] *Zech,* De Jur. Rer. I, Sectio II, Tit. XIX, S. 559–615, §§ 411–441, abgedruckt: ebd., Tom. III, Venedig 1782, 108–128 (Dissertatio XXX).

[157] HStA Mchn., Jesuiten 130: Literae Annuae 1762, S. 3: „A celeberrimi nominis auctore".

e) De Judiciis Ecclesiasticis[158]

Mit den beiden Teilbänden über die kirchliche Gerichtsbarkeit schließt Zech seine Institutionen des kanonischen Rechts ab[159], wobei der erste Teilband, „De Judiciis Civilibus" überschrieben – also über das kirchliche Streitverfahren –, nicht nur das Streitverfahren, sondern auch allgemeine Lehren über das kirchliche Gerichtswesen und die am Prozeß beteiligten Personen darstellt. Nach der Frage der Zuständigkeit des Gerichts folgen dann zunächst die Abschnitte über die Mittel zur Vermeidung von Prozessen; sodann wird der Ablauf des Streitverfahrens dargestellt sowie die verschiedenen Verteidigungs- und Beweismittel. Der erste Band schließt mit Ausführungen über Urteil, Berufung und Vollstreckung des Urteils.

Der zweite Teilband mit dem Untertitel „De Judiciis Criminalibus" beginnt mit der Lehre über die Zuständigkeit der (kirchlichen und weltlichen) Gerichte bei Strafsachen, es folgen Abschnitte über die Einleitung einer Strafklage, das kirchliche Asylrecht, die Untersuchung (einschließlich eines Titels über die Folter) und das Urteil. Der letzte und größere Teil des Bandes gilt der Darstellung der Straftaten im allgemeinen und besonderen und endet mit dem Titel über die Vollstreckung des Strafurteils.

Dem Titel seiner Institutionen des kanonischen Rechtes entsprechend („... ad Germaniae Catholicae Principia et Usum") ergänzt Zech seine Darstellung durch die Einfügung wichtiger Fragen des staatlichen Prozeßrechtes[160]; dies gilt beispielsweise für die Abschnitte über die Zuständigkeit der Gerichte[161].

In einer Besprechung in den „Göttingischen Anzeigen von gelehrten Sachen" vom 22. Dezember 1766 wird die Ansicht vertreten, daß diese Bände Zechs „unter denen in neuern Zeiten von Catholiken über den Prozeß verfertigten Werken ... eine vorzügliche Stellung" verdiene[162]. Lobend wird

[158] De Judiciis Ecclesiasticis ad Germaniae Catholicae Principia et Usum. Pars Prior complectens Sectionem I. De Judiciis Civilibus. Autore P. *Franc. Xav. Zech,* S. J., Ingolstadt – Augsburg 1765. Pars Posterior complectens Sectionem II. De Judiciis Criminalibus, Ingolstadt – Augsburg 1766.

[159] Vgl. De Jud. I, Prooemium (nicht paginiert); De Jud. II, Oeconomia Operis zu Sectio II (nicht paginiert).

[160] Vgl. De Jud. I, Prooemium (nicht paginiert); vgl. auch Göttingische Anzeigen von gelehrten Sachen, Stück 153 vom 22. 12. 1766, 1222–1224, hier: 1223.

[161] Vgl. De Jud. I, S. 108–112, §§ 94f.; De Jud. II, S. 1–27, §§ 1–23; S. 167–181, §§ 141–150.

[162] Göttingische Anzeigen, ebd. 1222. Noch 1889 erwähnt Franz Xaver Wernz das kirchliche Prozeßrecht Zechs und urteilt: „Ja der von Zech im Jahre 1765 veröffentlichte Band de iudiciis ecclesiasticis und das größere Werk Devotis weisen schon einen größeren Fortschritt auf, als wir ihn in dem von uns besprochenen Commentar [De Angelis] finden können." *Fr[anz] X[aver] Wernz,* Rezension zu: Philippus de Angelis, Praelectiones juris canonici, in: Zeitschrift für katholische Theologie 13 (1889) 690–700, hier: 697.

hervorgehoben: „Die Ordnung ist erträglich und an Deutlichkeit übertrifft der V. viele seines Gleichen. Er schreibt mit Mäßigung und führt häufig protestantische Schriftsteller an."[163] Auch in der Chronik der Oberdeutschen Provinz der Gesellschaft Jesu erfährt der zweite Band über die kirchliche Gerichtsbarkeit hohes Lob; er wird als ein Werk bezeichnet, „das über unser Lob erhaben ist"[164].

f) Der Index Universalis zu Zechs Institutionen[165]

Von einem Schüler Zechs[166] wurde ein Index Universalis, ein Sachverzeichnis zu den Institutionen des kanonischen Rechts erstellt, das anonym und ohne Angabe von Erscheinungsort und Erscheinungsjahr herausgebracht worden ist. Dieser Index kann frühestens 1766 erschienen sein, da in diesem Jahr mit dem zweiten Teil des prozeßrechtlichen Buches die Institutionen vervollständigt worden waren und da im Vorwort zu diesem Index die zweite Auflage der Praecognita Juris Canonici erwähnt wird, die ebenso erst 1766 erschienen ist. Das Bändchen muß aber spätestens 1767 erschienen sein, denn das in der Universitätsbibliothek Eichstätt vorhandene Exemplar des Index Universalis trägt auf dem Titelblatt den Besitzervermerk „Collegij Soc. Jesu Eystadij 1767".

Der Verfasser des Index Universalis hat nach dem Erscheinen der Praecognita Juris Canonici und der Hierarchia Ecclesiastica, also kurz nach 1750 in Ingolstadt studiert und ist nach einer längeren Zeit der Abwesenheit von Ingolstadt nach dem Erscheinen der zweiten Auflage der Praecognita, also 1766, wieder dorthin zurückgekehrt. Es könnte sich möglicherweise um Christoph Ueblacker handeln, der 1766 die Professur für Kasuistik in Ingolstadt übernommen hatte und 1768 der Nachfolger Zechs wurde[167]. Für die Autorschaft Ueblackers spricht des weiteren, daß er 1769 einen „Conspectus Juris Ecclesiastici" veröffentlichte, der in Form von Fragen den Stoff der kirchenrechtlichen Kollegien nennt, wobei auf die entsprechenden Titel der Dekretalen Gregors IX. oder der Institutionen Zechs verwiesen wird. In der Gliederung folgt Ueblackers Lehrbuch der Gliederung der Institutionen des kanonischen Rechtes von Zech[168].

[163] Göttingische Anzeigen, ebd.

[164] HStA Mchn., Jesuiten 131, pag. 11: „opus laude nostra superius".

[165] Index Universalis ad faciliorem usum Institutionum Juris Canonici Autore P. Franc. Xav. Zech, S.J. editarum, o.O. o.J.

[166] Vgl. ebd., S. 3.

[167] Siehe oben, S. 50.

[168] Vgl. *Ueblacker,* Conspectus Juris Ecclesiastici 6; *Schulte,* Geschichte der Quellen und Literatur, Bd. III,1, 223.

Zech selbst hatte dem zweiten Band des Prozeßrechtes einen Index beigefügt, der die Titel seines Lehrbuchs mit den Titeln der Dekretalen Gregors IX. in Übereinstimmung bringen sollte[169]. Mit Hilfe des Index Universalis nun will der Verfasser dem Benutzer der Institutionen Zechs einen Überblick ermöglichen und entlegenere Materien eröffnen[170], indem er ein Sachregister zu diesem Lehrbuch bietet.

2. *Die Dissertationen*[171]

a) Rigor moderatus Doctrinae Pontificiae circa Usuras[172]

Die drei Dissertationen Zechs über Zinsnehmen und Wucher gehen zurück auf die Enzyklika Papst Benedikts XIV. „Vix pervenit" vom 1. November 1745, die sich an die italienischen Bischöfe richtete. In dieser Enzyklika stellte der Papst die kirchliche Lehre über das Zinsnehmen dar, da – wie er sagte – in Italien einige Ansichten verbreitet waren, die mit der gesunden Lehre nicht übereinzustimmen schienen[173]. Diese Enzyklika Benedikts XIV. wurde von dem italienischen Moraltheologen Daniele Concina[174] kommentiert[175] und zur Grundlage für eine weitere selbständige Abhandlung über das

[169] Vgl. De Jud. II, S. 546–554.

[170] Vgl. Index Univ., S. 4.

[171] Da es sich bei den im folgenden behandelten Dissertationen um „Praeses-Dissertationen" handelt, hat als Verfasser der als Praeses genannte Franz Xaver Zech zu gelten. Zur Frage der Verfasserschaft bei Dissertationen vgl. *Ewald Horn*, Die Disputationen und Promotionen an den Deutschen Universitäten vornehmlich seit dem 16. Jahrhundert. Mit einem Anhang enthaltend ein Verzeichnis aller ehemaligen und gegenwärtigen deutschen Universitäten, Leipzig 1893 (Nachdruck: Nendeln/Liechtenstein – Wiesbaden 1968) (Elftes Beiheft zum Centralblatt für Bibliothekswesen), 54.

[172] Rigor Moderatus Doctrinae Pontificiae circa Usuras a SS. D. N. Benedicto XIV. per Epistolam Encyclicam Episcopis Italiae traditus, ab Ingolstadiensi Academia constanter assertus. Dissertatio I ... praeside P. *Francisco Zech*, S. J., Ingolstadt 1747 (²1751). Dissertatio II ..., Ingolstadt 1749. Dissertatio III ..., Ingolstadt – Augsburg 1751.

[173] Vgl. hierzu: *Franz Xaver Funk*, Zur Geschichte des Wucherstreites, in: Festgabe für Albert Schäffle zur siebenzigsten Wiederkehr seines Geburtstages am 24. II. 1901, Tübingen 1901, 257–278, hier: 265 f.; *Tarcisio Bertone*, Il Governo della Chiesa nel Pensiero di Benedetto XIV (1740–1758), Roma 1977 (Biblioteca di scienze religiose 21), 69–72; Text der Enzyklika bei: *Zech*, Rigor Moderatus, Diss. I, S. 5–15.

[174] Daniele Concina OP (1687–1756); vgl. *A. Walz*, Art. Concina, in: LThK², Bd. 3 (1959), 33.

[175] *Daniele Concina*, In Epistolam encyclicam Benedicti XIV adversus usuram commentarius quo illustrata doctrina catholica Nicolai Broedersen ac aliorum errores refelluntur, Rom 1746 (²1748); *ders.*, Esposizione del dogma che la Chiesa Romana propone al credersi intorno l'usura, colla Confutazione del libro intitulato „Dell' impiego dal danaro", Neapel 1746 (Neapel – Venedig ²1756).

Zinsnehmen gemacht[176]. In diesen Schriften Concinas wurden unter anderem auch die Universität Ingolstadt und namentlich Vitus Pichler dafür verantwortlich gemacht, daß bezüglich der Zinsfrage viele Jahre irrige und ketzerische Lehren verbreitet worden seien. Dieser Angriff auf seinen Lehrer und seine Universität veranlaßte Zech zur Abfassung seiner Dissertationen über das kanonische Zinsverbot.

Zech sucht in der Frage des Zinsnehmens einen Mittelweg zwischen dem völligen Verbot des Zinses und einer unbegrenzten Freigabe des Wuchers, die einer sündhaften Gewinnsucht entspräche. Da von Concina, gegen den sich die Schriften Zechs richten, vor allem die Strenge des Zinsverbots hervorgehoben worden war, wundert es nicht, daß Zech im Gegensatz zu diesem besonders die Mäßigung der Lehre Benedikts XIV. betont, ohne diese aber einseitig hervorzuheben[177]. Zu diesem Zweck behandelt Zech die „gemäßigte Strenge der päpstlichen Lehre über das Zinsnehmen" in zwei Schritten: In der ersten Dissertation wird dargelegt, daß die Universität Ingolstadt die in der Enzyklika des Papstes enthaltene Strenge immer gelehrt hat, so daß der Angriff Concinas ins Leere geht. Sodann – in der zweiten Dissertation – stellt Zech die seiner Meinung nach in dem päpstlichen Schreiben enthaltene Milde dar, also Gründe, weshalb von dem strengen Zinsverbot eine Ausnahme gemacht werden kann, um so darzustellen, daß Concina selbst nicht die volle Lehre Benedikts XIV. über das Zinsnehmen vorlegt, da er nur die eine Seite, die Strenge des Verbots, hervorhebt. Der zweiten Dissertation ist in der zweiten Auflage von 1760 ein Abschnitt eingefügt, in dem Zech seine Ansicht gegen Einwendungen Concinas verteidigt, die dieser in das Vorwort zu seinem moraltheologischen Lehrbuch eingefügt hatte[178].

Als Ausgangspunkt für seine zweite Dissertation wählt Zech die Aussage Benedikts XIV., daß es möglich ist, daß bei dem Leihen von Geld zugleich ein Rechtstitel vorliegt, aufgrund dessen der Gläubiger etwas über das

[176] *Daniele Concina,* Usura contractus trini dissertationibus historico-theologicis demonstrata adversus mollioris ethices casuistas, & Nicolaum Broedersen, Rom 1746 (^{2}1748); zu Concina vgl. noch *Funk,* Zur Geschichte des Wucherstreites 267–269.

[177] Vgl. die Darstellung bei *Wilhelm Endemann,* Studien in der romanisch-kanonistischen Wirthschafts- und Rechtslehre bis gegen Ende des siebenzehenten Jahrhunderts, Bd. 1, Berlin 1874, 45. dass., Bd. 2, Berlin 1883, 156. 311f. 334. 366, nach welchem Zech vor allem als „der eifrigste Vertreter der in jenem Erlass [Benedikts XIV.] enthaltenen Moderationen" (Bd. 2, 311) erscheint.

[178] *Daniele Concina,* Ad Theologiam Christianam Dogmatico-Moralem Apparatus, Rom 1751, S. XLIV–LII (= Praefatio, Cap. VI, § IV: Specimen libri P. Francisci Zech ...).

geschuldete Kapital hinaus verlangen kann[179]. Diese Aussage wertet Zech als das erste Beispiel für die Mäßigung des Papstes in der Lehre über das Zinsnehmen. Als solche Rechtstitel nennt Zech: 1. einen möglichen Schaden (damnum emergens)[180], 2. das Ausbleiben eines ansonsten zu erwartenden Gewinnes (lucrum cessans)[181], 3. die Gefahr, das Kapital zu verlieren (periculum sortis)[182], 4. das Pfandrecht (jus pignoris)[183] und 5. die Gesetze weltlicher Herrscher, die das Zinsnehmen gestatten[184]. Schließlich fügt Zech noch an, daß den Leihhäusern das Zinsnehmen gestattet werden muß, wenn sie weiterhin sollen bestehen können[185]. Das Vorliegen eines dieser Rechtstitel bei dem Ausleihen von Geld genügt für die Zulässigkeit des Zinsnehmens[186]. Abschließend stellt Zech fest, daß Daniele Concina die Mäßigung Benedikts XIV. verletzt, indem er – anders als dieser – keinen Rechtsgrund gelten läßt, wonach Zinsen zulässig sein können[187].

In seiner dritten Dissertation über das Zinsnehmen behandelt Zech noch zwei weitere Beispiele für die Mäßigung des Papstes in der Lehre über das Zinsnehmen. Im Anschluß an die Aussage der Enzyklika, daß es möglich ist, Geld durch verschiedene Verträge zum eigenen Gewinn zu nutzen[188], stellt er verschiedene Verträge solcher Art vor: den Wechsel, die Handelsgesellschaft, den Versicherungsvertrag, den Pachtvertrag und andere. Abschließend stellt er noch die kirchliche Lehre bezüglich der in Deutschland üblichen 5-Prozent-Verträge und „auf Grund archivalischer Forschungen"[189] den Verlauf des 5-Prozent-Streites in Bayern[190] dar und schließt auch diesen Abschnitt mit der Feststellung, daß Concina gegen die Mäßigung des Papstes in der Zinsfrage verstößt[191].

Als drittes Beispiel für diese Mäßigung zieht Zech die Aussage Benedikts XIV. heran, daß der Papst zu anderslautenden Meinungen schweigen wolle und verbiete, die Autoren, die solche Ansichten vertreten, mit Strafen zu

[179] Vgl. *Benedikt XIV.*, Enzyklika „Vix pervenit", in: *Zech*, Rigor Moderatus, Diss. I, S. 8, § 7; zitiert ebd., Diss. II, S. 1, § 1.

[180] Ebd., Diss. II, S. 3–11.

[181] Ebd., S. 11–18.

[182] Ebd., S. 18–41.

[183] Ebd., S. 41–60.

[184] Ebd., S. 61–150.

[185] Ebd., S. 150–224.

[186] Vgl. ebd., S. 2, § 4.

[187] Vgl. ebd., S. 224–235.

[188] Vgl. *Benedikt XIV.*, Enzyklika „Vix pervenit", in: *Zech*, ebd., Diss. I, S. 8f., §§ 8–9.

[189] Vgl. *Endemann*, Studien in der romanisch-kanonistischen Wirthschafts- und Rechtslehre, Bd. 2, 153.

[190] Zum 5%-Streit vgl. *Endemann*, ebd. 154–156.

[191] Vgl. Rigor Moderatus, Diss. III, S. 199–214.

belegen oder ihren guten Ruf anzutasten[192]. In diesem Zusammenhang geht Zech auf Einwände Concinas gegen seine erste Dissertation über das Zinsnehmen ein und vertritt die Ansicht, daß Concina auch durch die Art und Weise, wie er Autoren bekämpft, die anderer Meinung sind als er, gegen die vom Papst gewahrte Mäßigung verstößt[193].

Eine Rezension zu Zechs Dissertationen über das Zinsnehmen, die in der „Göttingischen Zeitung von gelehrten Sachen" erschienen ist, bewertet die Arbeit folgendermaßen: „Man kan dem Ehrwurdigen Hrn. P. Zech den Ruhm nicht absprechen, daß er in diesem Werck eine grosse Belesenheit mit einer gründlichen Einsicht in die Canonischen Rechte und Geseze verbunden habe; und ist besonders die Nachricht, wie er wegen derer in Bayern entstandenen Unruhen, als die daselbst erlaubten jährlichen Zinse a 5 pro Cto. durch eine Bulle Pabst Gregorii XIII. haben abgestellet werden sollen, uns sehr unpartheyisch vorgekommen, so daß er, ohnerachtet er ein Jesuite ist, dennoch gar wohl einsiehet, wie dergleichen bürgerliche Satzungen nach der Willkühr derer Päbste sich nicht ändern und abschaffen lassen."[194]

Sicher wird man sagen können, daß – außer seinen Institutionen des kanonischen Rechtes – die Dissertationen über das Zinsnehmen die wichtigsten Arbeiten Zechs darstellen. Sie wurden in der „Dissertatio Juridica de Usuris" seines Ordenskollegen Joseph Biner zitiert[195] und mehrmals nachgedruckt[196]. Noch in den Arbeiten des nachmaligen Tübinger Kirchenhistorikers Franz Xaver Funk (1840–1907) über Zins und Wucher, die in der zweiten Hälfte des 19. Jahrhunderts erschienen sind, wird Zech ständig zitiert, wobei aber auffällt, daß seine Arbeiten über das Zinsnehmen als moraltheologische Abhandlungen verstanden werden[197].

[192] Vgl. *Benedikt XIV.*, Enzyklika „Vix pervenit", in: ebd., Diss. I, S. 11, § 15; S. 13, § 20; zitiert bei *Zech*, ebd., Diss. III, S. 214, § 308.

[193] *Zech*, ebd., Diss. III, S. 260, § 354.

[194] Göttingische Zeitung von gelehrten Sachen, Stück 67 vom Juli 1752, 678–683, hier: 683.

[195] *Joseph Biner*, Dissertatio Juridica de Usuris, abgedruckt bei: Theologiae Cursus Completus, Tom. 16, 995–1008, vgl. bes. 1001.

[196] Vgl. die Angaben bei *de Backer – Sommervogel*, Bibliothèque de la Compagnie de Jésus, Tom. VII, 1475; *Caballero*, Bibliothecae scriptorum Societatis Jesu supplementum II, 110.

[197] Vgl. *F[ranz] X[aver] Funk*, Zins und Wucher. Eine moraltheologische Abhandlung mit Berücksichtigung des gegenwärtigen Standes der Cultur und der Staatswissenschaften, Tübingen 1868, passim; vgl. auch *ders.*, Geschichte des kirchlichen Zinsverbotes (Beilage zur Einladung zur Akademischen Feier des Geburtsfestes seiner Majestät des Königs Karl von Württemberg den 6. März 1876 im Namen des Rectors und Academischen Senats der Königlichen Eberhard-Karls-Universität Tübingen), Tübingen 1876, 51–53. 60–62.

b) De Ambitu[198]

Unter dem Titel „De Ambitu" – über Amtserschleichung, Jagd nach Ämtern – handelt Zech über Fragen, die sich aus der künftigen Tätigkeit seiner Schüler aus der Juristischen Fakultät als Ratgeber der Fürsten und in der staatlichen Verwaltung ergeben. Eigentlich handelt nur das erste Kapitel über die Amtserschleichung, die durch die weltlichen Gesetze verboten ist. Zech stellt die Verhältnisse der Römerzeit und die Gesetze des römischen Staates gegen die Amtserschleichung dar, handelt dann im zweiten Kapitel über die Notwendigkeit von Ratgebern und Verwaltungsbeamten, um in den letzten beiden Kapiteln die intellektuellen und charakterlichen Voraussetzungen für die Übernahme solcher Ämter auszuführen.

Die Dissertation „De Ambitu" ist somit als eine weltlich-rechtliche Schrift anzusehen, in der es Zech vor allem darauf ankommt, seinen Studenten das für ihre künftige Tätigkeit notwendige „Berufsethos" zu vermitteln. Es handelt sich also weniger um eine wissenschaftliche Untersuchung als um eine lehrhafte Darstellung.

c) De Sponsalibus Academicorum[199]

Eine kleinere Frage behandelt Zechs Dissertation über die Verlöbnisse von Studenten, die ohne die Erlaubnis der Eltern eingegangen wurden[200]. Er kommt zu dem Ergebnis, daß die Eltern die Auflösung eines solchen Eheversprechens verlangen können, wenn sie einen gerechten Grund hierfür haben[201]. Es handelt sich hier um eine rein positiv-rechtliche Frage des kanonischen Rechts, die allerdings sehr gründlich behandelt worden ist. Eine besondere Bedeutung wird man der Schrift wohl nicht zusprechen können.

[198] De Ambitu Dissertatio politico-legalis ad Academicos publicorum officiorum candidatos ... praeside P. *Francisco Xaverio Zech* S. J., Ingolstadt 1752.

[199] Dissertatio Juridico-Canonica de Sponsalibus Academicorum absque consensu parentum contractis cum Appendice de in Integrum Restitutione minorum contra sponsalia, Ingolstadt 1754 (Ingolstadt – München ²1757).

[200] Zech versteht hier unter „sponsalia" nicht die Eheschließung, sondern das Verlöbnis; vgl. De Spons. Nr. I.

[201] Vgl. De Jur. Rer. I, S. 368, § 284, wo Zech dieses Ergebnis zitiert.

d) De Jure Asyli[202]

Unter dem Titel „Benignitas moderata Ecclesiae Romanae in Criminosos ad se fugientes seu de Jure Asyli Ecclesiastici“ behandelt Zech das kirchliche Asylrecht. Unter dem kirchlichen Asyl ist ein geweihter Ort (Kirche, Sakristei, Turm o. ä.) zu verstehen, der einem Straftäter Immunität gegenüber der weltlichen Gewalt gewährt. Zech zeigt zunächst die Herkunft des Asylrechtes aus dem Recht des Volkes Israel, der Griechen und der Römer auf. Im folgenden bietet er eine Definition des kirchlichen Asyls, zeigt seine Wirkungen und nennt unter ständigem Rückgriff auf die geschichtliche Entwicklung fünf Gründe für den Sinn des Asylrechtes. Es folgen je ein Abschnitt über die Gesetze der weltlichen Herrscher und die kirchlichen Canones zum Asylrecht, wobei wieder viel historisches Material vorgelegt wird. Zum Abschluß dieses ersten, eher historisch ausgerichteten Teiles faßt Zech seine Beobachtungen zusammen. Wichtig ist hier vor allem seine Ansicht, daß auch die von ihm festgestellten Mißbräuche nicht die Abschaffung des kirchlichen Asylrechtes erforderlich machen[203]; dies ist deswegen bemerkenswert, weil ja auch schon zu seiner Zeit Tendenzen in diese Richtung festzustellen waren, z. B. in Frankreich[204].

Nach einem überleitenden Abschnitt über die Gründe für Auseinandersetzungen und Zweifelsfälle bezüglich des Asylrechtes handelt Zech dann systematisch über die Zufluchtsorte, die Personen bzw. die Delikte, für die dieser Schutz besteht, und die Verfahrensweise, die bei Gewährung und Verweigerung des kirchlichen Asyls anzuwenden ist. Das abschließende Kapitel bietet zusammenfassend einige Grundregeln, die bei der Anwendung des Asylrechtes zu beachten sind.

Insgesamt erscheint die Dissertation über das Asylrecht als historisch fundierte und systematisch klare Abhandlung, deren Tendenz dahin geht, der Kirche gegen die staatliche Gewalt ein Recht zu sichern, das ihr eine Eingriffsmöglichkeit im staatlichen Gerichtsbereich eröffnete – eine Tendenz, die mit aufklärerischen Gedanken sicher nicht in Einklang zu bringen ist.

[202] Benignitas Moderata Ecclesiae Romanae in Criminosos ad se confugientes. Seu Dissertatio Historico-Juridica de Jure Asyli Ecclesiastici ... Praeside P. *Franc. Xav. Zech,* S.J., Ingolstadt 1761; vgl. zum Ganzen auch De Jud. II, S. 38–69, §§ 34–59.

[203] Vgl. De Jure Asyli, S. 91, § 130.

[204] Vgl. ebd.; vgl. auch *Peter Landau,* Art. Asylrecht III, in: Theologische Realenzyklopädie, hrsg. v. *G. Krause – G. Müller,* Bd. 4, Berlin 1979, 319–327, hier: 326.

3. *Andere Schriften, die von Zech stammen oder ihm zugeschrieben werden*

a) Das Gutachten bezüglich der Verfügungsgewalt der Scholastiker des Jesuitenordens über ihr Vermögen

Unter den Schriften Franz Xaver Zechs wird eine kleine Abhandlung genannt, die den Titel trägt: „Responsum Juris pro Veritate ad Quaesitum an Religiosi Societatis Jesu, per Vota Scholasticorum post Biennium Novitiatus emissa, reddantur incapaces retinendi Jus et Dominium Bonorum suorum?“[205] Da die Schrift selbst weder einen Verfasser noch das Erscheinungsjahr oder den Erscheinungsort angibt, sind zunächst diese Fragen zu klären.

Für die Verfasserschaft Zechs spricht neben den Angaben in den Bibliographien von Siebenkees, de Backer – Sommervogel und Caballero auch ein handschriftlicher Vermerk in dem Exemplar dieser Schrift aus der Bayerischen Staatsbibliothek München[206]: „Author P. Franciscus Zech“. Als Erscheinungsort gibt Siebenkees Innsbruck an[207], und auch de Backer – Sommervogel vermuten Innsbruck als Druckort, „zumindest hat der Autor seine Schrift in der Zeit veröffentlicht, die er in dieser Stadt verbracht hat“[208]. Das Exemplar der Bayerischen Staatsbibliothek gibt auch zu dieser Frage einen kleinen Hinweis; es trägt den Besitzervermerk: „Soc. Jesu Monachij anno 1744“. Zech war von 1741 bis 1743 in Innsbruck gewesen und 1743 nach Ingolstadt gekommen. Es ist also möglich, daß er diese Schrift noch in Innsbruck verfaßt hat, sie kann aber auch in seinem ersten Jahr in Ingolstadt entstanden sein. Auf jeden Fall steht aber fest, daß das Buch nach 1736 verfaßt worden ist, da eine der dort zitierten Schriften[209] erst in diesem Jahr erschienen ist[210].

[205] Vgl. *de Backer – Sommervogel*, Bibliothèque de la Compagnie de Jésus, Tom. VII, 1474; *Caballero*, Bibliothecae Scriptorum Societatis Jesu supplementum II, 110; *[Johann Christian Siebenkees]*, Nachrichten von Rechtslehrern auf der Universität Ingolstadt, welche im gegenwärtigen Jahrhundert gestorben sind, in: Neues juristisches Magazin, hrsg. v. *Joh. Christian Siebenkees*, Bd. 1, Anspach 1784, 464–497, hier: 481; *Grass*, Die Kirchenrechtslehrer der Innsbrucker Universität 162.

[206] StaBi Mchn., Signatur: Jes. 4.310(1.

[207] Vgl. *Siebenkees*, ebd. 481.

[208] *De Backer – Sommervogel*, ebd. 1474.

[209] *Guilelmus Beusch*, Tractatus Canonico-legalis de Pactis et Contractibus; vgl. Responsum, S. 27.

[210] Vgl. *Augustin de Backer – Aloys de Backer – Carlos Sommervogel*, Bibliothèque de la Compagnie de Jésus, Premiere Partie: Bibliographie, Tom. I, Brüssel – Paris 1890, 1431; Gesamtverzeichnis des deutschsprachigen Schrifttums 1700–1910, hrsg. v. *Hilmar Schunck – Willi Gorzny*, Bd. 14, München – New York – London – Paris 1980, 314.

Das Buch behandelt eine Frage des Ordensrechtes, nämlich ob ein Scholastiker der Gesellschaft Jesu durch das Gelübde nach dem zweijährigen Noviziat unfähig wird, Vermögen zu besitzen. Der Verfasser nennt zunächst vierzehn Gründe, die gegen die Vermögensfähigkeit der Scholastiker der Gesellschaft Jesu sprechen, kommt aber dann sehr bald zu seiner Antwort, daß durch die Gelübde, die nach dem Noviziat abgelegt werden, die Scholastiker zwar wirkliche Angehörige der Gesellschaft Jesu werden, aber die Verfügungsgewalt über ihr Vermögen behalten. Diese Rechtslage wird gleich zu Beginn der Schrift als Auswirkung der Mäßigung (modestia) im Jesuitenorden dargestellt[211]. Die Lösung der Frage wird im folgenden noch belegt aus päpstlichen Bullen, aus den Ordenssatzungen, mit Vernunftgründen, aus Gerichtsurteilen und aus den Anschauungen der Rechtsgelehrten. Zum Schluß führt der Verfasser nochmals aus, was sich aus den herangezogenen Stellen bezüglich der Mitgliedschaft in der Gesellschaft Jesu ergibt und antwortet dann auf die von ihm zu Beginn der Schrift angeführten Argumente gegen die Vermögensfähigkeit der Scholastiker des Jesuitenordens.

Insgesamt ist die Schrift wie eine scholastische Quaestio gegliedert und stellt ein Gutachten dar, wie sich aus zwei Stellen ergibt, wo es heißt, daß sie erbeten worden ist[212]. Auch der Titel „Responsum Juris“ sagt dies aus.

Bei der Durchsicht dieses Buches ergeben sich noch zwei inhaltliche Argumente für die Autorschaft Zechs, die allerdings für sich allein genommen nur wenig Gewicht hätten. Zum einen fällt auf, daß der Verfasser die „modestia“ des Ordens hervorhebt[213]. Der Gedanke der Mäßigung begegnet in vielen Schriften Zechs an zentraler Stelle, so schon im Titel der Dissertationen über das Asylrecht[214] und das kanonische Zinsverbot[215]. Zum anderen fällt auf, daß zur Beantwortung der Frage stark rechtsgeschichtlich gearbeitet wird, was ebenso für verschiedene Dissertationen Zechs kennzeichnend ist.

Das „Responsum Juris“ dürfte somit als die erste bekannte Schrift Zechs anzusehen sein; sie wurde wahrscheinlich um 1743 in Innsbruck oder Ingolstadt veröffentlicht und stellt ein Gutachten zu einer ordensrechtlichen Frage dar.

[211] Vgl. Responsum, S. 3, RNr. 1.
[212] Vgl. ebd., S. 3, RNr. 1; S. 6, RNr. 17.
[213] Vgl. ebd., S. 3, RNr. 1.
[214] *Benignitas* moderata ...
[215] Rigor *moderatus* ...

b) Die Schrift über den Langenmosener Zehntstreit[216]

Unter dem Titel „Facti Species in Causa Decimarum Langemosensium ex Instrumentis authenticis extracta, cum Corrollariis" existiert ein Buch, das de Backer und Sommervogel Zech zuschreiben. Auch diese Schrift trägt weder den Namen des Verfassers, noch den Ort und das Jahr ihres Erscheinens, ist aber auf jeden Fall frühestens 1725 gedruckt worden, weil dies die letzte Jahreszahl ist, die im Buch genannt wird. Als Argumente für die Verfasserschaft Zechs läßt sich anführen, daß de Backer und Sommervogel die Schrift unter den Werken Zechs aufführen und daß Siebenkees bemerkt, daß Zech „in der causa decimarum Langenmosenium ... auch etwas für das Jesuitercollegium zu Neuburg drucken" ließ[217]. Es fällt aber auf, daß Siebenkees nicht die oben genannte Schrift unter den Veröffentlichungen Zechs aufführt, so daß seine Bemerkung über die causa decimarum Langenmosensium unklar ist: Hat Zech etwas verfaßt? Hat er etwas, das von einem anderen Autor stammte, zum Druck gebracht? Hat er Quellen für diesen Rechtsstreit gesammelt und herausgegeben?

In einer 1725 erschienenen Verteidigungsschrift des Freiherrn von Sandizell[218], gegen den das Neuburger Jesuitenkollegium in der Langenmosener Zehntsache klagte, wird von einem „Büchlein" gesprochen, das – wie im Vorwort bemerkt wird – „vor wenigen Monaten" erschienen ist, und zwar anonym[219]. Da das Zech zugeschriebene Buch die Entwicklung des Falles nur bis 1725 schildert, könnte es sich bei dem vom Freiherrn von Sandizell erwähnten Büchlein um eben diese Schrift handeln, die Franz Xaver Zech zugeschrieben wird; dieses Buch wäre dann 1725 veröffentlicht worden. Zwar nennen de Backer und Sommervogel als Erschcinungsort und -jahr „Ingolstadt 1752", dem aber widerspricht außerdem wohl auch die Bemerkung in dem Zech zugeschriebenen Buch, daß der Streit um die Langenmosener Zehntsache „noch heute" andauert[220]. Da in diesem Buch der Fall als

[216] Facti Species in Causa Decimarum Langenmosensium ex Instrumentis authenticis extracta, cum Corollariis, anonym, o. O. o. J.

[217] *Siebenkees,* Nachrichten von Rechtslehrern 482; vgl. *de Backer – Sommervogel,* Bibliothèque de la Compagnie de Jésus, Tom. VII, 1476f.

[218] *Georg Petrus Franciscus Freiherr von und zu Sandizell,* Cum Adjutorio Altissimi Refutatio extrajudicialis salvo jure Immissionis & quovis alio & c. Actis inter Perantiquam Nobilem Familiam LL. Baronum de Sandizell & Inclytum Collegium Soc. Jesu Neoburgi ad Istrum ratione decimarum Langenmosensium cum annexis, a retro annis usque ad tempus praesens Consilio Aulico Monacensi saepius pro dicta Familia sententiante, ventilantis, penitus conformis ..., o. O. 1725.

[219] Ebd., S. 1.

[220] Vgl. Facti Species, S. 42: „Ex his omnibus patet, quanto Jure *hactenus* per Exceptionem Fori declinatorium se defenderint Patres Societatis ... Ex quibus universis concluditur, quam injuste Patres Societatis, ut Pars Adversa tum in Manuscriptis, tum in impressis typo ipsos

schon lange anhängig geschildert wird, muß es sich um einen mehrere Jahrzehnte andauernden Prozeß handeln. Wäre aber die Schrift erst 1752 erschienen, so müßte man eigentlich erwarten, daß auch die Entwicklung des Streitfalles in der Zwischenzeit – von 1725 bis 1752 – dargestellt und die zwischenzeitlich zu diesem Fall erschienenen Schriften berücksichtigt würden. Zudem liegt gerade bei der Angabe 1752 die Möglichkeit eines Versehens (statt 1725) auf der Hand.

Daß aber Zech 1725 als Verfasser für diese Schrift in Betracht kommt, ist ausgesprochen unwahrscheinlich; zu diesem Zeitpunkt war er Professor der Philosophie in Regensburg. Des weiteren spricht gegen die Autorschaft Zechs, daß in der Bibliographie von Caballero eine Schrift über den Langenmosener Zehntstreit nicht erwähnt wird[221], dafür aber Siebenkees eine solche unter den Schriften von Vitus Pichler nennt[222], und zwar die 1726 in Ingolstadt erschienene „Opuscula quaedam in Causa Cecimarum Langenmosensium", die zum einen nicht mit der Zech zugeschriebenen Schrift identisch ist, zum anderen aber auch nicht die vom Freiherrn von Sandizell bekämpfte Schrift sein kann, weil sie nach dessen Verteidigungsschrift erschienen ist. Darüber hinaus hat Pichler auch in seinen „Casus Juridici Selecti" von 1724, wenn auch ohne Nennung des Namens von Langenmosen und der beteiligten Parteien, den Langenmosener Zehntstreit geschildert[223]. Offensichtlich war Pichler gerade in der Zeit um 1725 mit diesem Streitfall befaßt, und so ist zu vermuten, daß das Buch „Facti Specis in Causa Decimarum Langenmosensium" eher von Pichler als von Zech stammen dürfte. Es handelt sich um eine Gelegenheitsschrift anläßlich des Streitfalles zwischen dem Jesuitenkollegium Neuburg und dem Freiherrn von Sandizell um Zehntrechte in Langenmosen bei Schrobenhausen. Auf den ersten 26 Seiten der Schrift wird dieser Rechtsstreit behandelt; es folgen „Corrollaria", die sich wieder auf den Streit um Langenmosen beziehen. Den Hauptteil des Buches macht die Wiedergabe der Dokumente aus, die für die Darstellung des Streitfalles herangezogen worden sind.

coarguit de mala, pessima, & Judaica fide, qua Causam istam tractarunt *hactenus*." (Hervorhebungen von mir).

[221] *Caballero,* Bibliothecae scriptorum Societatis Jesu supplementum II, 109f.

[222] Vgl. *Siebenkees,* Nachrichten von Rechtslehrern 479.

[223] *Vitus Pichler,* Casus Juridici Selecti ex Quinque Titulis Quinque Librorum Decretalium Gregorii Papae IX. & ex Utriusque Juris Principijs Solide Decisi, Ingolstadt 1724, 64–128.

c) Exercitium Practicum Virtutum Theologicarum[224]

Unter den Veröffentlichungen Zechs wird auch ein Exerzitienbuch über die theologischen Tugenden erwähnt, das 1729 in Konstanz und 1738 in zweiter veränderter Auflage in München erschienen ist. Einziger Anhaltspunkt für die Autorschaft Zechs ist die Unterschrift unter dem Widmungsschreiben der Ausgabe von 1729: „F. X. Z. S. J. Praeses"; diese Unterschrift fehlt in der Neuauflage von 1738. Selbst de Backer und Sommervogel bezweifeln, daß dieses Buch von Zech stammt und weisen es Franz Xaver Zetl zu[225].

d) Weitere Schriften

In der Bibliographie des Jesuitenordens von de Backer und Sommervogel werden noch fünf weitere Schriften Zechs genannt, die nicht mehr vorhanden zu sein scheinen[226]. Einzelne dieser Veröffentlichungen werden auch bei Caballero[227] und Siebenkees[228] angeführt. Außerdem teilen de Backer und Sommervogel noch mit, daß Zech in einem Brief vom 23. August 1751 von einem Traktat über das Duell spricht[229]; an wen dieser Brief gerichtet war, wird nicht gesagt. Es ist aber fraglich, ob es sich bei diesem „Traktat" um eine weitere selbständige Veröffentlichung Zechs handelt; es könnte auch nur die Rede von dem Abschnitt „De Duello" aus dem zweiten Band über die kirchliche Gerichtsbarkeit sein[230].

Die Übersicht über die Veröffentlichungen Zechs zeigt, daß er recht viel geschrieben und somit durchaus im Sinne Ickstatts gearbeitet hat, der eine Hebung der wissenschaftlichen Bedeutung der Universität Ingolstadt – auch durch eine vermehrte Publikationstätigkeit – anstrebte.

[224] Exercitium Practicum Virtutum Theologicarum ... a quodam e Societate Jesu Sacerdote ..., Konstanz 1729 (München ²1738).

[225] Vgl. *de Backer – Sommervogel*, Bibliothèque de la Compagnie de Jésus, Tom. VII, 1474.

[226] Compendium Juris Canonici, Ingolstadt 1750 (auch erwähnt bei *Georg May*, Art. Zech, Franz Xaver, in: LThK², Bd. 10 (1965), 1316; Decas Dubiorum ad Lib. III Decretal. Tit. XXV de Peculio Clericorum, Ingolstadt 1752; Opuscula Minora, Ingolstadt 1761; Casus ad Caput Scriptum est 40 de Electoris et Electi Potestate, o. O. o. J.; De Testamento, quod valeat, etiam in Foro Externo, licet sine Solemnitatibus Conditum, o. O. o. J.

[227] Vgl. *Caballero,* Bibliothecae scriptorum Societatis Jesu supplementum II, 110.

[228] Vgl. *Siebenkees,* Nachrichten von Rechtslehrern 482.

[229] *De Backer – Sommervogel,* ebd. 1478.

[230] Vgl. De Jud. II, S. 448–466, §§ 361–376.

II. Urteile über Zech

In den Veröffentlichungen, in denen Franz Xaver Zech behandelt oder zumindest erwähnt wird, wird er als ein bedeutender Kanonist seines Ordens und seiner Zeit bezeichnet[231], als der „letzte große Kanonist der Universität Ingolstadt“[232]. Selbst Carl Prantl, der den Mitgliedern der Gesellschaft Jesu sonst nicht wohlgesonnen war, bezeichnet Zech als einen „eifrigen Vertreter seines Faches“[233].

Interessant ist vor allem die Beurteilung Zechs durch Febronius, der sich im 1770 erschienenen zweiten Band seines Werkes „De Statu Ecclesiae et legitima potestate Romani Pontificis“ mit einigen Passagen des kirchlichen Strafrechts von Zech kritisch auseinandersetzte: „Zech ist ein Mann von gemäßigter Gesinnung, gründlich gebildet, und man wird nicht zu Unrecht glauben, daß er allen übrigen, die aus derselben Gesellschaft [der Gesellschaft Jesu] bislang etwas zum Kirchenrecht veröffentlicht haben, den Siegespreis entrissen hat. Aber er ist ein Jesuit, das heißt, ein Mann seines, oder – um es richtiger zu sagen – seiner Gesellschaft Geistes, der, wenn es um die absolute kirchliche Monarchie des Papstes, um dessen Unfehlbarkeit, seine Überordnung über das Konzil, sein ordentliches universales bischöfliches Amt und alle übrigen Ansichten der Ultramontanen geht, die von den genannten [Ansichten] in irgendeiner Weise abhängen oder mit ihnen zusammenhängen, weder anders denken noch anders schreiben kann als der gesamte Jesuitenorden.“[234] Trotz der grundlegenden Gegnerschaft zu den Jesuiten, die sich bei Febronius zeigt, muß er Zech doch einige Anerkennung zugestehen. Ob sein Urteil über die Ansichten Zechs bezüglich des Papstamtes stimmt, wird sich später erweisen.

Auch in anderen Urteilen über Zech zeigen sich Ähnlichkeiten mit der Beurteilung durch Febronius: Besonders hervorgehoben wird Zechs gründ-

[231] Vgl. *Caballero,* ebd. 109f.; *Joseph Anton Sauter,* Fundamenta Juris Ecclesiastici Catholicorum, Pars II, Freiburg – Konstanz ²1810, 143, zitiert bei: *Ad. Rösch,* Das Kirchenrecht im Zeitalter der Aufklärung. (Febronianismus und Josephinismus), in: AkathKR 83 (1903) 446–482, hier: 446; *Schulte,* Geschichte der Quellen und Literatur, Bd. III,1, 180; *Thoelen,* Menologium 174; *Duhr,* Geschichte der Jesuiten, Bd. IV,2, 118f.; *Grabmann,* Geschichte der katholischen Theologie 185; *Raab,* Die Concordata Nationis Germaniae 116f.; *Andreas Falkner,* Geschichte der Theologischen Fakultät der Universität Innsbruck 1740–1773, Innsbruck 1969 (Forschungen zur Innsbrucker Universitätsgeschichte 4), 243 mit Anm. 10.

[232] *Naz,* Art. Zech 1669, zitiert bei *Listl,* Kirche und Staat 25; vgl. auch *Bertone,* Il Governo della Chiesa 71, Anm. 37: „... capo della scuola dei Canonisti Gesuiti di Ingolstadt“.

[233] *Prantl,* Geschichte der Ludwig-Maximilians-Universität, Bd. 1, 584.

[234] *Justinus Febronius,* De Statu Ecclesiae et legitima Potestate Romani Pontificis Liber Singularis, ad Reuniendos Dissidentes in Religione Christianos Compositus. Tomus Secundus, Frankfurt – Leipzig 1770, 113.

liche wissenschaftliche Bildung[235]; des öfteren wird aber auch seine Mäßigung im Urteil erwähnt[236], die vor allem im Zusammenhang mit seiner Lehre über das kanonische Zinsverbot[237] und die Concordata Nationis Germanicae auffällt[238]. Nach Landsberg entspringt aber auch Zechs Abneigung gegen die Folter seiner „persönlichen Milde"[239].

Die Veröffentlichungen Zechs sind nach dem Urteil der Geschichte des Münchner Jesuitenkollegs von allen Gelehrten seiner Zeit sehr hoch eingeschätzt worden[240]; nach Johann Friedrich von Schulte sind sie „recht brauchbar"[241] – ein Urteil, das auch in neuerer Zeit noch zitiert wird[242]. Der „Nomenclator literarius recentioris Theologiae catholicae" von H. Hurter urteilt: „Alle Werke Zechs empfehlen sich durch Gründlichkeit, Bildung und Klugheit im Urteil"[243]. Die Bemerkung Ludwig Hammermeyers aber, daß Zech auch „Ansehen in der nichtkatholischen gelehrten Welt"[244] genossen habe, ist nur zum Teil aus den von Hammermeyer herangezogenen Besprechungen in den „Göttinger Gelehrten Anzeigen" zu belegen[245]; immerhin stieß Zechs Buch über das kirchliche Sachenrecht auf grundlegende Kritik des Rezensenten[246]. Von den verschiedenen Büchern Zechs werden zumeist die Praecognita Juris Canonici besonders hervorgehoben[247]. Daß seine Veröffentlichungen noch vor seinem Tod vom akademischen

235 Vgl. *Mederer*, Annales Ingolstadiensis Academiae, Pars III, 302; *Caballero*, ebd. 109f.; *Weiss*, Art. Zech (François-Xavier), in: Biographie Universelle Ancienne et Moderne, hrsg. v. *J. Fr. Michaud*, Bd. 45, Paris ²1854ff. (Nachdruck: Graz 1970), 425; *Schulte*, Geschichte der Quellen und Literatur, Bd. III,1, 180, zitiert bei: *May*, Art. Zech 1316, und bei: *Grass*, Die Kirchenrechtslehrer der Innsbrucker Universität 162; vgl. auch *Naz*, Art. Zech 1669; *Schwaiger*, Die Theologische Fakultät der Universität Ingolstadt 98.

236 Vgl. HStA Mchn., Jesuiten 252, pag. 17–19.

237 Vgl. *Caballero*, ebd. 109f.; *Endemann*, Studien in der romanisch-kanonistischen Wirthschafts- und Rechtslehre, Bd. 2, 366.

238 Vgl. *Landsberg*, Geschichte der Deutschen Rechtswissenschaft, Bd. 3,1, Noten, 232.

239 *Landsberg*, ebd. 233.

240 Vgl. Archiv SJ, Mchn., Mscr. I 46, pag. 716.

241 *Schulte*, Geschichte der Quellen und Literatur, Bd. III,1, 180; vgl. *ders.*, Art. Zech 737.

242 Vgl. *May*, Art. Zech 1316: „Seine zahlreichen Schriften sind *noch heute* brauchbar." (Hervorhebung von mir). Ebenso auch: *Neumaier*, Das letzte Jahrhundert in Ingolstadt 185; *Schwaiger*, Die Theologische Fakultät der Universität Ingolstadt 98.

243 *H. Hurter*, Nomenclator literarius recentioris Theologiae catholicae, Tom. III: Theologiae catholicae seculum tertium post celebratum Concilium Tridentinum. Ab Anno 1764–1894, Innsbruck ²1895, 178.

244 *Hammermeyer*, Gründungs- und Frühgeschichte 258.

245 Die von *Hammermeyer* (ebd. 258, Anm. 126) genannten Nummern der Göttinger Gelehrten Anzeigen, in denen Schriften Zechs besprochen worden sein sollen, stimmen nur zum Teil.

246 Siehe oben, S. 52.

247 Vgl. *Hurter*, ebd. 175; *Schulte*, Geschichte der Quellen und Literatur, Bd. III,1, 180; *Grabmann*, Geschichte der katholischen Theologie 185; *Sägmüller*, Lehrbuch des katholischen Kirchenrechts 20.

Zensurkollegium in München in den Katalog der verbotenen Bücher aufgenommen wurden[248], dürfte darauf zurückzuführen sein, daß auch in Bayern die Jesuitenfeindlichkeit zunahm, die 1773 zur Aufhebung der Gesellschaft Jesu durch Papst Klemens XIV. führte[249].

Als charakteristisch für die Veröffentlichungen Zechs wird das Bemühen hervorgehoben, das kanonische Recht unter Berücksichtigung der Verhältnisse in Deutschland darzustellen[250]. Verschiedentlich wird aber auch betont, daß Zech in besonderer Weise die geschichtliche Entwicklung des kirchlichen Rechts berücksichtigte[251], wie sich auch in einigen Dissertationen Zechs erkennen läßt[252]. Andreas Kraus sagt sogar von den Praecognita Juris Canonici, daß diese „bereits im Einflußbereich der historischen Rechtsschule entstanden" seien[253]. Die besondere Berücksichtigung der Geschichte durch Zech ist insofern bemerkenswert, als die Beschäftigung mit der Geschichte im Rahmen der theologischen Lehre der Gesellschaft Jesu keinen besonderen Stellenwert hatte[254]. Zudem ist die Hinwendung zur Geschichte auch als ein Kennzeichen der Aufklärung anzusehen. Im Kirchenrecht kam dies – ebenso wie die Berücksichtigung der deutschen Verhältnisse – vor allem bei Johann Caspar Barthel zum Tragen[255].

Außer durch seine Schriften hat Zech auch durch seine Tätigkeit als Lehrer des kanonischen Rechts und durch seine beratende Tätigkeit einen Einfluß auf die Kirche und die Jurisprudenz seiner Zeit gehabt, der nicht mehr näher bestimmt werden kann. Zu den Schülern Zechs gehörte nicht nur eine große Zahl von Jesuiten[256] – namentlich ist nur Christoph Ueblacker als einer seiner

[248] Vgl. HStA Mchn., Jesuiten 252, pag. 17–19; *Lang*, Geschichte der Jesuiten 202f.

[249] Von 1750 bis 1773 wuchs der Einfluß antijesuitischer Kreise ständig; vgl. *van Dülmen*, Antijesuitimus und katholische Aufklärung 64.

[250] Vgl. *Schulte*, ebd. 180; *ders.*, Art. Zech 737; *Landsberg*, Geschichte der Deutschen Rechtswissenschaft, Bd. 3,1, Text, 365; *Duhr*, Geschichte der Jesuiten, Bd. IV,2, 118f.; *Grass*, Die Kirchenrechtslehrer der Innsbrucker Universität 162; *Raab*, Die Concordata Nationis Germaniae 116f.; *May*, Art. Zech 1316; *Schwaiger*, Die Theologische Fakultät der Universität Ingolstadt 98.

[251] So: Antonius Ziegler in der Approbatio Theologica zu *Zech*, Hier. (nicht paginiert): „Cum insuper Eruditionem Historiae Ecclesiasticae contineat non vulgarem ..."; vgl. auch *Joh[ann] Bapt[ist] Sägmüller*, Wissenschaft und Glaube in der kirchlichen Aufklärung (c. 1750–1800), Essen o.J. [1910], 31f.; *Duhr*, ebd. 118f.; *Raab*, ebd. 117.

[252] Siehe oben, S. 61. 63f.

[253] *Andreas Kraus*, Das Problem des Glaubenskrieges bei den bayerischen Kanonisten der Barockzeit, in: Politik und Konfession. Festschrift für Konrad Repgen zum 60. Geburtstag, hrsg. v. *Dieter Albrecht – Hans Günther Hockerts – Paul Mikat – Rudolf Morsey*, Berlin 1983, 101–122, hier: 119.

[254] Vgl. *Hammerstein*, Aufklärung und katholisches Reich 30f.

[255] Vgl. *Frowein*, Primat und Episkopat 216. 223; *ders.*, Hedderich 235f.

[256] Vgl. HStA Mchn., Jesuiten 252, pag. 19.

Schüler bekannt[257] –, sondern, da Zech auch Professor in der Juristischen Fakultät war, auch viele andere Studenten, die später in der öffentlichen Verwaltung und in der Rechtsprechung tätig waren, ja „sogar Fürsten und Grafen des Heiligen Römischen Reiches"[258]. Als Ratgeber wurde Zech von weltlichen und kirchlichen Herrschern hoch geschätzt[259]. Papst Benedikt XIV. soll ihn als seine „lebendige Bibliothek" bezeichnet[260] und der Bayerische Kurfürst sein Urteil bei einigen wichtigeren Fragen erbeten haben[261], vor allem in Personalangelegenheiten[262].

Insgesamt kann als nahezu einhelliges Urteil gelten, daß Franz Xaver Zech, der heute kaum noch bekannt ist, zu seiner Zeit einer der bedeutendsten Kanonisten war und einen zwar nicht mehr genau festzustellenden, aber wohl nicht geringen Einfluß auf die Entwicklung von Kirche, Staat und Kirchenrecht im 18. Jahrhundert hatte. Unter den Kirchenrechtlern seiner Zeit wird er – was sich schon nach einem ersten Überblick über seine Schriften und die Urteile über Zech ergibt – als ein gemäßigt fortschrittlicher Denker einzuordnen sein[263]. Diese gewisse Fortschrittlichkeit zeigt sich darin, daß Zech in seinem Lehrbuch von der Dekretalenordnung abgeht und die „moderne" Institutionengliederung einführt, sowie darin, daß er bei seiner Darstellung in besonderer Weise den historischen Aspekt und die Verhältnisse im Deutschen Reich berücksichtigt.

[257] Siehe oben, S. 48–50. 58.

[258] *Mederer,* Annales Ingolstadiensis Academiae, Pars III, 302.

[259] Archiv SJ, Mchn., Mscr. I 46, pag. 716.

[260] Vgl. HStA Mchn., Jesuiten 252, pag. 17–19; *Lang,* Geschichte der Jesuiten 203. Dieses Urteil wird allerdings dadurch relativiert, daß Benedikt XIV. in seinen Schriften und Bullen die Veröffentlichungen Zechs nicht, zumindest nicht in größerem Umfang zitiert hat; vgl. *Bertone,* Il Governo della Chiesa 185–187 mit den dort genannten Nachweisen.

[261] Vgl. HStA Mchn., Jesuiten 252, pag. 17–19.

[262] Vgl. ebd.; *Lang,* ebd. 203.

[263] Paul Muschard zählt Zech unter die „gemäßigten Aufklärer"; vgl. *Paul Muschard,* Die kanonistischen Schulen des deutschen Katholizismus im 18. Jahrhundert außerhalb des Benediktinerordens (Zugleich ein Ausblick ins 19. Jahrhundert), in: Theologische Quartalschrift 112 (1931) 350–400, hier: 391. Bezüglich der Lehre über das Zinsnehmen bezeichnet *Endemann* (Studien in der romanisch-kanonistischen Wirthschafts- und Rechtslehre, Bd. 2, 366) ihn als einen der „milderen, der Reform zugänglicheren" katholischen Autoren. Im Unterschied zu dieser Einschätzung meint Knut Walf, daß Zech lediglich die traditionelle Lehre vertrete; vgl. *Knut Walf,* Das bischöfliche Amt in der Sicht josephinischer Kirchenrechtler, Köln – Wien 1975 (Forschungen zur kirchlichen Rechtsgeschichte und zum Kirchenrecht 13), 94. 109. Welchen Sinn es aber hat, Zech als einen „vorjosephinischen Kanonisten" zu bezeichnen (*Walf,* ebd. 41; vgl. ebd. 87), ist durchaus fraglich. Zwar hat Zech für zwei Jahre in Österreich gelehrt, und zwar vor dem Aufkommen des Josephinismus, aber für die österreichische Kirchenrechtswissenschaft war er wohl nicht bedeutend oder gar kennzeichnend.

Zweiter Teil

Grundlegende Fragen der Kirchenrechtslehre

A) Philosophische und ekklesiologische Grundlagen

Eine Untersuchung der grundlegenden Anschauungen Franz Xaver Zechs über das Kirchenrecht muß von der Darstellung der philosophischen und ekklesiologischen Grundlagen Zechs ausgehen, genauer gesagt von seinem Kirchen- und Rechts- bzw. Gesetzesbegriff, da der Kirchenrechtsbegriff eine Funktion des zugrundeliegenden Kirchen- und Rechtsbegriffs ist[1]. Eine solche Darstellung stößt allerdings insofern auf Schwierigkeiten, als Zech weder den Kirchen- noch den Rechtsbegriff systematisch behandelt. Für seine ekklesiologischen Grundlagen wird man somit Aussagen heranziehen müssen, die er in verschiedenen Zusammenhängen trifft, und aus diesen auf den vorausgesetzten Kirchenbegriff schließen müssen. Für die rechtsphilosophischen Anschauungen kann man immerhin auf einen Abschnitt in den Praecognita Juris Canonici zurückgreifen, in welchem er „die menschlichen Gesetze im allgemeinen" behandelt und auch einige Fragen anspricht, die für sein Verständnis des Rechts kennzeichnend sind, z. B. den Zwangscharakter der Gesetze. Auf diese Art und Weise gelangt man allerdings nicht zu dem Rechtsbegriff Zechs, sondern nur zu einem – wenngleich charakteristischen – Teilaspekt, dem Gesetzesbegriff.

Über den Kirchenbegriff der Kanonisten des 18. Jahrhunderts urteilt Johannes Neumann folgendermaßen: „Bei der Durchsicht der kirchenrechtlichen Schriftsteller jener Zeit fällt auf, daß jene Autoren, die über die Kirche

[1] Die Ansicht von Rudolph Sohm, „daß das Kirchenrecht eine Funktion des vorausgesetzten Kirchenbegriffs sei" (*Hans Barion,* Rudolph Sohm und die Grundlegung des Kirchenrechts. Bonner Antrittsvorlesung, Tübingen 1931 [Recht und Staat in Geschichte und Gegenwart 81], 13) ist dahingehend zu ergänzen, daß für das Verständnis von Kirchenrecht auch der zugrundeliegende Rechtsbegriff von Bedeutung ist, denn: „Recht ist immer Recht einer konkreten Gemeinschaft, auch das Recht der Kirche, und seine Art ist bedingt von der Natur dieser Gemeinschaft." (*Joseph Klein,* Von der Tragweite des kanonischen Rechts, in: ders., Skandalon. Um das Wesen des Katholizismus, Tübingen 1958, 115–180, hier: 138). Der Kirchenrechtsbegriff läßt sich allerdings nicht einfach durch eine Addition eines Kirchen- und eines Rechtsbegriffs finden, die beide unabhängig voneinander entwickelt wurden; vgl. *Hans Dombois,* Das Recht der Gnade. Ökumenisches Kirchenrecht I, Witten ^{2}1969 (Forschungen und Berichte der Evangelischen Studiengemeinschaft 20) (Sonderauflage: Heidelberg 1984), 22–39; ähnlicher Ansicht ist auch *Gerhard Luf,* Rechtsphilosophische Grundlagen des Kirchenrechts, in: Handbuch des katholischen Kirchenrechts, hrsg. v. *Joseph Listl – Hubert Müller – Heribert Schmitz,* Regensburg 1983, 24–32, hier: 25.

mehr zu schreiben wußten als die bellarminsche Definition, bei der Begründung der Kirche und ihres Rechtes auf das sog. Naturrecht zurückgriffen und von daher den Kirchenbegriff zu bestimmen suchten."[2] Neumann teilt somit die Kanonisten des 18. und 19. Jahrhunderts in zwei Gruppen ein: Zum einen die aufklärerisch beeinflußten Kirchenrechtler, die rational-naturrechtlich argumentierten, und zum anderen die „konservativen" Kanonisten, die sich fast ausschließlich auf die Glossierung der Gesetzestexte beschränkten und sich mit der kontroverstheologisch geprägten Kirchendefinition des Kardinals Bellarmin begnügten[3], dessen Disputationes de controversiis christianae fidei „ein fast offizielles Ansehen und verbindlichen Charakter" bekommen hatten[4]; zu den letzteren zählt Neumann auch Zech[5]. Für diese Autoren „war die Tatsache der Kirche, der Eigenart und Notwendigkeit ihrer Rechtsordnung, wie die Reichweite und der Inhalt der Kirchengewalt keine Frage, die ausdrücklich behandelt wurde. In dem Umfang, in dem diese Fragen im Corpus Iuris Canonici rechtlich geregelt waren, wurden sie zwar erwähnt, nicht aber einer eigenen Prüfung unterzogen und erst recht keine Sinnzusammenhänge hergestellt."[6]

Gilt dieses Urteil auch für Zech? Legt Zech lediglich den Kirchenbegriff Bellarmins zugrunde oder argumentiert er naturrechtlich?

Bezüglich des Rechtsbegriffs der katholischen Kirchenrechtswissenschaft stellt Anton Stiegler fest: „Mit Suárez ist im wesentlichen ein Abschluß der Erkenntnisgeschichte kirchlicher Rechtslehren erreicht. Nach ihm folgen nur mehr geringfügige Modifikationen. Gegen die rationalistisch orientierte Naturrechtslehre der Schulen um Thomasius, Pufendorf u. a., gegen Liberalismus, Rechtshistorismus und Positivismus war es nicht mehr nötig, ein neues abgewandeltes System kirchlicher Rechtsphilosophie aufzustellen. Es konnte einfach auf das Erarbeitete verwiesen werden."[7] Diese Ansicht übernimmt auch Eugenio Corecco: „Mit Suárez erreichte der christliche Rechtsgedanke ... den Höhepunkt seiner Entwicklung ... Vom Tridentinum an erfuhr dieser Rechtsbegriff keine substanziellen Änderungen mehr."[8]

[2] *Neumann,* Die Kirche und die kirchliche Gewalt 10.

[3] Vgl. ebd. 33.

[4] Ebd. 3.

[5] Vgl. ebd. 33, Anm. 1.

[6] Ebd. 33.

[7] *Anton Stiegler,* Der kirchliche Rechtsbegriff. Elemente und Phasen seiner Erkenntnisgeschichte, München – Zürich 1958, 163.

[8] *Eugenio Corecco,* Theologie des Kirchenrechts. Methodologische Ansätze, Trier 1980 (Canonistica 4), 43; ebenso auch *Helmuth Pree,* Die evolutive Interpretation der Rechtsnorm im kanonischen Recht, Wien – New York 1980 (Linzer Universitätsschriften, Monographien 6), 135.

Auch diese These muß in ihrer Geltung für Zech überprüft werden. Gibt Zech nur den Rechtsbegriff des Suárez wieder? Sind Unterschiede zwischen dem Rechtsbegriff des Suárez und dem Gesetzesbegriff Zechs nur unwesentliche Abweichungen?

I. Der Gesetzesbegriff

1. Definition

Dem Abschnitt „Allgemeine Lehren über die menschlichen Gesetze“ seiner Praecognita Juris Canonici stellt Zech eine Definition des Gesetzes voran: „Ein Gesetz ist der vernünftige Befehl eines Herrschers, der für eine Gemeinschaft rechtmäßig promulgiert wird.“[9] Um die Eigenart der Gesetzesdefinition Zechs hervortreten zu lassen, soll sie mit derjenigen des Thomas von Aquin verglichen werden. Da die Summa theologiae des Thomas als theologisches Lehrbuch in der Ausbildung der Jesuiten verwendet wurde, war dieser Gesetzesbegriff Zech bekannt, zumal noch Schmalzgrueber von ihm ausgegangen war und er auch bei Pichler – neben einer eigenen Definition des Gesetzes – begegnet[10].

Thomas bezeichnet das Gesetz als „eine gewisse Anordnung der Vernunft zum allgemeinen Wohl, die von demjenigen, der die Sorge für eine Gemeinschaft innehat, promulgiert wird.“[11] Wie Thomas vertritt auch Zech die Ansicht, daß der Gesetzesbegriff durch folgende Elemente gekennzeichnet ist:

1. Er hat sowohl ein volitives („Befehl“ – „Anordnung“) als auch ein intellektuelles Moment („vernünftig“). 2. Das Gesetz richtet sich an eine Gemeinschaft. 3. Es ergeht von jemandem, der dafür zuständig ist (Zech: „Herrscher“). 4. Es muß förmlich bekannt gemacht, promulgiert werden[12].

[9] Praec. S. 71, § 100: „Lex est *Jussus rationabilis Imperantis Communitati legitime promulgatus.*“

[10] Vgl. *Schmalzgrueber,* Jus Ecclesiasticum Universum, Bd. 1, S. 5, RNr. 2; *Pichler,* Candidatus Jurisprudentiae Sacrae, Bd. 1, S. 82 f., RNr. 4; Pichlers eigene Definition: ebd. S. 84, RNr. 4.

[11] *Thomas von Aquin,* STh I–II, q. 90 a. 4 c: „et sic quatuor praedictis potest colligi definitio legis, quae nihil est aliud quam quaedam rationis ordinatio ad bonum commune, ab eo qui curam communitatis habet, promulgata.“ Zur Analyse dieses Gesetzesbegriffs vgl. *Wolfgang Kluxen,* Philosophische Ethik bei Thomas von Aquin, Hamburg ²1980, 231 f.

[12] Eugenio Corecco nennt als erstes von vier Elementen der Gesetzesdefinition des Thomas nur die Vernunft; vgl. *Eugenio Corecco,* „Ordinatio rationis“ oder „ordinatio fidei“? Anmerkungen zur Definition des kanonischen Gesetzes, in: IKZ Communio 7 (1977) 481–495, hier: 485. Daß in der Formulierung „ordinatio rationis“ auch ein volitives Element enthalten ist, da

Es sind aber auch unterschiedliche Akzentuierungen zu erkennen. So hebt Zech deutlicher als Thomas hervor, daß die Promulgation rechtmäßig geschehen müsse[13] – hierin kann man wohl einen Einfluß des Franciscus Suárez sehen, nach welchem ein Gesetz hinreichend („sufficienter") promulgiert sein muß[14]. Auch darin, daß Zech die Ausrichtung des Gesetzes auf das Gemeinwohl nicht ausdrücklich nennt, liegt ein solcher Unterschied zur Definition des Thomas. Indem er die Gemeinwohlbindung des Gesetzes wegläßt, will Zech möglicherweise die Stellung des Gesetzgebers stärken; hinter dem Gesetzesverständnis Zechs wären somit absolutistische Ideen zu vermuten. Im Zusammenhang mit der Lehre von der Gesetzesgeltung wird dies noch zu prüfen sein.

Bedeutsamer erscheint die unterschiedliche Gewichtung des volitiven und des intellektuellen Moments bei Thomas von Aquin und Franz Xaver Zech. Zwar wird man nicht sagen können, daß Thomas der Vertreter eines Intellektualismus im strengen Sinne ist[15], doch erscheint es als zu wohlwollend, wenn Anton Stiegler in einer zusammenfassenden Wertung der Lehre des Thomas ausführt: „... So konstituieren Verstand und Wille zusammen Gesetz und Recht. Damit ist eine klassisch vermittelnde Lösung der polaren Spannung zwischen beiden gewonnen."[16] Zwar ist im Element der Anordnung („ordinatio") ein Willensmoment in der Definition des Gesetzes bei Thomas enthalten[17], so daß man sagen kann, daß dieses „sowohl durch seinen rationalen Gehalt als auch durch seinen Ursprung im Willen des Gesetzgebers bestimmt"[18] ist, doch scheint die Bedeutung dieser beiden Elemente verschieden zu sein. Eugenio Corecco beurteilt dieses Verhältnis so: „Thomas frönt einem gewissen intellektuellen Optimismus (Utz) und

Thomas nicht eine vernunftgemäße Ordnung (ordo), sondern eine der Vernunft entsprechende Anordnung (ordinatio) meint, übersieht Corecco an dieser Stelle.

[13] So schon *Schmalzgrueber*, Jus Ecclesiasticum Universum, Bd. 1, S. 5, RNr. 2 und *Pichler*, Candidatus Jurisprudentiae Sacrae, Bd. 1, S. 84, RNr. 4: „legitime promulgatus".

[14] Vgl. *Franciscus Suárez*, De legibus I, cap. 13, Nr. 2: „Lex est commune praeceptum, iustum ac stabile, sufficienter promulgatum." Vgl. auch De legibus I, Cap. 12, Nr. 4; zum Erfordernis der hinreichenden Promulgation vgl. noch De legibus I, Cap. 11, Nr. 4; III, Cap. 16 f. Für eine weitere Beschäftigung mit der Frage des Gesetzes empfiehlt Zech unter anderem auch Thomas von Aquin und Suarez; vgl. Praec. S. 100, § 149.

[15] Vgl. *Stiegler*, Der kirchliche Rechtsbegriff 136, Anm. 36; 158, Anm. 35; *Corecco*, „Ordinatio rationis" oder „ordinatio fidei" 486. Zur Frage des Intellektualismus bei Thomas insgesamt vgl. noch *Elsbeth Michel*, Nullus potest amare aliquid incognitum. Ein Beitrag zur Frage des Intellektualismus bei Thomas von Aquin, Freiburg/Schw. 1979 (Studia Friburgensia N. F. 57), vor allem das Ergebnis der Arbeit, ebd. 146: „Unsere Arbeit hat gezeigt, daß bei Thomas ein Intellektualismus nicht nachzuweisen ist."

[16] *Stiegler*, ebd. 136 f.

[17] Vgl. ebd. 136, Anm. 36.

[18] *W[erner] Krawietz*, Art. Gesetz, in: Historisches Wörterbuch der Philosophie, hrsg. v. *Joachim Ritter*, Bd. 3, Darmstadt 1974, 480–493, hier: 483.

weist der Vernunft einen Primat über den Willen zu. Die Aktivität des Willens setzt tatsächlich jene der Vernunft voraus. Hält man aber daran fest, daß der Wille für die Promulgation des Gesetzes – definiert als ‚ordinatio rationis' – notwendig ist, so weist der Aquinate auch dem Willen einen Primat in Hinsicht auf die Freiheit der menschlichen Handlung zu und entgeht so *knapp* einem strengen Intellektualismus."[19]

In ihren Erläuterungen zur Gesetzesdefinition des Thomas legen Schmalzgrueber und Pichler besonderes Gewicht darauf, das volitive Element hervorzuheben. So erläutert Pichler das Wort „ordinatio" folgendermaßen: „... der Wille des rechtmäßigen Oberen, die Untertanen dazu zu verpflichten, etwas zu tun oder zu unterlassen"[20]. An die Stelle des Wortes „Anordnung", das bei Thomas steht, setzt Zech das Wort „Befehl" („jussus"). Dies entspricht der Interpretation Pichlers, und auf diese Weise wird im Vergleich mit Thomas das Willensmoment im Gesetzesbegriff deutlicher ausgesagt[21].

Auch die eigene Gesetzesdefinition Pichlers enthält die Momente, die Pichler in der Interpretation der Definition des Thomas herausgearbeitet hatte: „Das Gesetz ist ein rechtmäßig promulgierter vernünftiger Erlaß des rechtmäßigen Oberen, der die ihm unterworfene Gemeinschaft um des Gemeinwohles willen verpflichten will, etwas zu tun oder zu unterlassen."[22] Pichler geht somit von der Gesetzesdefinition des Thomas aus und interpretiert sie, indem er einige der bei Suárez vorkommenden Präzisierungen einfügt; genannt sei hier die stärkere Betonung des volitiven Elements und der rechtmäßigen Promulgation. Im Anschluß an seinen Lehrer greift auch Zech zunächst nicht unmittelbar auf die Gesetzesdefinition des Suárez zurück, sondern legt jene des Thomas von Aquin zugrunde. So begegnet auch weder bei Pichler noch bei Zech die Einschränkung des Suárez, daß als Gesetz nur gelten könne, was einen Bezug zur Sittlichkeit hat[23].

Offener ist allerdings die Gesetzesdefinition des Thomas bezüglich des Gesetzgebers. Während Pichler den „Oberen" und Zech den „Herrscher" als Gesetzgeber nennen und damit eine monarchische, vielleicht auch noch eine aristokratische Verfassung vorauszusetzen scheinen, formuliert Thomas allgemeiner: Gesetzgeber ist derjenige, dem die Sorge für die betreffende

[19] *Corecco,* Theologie des Kirchenrechts 31.

[20] *Pichler,* Candidatus Jurisprudentiae Sacrae, Bd. 1, S. 83, RNr. 4; ähnlich *Schmalzgrueber,* Jus Ecclesiasticum Universum, Bd. 1, S. 5f., RNr. 2.

[21] Auch mit dem Wort „Imperator" scheint Zech das volitive Element anzusprechen.

[22] *Pichler,* ebd. S. 84, RNr. 4: „Lex est rationabile Decretum Superioris legitimi, subjectam sibi Communitatem obligare volentis ad aliquid faciendum vel ommitendum communis boni gratia, legitime promulgatum."

[23] Vgl. *Arwed Klug,* Die Rechts- und Staatslehre des Franciscus Suarez. Eine rechtsphilosophische Untersuchung, Diss. jur. Köln 1958, 11.

Gemeinschaft obliegt. Diese Sorge kann aber nicht einer beliebigen Privatperson zukommen, sondern entweder der Gemeinschaft selbst oder einer „öffentlichen Person", die an deren Stelle handelt[24]. Anders als Pichler und Zech läßt Thomas auf diese Weise in seinem Gesetzesbegriff auch die Möglichkeit einer demokratischen Regierungsform offen.

2. *Gesetzesarten*

Die Arten von Gesetzen gliedert Zech, wie im folgenden schematisch dargestellt wird[25]:

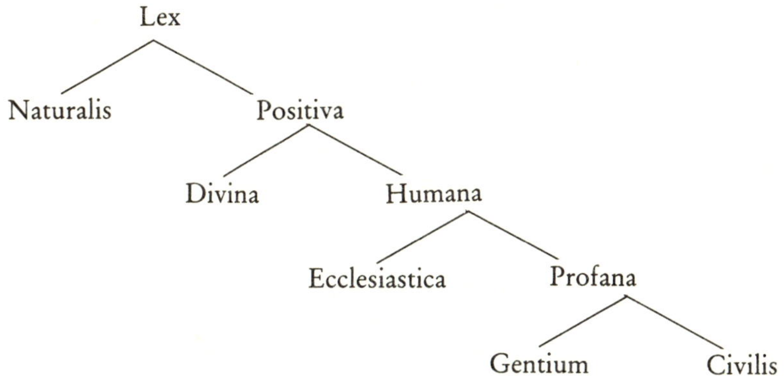

In diesen Unterscheidungen scheint Zech von Suárez abhängig zu sein[26], der allerdings die Unterscheidung der Lex humana in Lex humana profana und Lex humana Ecclesiastica nicht verwendet, sondern die Lex humana unterscheidet in Lex canonica und Lex civilis[27]. Neben diesen Unterscheidungen und ohne eindeutige Zuordnung zu einer der Gesetzesarten steht bei Suárez

[24] Vgl. *Thomas von Aquin,* STh I–II, q. 90 a. 3 c.: „Respondeo dicendum quod lex proprie et principaliter respicit ordinem ad bonum commune. Ordinare autem aliquid in bonum commune est vel totius multitudinis, vel alicuius gerentis vicem totius multitudinis. Et ideo condere legem vel pertinet ad totam multitudinem, vel pertinet ad personam publicam, quae totius multitudinis curam habet." Vgl. hierzu *Kluxen,* Philosophische Ethik 232 mit Anm. 8.

[25] Vgl. Praec. S. 71, § 100.

[26] Vgl. *Stiegler,* Der kirchliche Rechtsbegriff 157; das dort wiedergegebene Schaubild ist allerdings insofern unzutreffend, als das ius divinum nicht neben ius naturale und ius positivum steht, sondern entweder darüber, da es natürliches oder positives göttliches Recht sein kann (vgl. *Corecco,* Theologie des Kirchenrechts 40), oder unterhalb des ius positivum, wenn es – wie bei Zech und an der im folgenden zitierten Stelle bei Suárez – nur als positives göttliches Recht verstanden wird; zum Ganzen vgl. auch *Heinrich Rommen,* Die Staatslehre des Franz Suarez S.J., M[önchen]-Gladbach o.J. [1926], 43–77.

[27] *Suárez,* De legibus I, Cap. 13; vgl. *Klug,* Die Rechts- und Staatslehre 10. 13–15. Eine abweichende Gliederung der Gesetzesarten findet sich bei *Pree,* Die evolutive Interpretation der Rechtsnorm 118f.

noch die Lehre vom Jus Gentium[28]. Schmalzgrueber und Pichler klärten dieses Verhältnis in der Weise, daß das Jus Gentium als Unterart des Jus humanum neben Jus canonicum und Jus civile gesetzt wurde[29]. Zech findet für Lex civilis und Lex Gentium den gemeinsamen Oberbegriff „Lex profana“ und entwickelt somit die Gedanken seiner Vorgänger weiter.

An der Darstellung der Arten des Gesetzes durch Suárez, Schmalzgrueber, Pichler und Zech fällt des weiteren auf, daß die Lex divina ausschließlich als positives göttliches Gesetz verstanden wird. Obgleich Zech aber die Bezeichnung „Lex divina“ nur für das positive göttliche Gesetz verwendet[30], ist doch klar, daß auch das Naturgesetz seinen Ursprung in Gott hat[31].

3. Weisende und zwingende Gewalt des Gesetzes

Ein Kennzeichen jedes Gesetzes ist nach Zech sein Zwangscharakter[32]. Zech unterscheidet zwei Wirkungen des Gesetzes: die weisende und die zwingende Gewalt. Zum einen zeigt das Gesetz an, was richtig und gerecht ist, zum anderen zwingt es aber die Untergebenen auch dazu, das Richtige und Gerechte zu tun; dieser Gedanke begegnet schon bei Suárez[33]. Zum einen verpflichtet das Gesetz nach Zech „sub culpa“ – was der weisenden Gewalt entspricht –, zum anderen „sub poena“[34] – was seinem Zwangscharakter zuzuschreiben ist. Alle Gesetze, seien sie vom kirchlichen oder vom weltlichen Gesetzgeber erlassen, verpflichten im Gewissen: „Denn wer der Gewalt widersteht, widersteht der Anordnung Gottes, da es keine Gewalt gibt außer von Gott.“[35] Die enge Verbindung jedes Gesetzes sowohl mit der weisenden als auch mit der zwingenden Gewalt gibt Zech an einer anderen Stelle jedoch auf; er spricht sowohl von rein vorschreibenden Gesetzen (leges pure praeceptivae), die ohne Androhung einer Strafe zu einer bestimmten

[28] *Suárez,* De legibus II, Cap. 17–20; vgl. *Klug,* ebd. 135–151; *Corecco,* ebd. 42; *Rommen,* ebd. 270–305.

[29] Vgl. *Schmalzgrueber,* Jus Ecclesiasticum Universum, Bd. 1, Dissertatio prooemialis S. 9, RNr. 33; *Pichler,* Candidatus Jurisprudentiae Sacrae, Bd. 1, S. 10, RNr. 7.

[30] Siehe unten, S. 112f.

[31] Vgl. Praec. S. 71, § 100.

[32] Vgl. Praec. S. 276, § 366: „cum Lex sit Jus coactum …“; vgl. noch *Klaus Schlaich,* Kollegialtheorie. Kirche, Recht und Staat in der Aufklärung, München 1969 (Jus Ecclesiasticum 8), 82f. mit Anm. 106. Die Zwangsgewalt des Gesetzes wird auch von *Schmalzgrueber* als selbstverständlich vorausgesetzt, vgl. z. B. Jus Ecclesiasticum Universum, Bd. 1, Dissertatio prooemialis S. 52, RNr. 232: „Hinc Infideles poenis Spiritualibus non sunt coërcendi …“

[33] Vgl. *Klug,* Die Rechts- und Staatslehre 35f.; *Stiegler,* Der kirchliche Rechtsbegriff 159–161.

[34] Vgl. Praec. S. 85f., § 125.

[35] Ebd., mit Berufung auf Röm 13,1f.

Handlung verpflichten[36] – diese verpflichten also nur im Gewissen –, als auch von reinen Strafgesetzen (leges pure poenales), die nur dazu verpflichten, eine Strafe auf sich zu nehmen, ohne aber zu einer Handlung oder Unterlassung im Gewissen zu verpflichten[37]. Doch spielen diese Gesetzesarten, die bei der Darstellung der verschiedenen Gesetze – wohl der Vollständigkeit halber – genannt werden, im folgenden bei Zech keine Rolle.

Auch Schmalzgrueber erwähnt den Gedanken einer Verpflichtung des Gesetzes im Gewissen[38] und führt die Unterscheidung von weisender und zwingender Gewalt an[39], durch die ein Auseinanderklaffen von Recht und Moral unmöglich gemacht werden soll. Schmalzgrueber und Zech geben hier eine Ansicht wieder, die auch von Thomas von Aquin, Suárez und Bellarmin vertreten worden war, ohne aber die bei den zuletzt genannten ausführlich vorgetragene Problematik dieser Frage zu erwähnen[40]. So hatte Thomas die durch das Gesetz bewirkte Bindung im Gewissen davon abhängig gemacht, ob das Gesetz gerecht ist; wenn dies der Fall ist, bindet das Gesetz in jedem Fall auch im Gewissen, weil es vom ewigen Gesetz abgeleitet ist[41]. Nach Suárez aber hängt die Gewissensverpflichtung vom Willen des Gesetzgebers ab; dieser kann bestimmen, ob und in welchem Grad einem Gesetz auch eine Gewissensbindung zukommt[42].

Vitus Pichler nennt ausführlich Gründe, die für und gegen die Lehre von der Gewissensverpflichtung des Gesetzes vorgebracht werden können. Nach Pichler gilt die Verpflichtung von Gesetzen des göttlichen und des natürlichen Rechts im Gewissen unmittelbar[43] und sicher verpflichtet auch das rein menschliche, sowohl das weltliche als auch das kanonische, Gesetz „sub culpa“ wie auch „ad poenam“[44], womit Pichler die Unterscheidung von

[36] Vgl. Praec. S. 72, § 100; S. 86, § 126.

[37] Vgl. Praec. S. 72, § 100; S. 86, § 127. Zur Frage der reinen Strafgesetze vgl. auch *Klaus Mörsdorf*, Lehrbuch des Kirchenrechts auf Grund des Codex Iuris Canonici, Bd. 1, München – Paderborn – Wien [11]1964, 93.

[38] Vgl. *Schmalzgrueber*, Jus Ecclesiasticum Universum, Bd. 1, Dissertatio prooemialis S. 32f., RNr. 137f.; S. 53, RNr. 236.

[39] Vgl. *Schmalzgrueber*, Jus Ecclesiasticum Universum, Bd. 1, S. 16f., RNr. 30.

[40] Vgl. *Franz Xaver Arnold*, Die Staatslehre des Kardinals Bellarmin. Ein Beitrag zur Rechts- und Staatsphilosophie des konfessionellen Zeitalters, München 1934, 229–240; *Klug*, Die Rechts- und Staatslehre 34. 36; *Stiegler*, Der kirchliche Rechtsbegriff 160; *Corecco*, Theologie des Kirchenrechts 42; *Franz Faller*, Die rechtsphilosophische Begründung der gesellschaftlichen und staatlichen Autorität bei Thomas von Aquin, Heidelberg 1954 (Sammlung Politeia 5), 81. Für diesen Gedanken gibt es eine längere Tradition in der scholastischen Theologie und Kanonistik; vgl. die Belege bei *Suárez*, De legibus II, Cap. 21, Nr. 3.

[41] Vgl. *Thomas von Aquin*, STh I–II, q. 96 a 4 c; *Kluxen*, Philosophische Ethik 240.

[42] Siehe unten, S. 82.

[43] Vgl. *Pichler*, Candidatus Jurisprudentiae Sacrae, Bd. 1, S. 123, RNr. 35.

[44] Vgl. ebd.

weisender und zwingender Gewalt des Gesetzes wiedergibt[45]. Allerdings versteht er hier unter Schuld nur eine juristische Schuld[46]; ob das rein menschliche Gesetz auch im Gewissen, „sub culpa theologica", verpflichtet, das wird – wie er sagt – noch diskutiert[47]. Pichler schließt sich aber im folgenden nach einer ausführlichen Darlegung der Gründe für und gegen die Verpflichtung „sub culpa theologica" der Ansicht Schmalzgruebers an, nach welcher die Überschreitung des rein menschlichen Gesetzes zumindest mittelbar auch eine Überschreitung des göttlichen und natürlichen Gesetzes darstellt, „das die Untergebenen immer verpflichtet, daß sie dem rechtmäßig herrschenden Oberen immer gehorchen wie jemandem, der an Gottes Stelle handelt."[48] Die Grundlage für die Verpflichtung rein menschlicher Gesetze im Gewissen ist also die auch bei Suárez begegnende Ansicht „der kirchlichen Tradition, welche im Legislator den mit potestas begabten minister Dei als dessen wirklichen Repräsentanten sieht."[49] Anders als Suárez vertreten aber die Jesuiten-Kanonisten des 18. Jahrhunderts nicht die Auffassung, daß der Gesetzgeber selbst die Verpflichtung im Gewissen festlegen kann[50], vielmehr verpflichtet jedes Gesetz in gleicher Weise auch im Gewissen. Mit dieser Ansicht schließen sie sich also gegen Suárez der Lehre des Thomas an.

Aus der Unterscheidung zwischen weisender und zwingender Wirkung des Gesetzes ergibt sich für Zech zugleich, daß der Gesetzgeber selbst nicht einfachhin „legibus solutus" ist[51]. Durch die Zwangsgewalt kann er natürlich nicht betroffen sein, denn diese setzt ein Gegenüber von Zwangsunterworfenem und Zwangsausübendem voraus[52]. Wenn aber außer der zwingenden Gewalt eines Gesetzes auch eine weitere Gewalt besteht, die im Gewissen verpflichtet, so hat dies für den Gesetzgeber selbst zur Folge, daß er an den Inhalt eines von ihm erlassenen Gesetzes ebenfalls gebunden ist, sofern

[45] Vgl. ebd., S. 124.

[46] Vgl. ebd., S. 123.

[47] Vgl. ebd., S. 124.

[48] Ebd., S. 128, RNr. 38: „... nam transgressio legis humanae saltem mediate est transgressio legis Divini & Naturalis, subditos obligantis semper, ut Superiori legitime imperanti Deique vices gerenti obediant."

[49] *Stiegler,* Der kirchliche Rechtsbegriff 160.

[50] Vgl. ebd. 160f.; *Corecco,* Theologie des Kirchenrechts 42f. Allerdings vertrat noch Ehrenreich Pirhing SJ (1606–1679) die Ansicht, die Gewissensverpflichtung zur Befolgung des Gesetzes sei vom Willen des Gesetzgebers abhängig; vgl. *Pree,* Die evolutive Interpretation der Rechtsnorm 142.

[51] Daß der Herrscher seinen eigenen Gesetzen nicht unterliege, behaupteten die Vertreter des (weltlich-juristischen) Jus Publicum im 17. und 18. Jahrhundert; vgl. *Thassilo Unverhau,* Lex. Eine Untersuchung zum Gesetzesverständnis deutscher Publizisten des 17. und 18. Jahrhunderts, Diss. jur. Heidelberg 1971, 20f. 23.

[52] Vgl. Praec. S. 94, § 141.

dieses eine bestimmte Tugend verwirklichen soll[53]. Das gilt für den staatlichen und den kirchlichen Gesetzgeber in gleicher Weise[54], kann aber wohl nur als sittliche, nicht aber als rechtliche, d. h. einklagbare Verpflichtung angesehen werden.

Vitus Pichler ist in dieser Frage etwas zurückhaltender. Der Gesetzgeber wird durch seine eigenen Gesetze nicht verpflichtet, es sei denn aus einer gewissen Angemessenheit (decentia)[55]. In den folgenden Erläuterungen zu dieser These führt Pichler auch die Unterscheidung von weisender und zwingender Gewalt an, wobei er darauf hinweist, daß in diesem Zusammenhang unter weisender Gewalt nicht – wie er es sonst versteht – die juristische Schuld zu verstehen ist: „Wenn man unter ‚weisender Gewalt', wie es einige zu verstehen scheinen, nicht die Verpflichtungskraft versteht, die in Abhängigkeit von den Gesetzen des Gesetzgebers selbst entsteht, sondern nur eine natürliche Angemessenheit und Schicklichkeit (honestas), so lasse ich dies zu, daß er (scil. der Gesetzgeber) bezüglich der weisenden Gewalt verpflichtet werde."[56]

Während man bei Pichler das Bemühen spürt, den Gesetzgeber über seine eigenen Gesetze zu erheben, hatte schon Schmalzgrueber ohne weiteres die These vertreten, daß der Gesetzgeber naturrechtlich an seine eigenen Gesetze gebunden sei, „sofern sie einen allgemeinen, sowohl dem Gesetzgeber als seinen Untergebenen angemessenen Gegenstand betreffen"[57], d. h. sofern ein Gesetz nicht aus der Natur der Sache heraus nur die Untergebenen als solche betrifft. Zech nähert sich in der Beantwortung dieser Frage wieder der Argumentation Schmalzgruebers wie auch des Franz Suárez an, nach welchen der Gesetzgeber deswegen verpflichtet ist, die in seinen Gesetzen verwirklichte Tugend auch selbst zu erfüllen, weil er seine Gesetzgebungsgewalt von Gott hat[58].

Nicht ganz klar ist die Antwort Zechs auf die Frage, ob der Untertan auch dann dem rechtmäßigen Herrscher gehorchen muß, wenn dieser seine

[53] Vgl. Praec. S. 94f., §§ 141–142; ähnlich noch *Mörsdorf,* Lehrbuch des Kirchenrechts, Bd. I, 96f.: „Der Gesetzgeber steht über dem Gesetz, d. h. er kann es jederzeit aufheben oder abändern, aber er ist nicht frei vom Gesetz, d. h. er ist an das Gesetz irgendwie im Gewissen gebunden. Ist eine Körperschaft Gesetzgeber (z. B. Synode, autonome Körperschaft), so sind die einzelnen Glieder in ordentlicher Weise an die körperschaftlich gegebenen Gesetze gebunden. Ist ein Einzelner Gesetzgeber (Papst oder Oberhirt), so ist er insofern frei vom Gesetz, als gegen ihn kein Zwang zur Gesetzeserfüllung ausgeübt werden kann, aber er ist um des Gemeinwohles willen an die eigenen direktiven Normen gebunden."

[54] Vgl. Praec. S. 95f., § 143.

[55] *Pichler,* Candidatus Jurisprudentiae Sacrae, Bd. 1, S. 140, RNr. 47.

[56] Ebd., S. 141, RNr. 47.

[57] *Schmalzgrueber,* Jus Ecclesiasticum Universum, Bd. 1, S. 19, RNr. 36.

[58] Vgl. *Suárez,* De legibus III, Cap. 23.

Herrschaft mißbraucht. Eindeutig ist, daß einem Befehl dann nicht zu gehorchen ist, wenn er sich eindeutig gegen ein göttliches Gesetz richtet, worunter sowohl positives göttliches Recht als auch Naturrecht im engeren Sinne[59] zu verstehen ist. Ob aber einem Gesetz auch dann zu folgen ist, wenn es zwar dem Sinn des Herrschaftsverhältnisses widerspricht, aber göttliches Recht nicht verletzt wird, geht aus Zechs Ausführungen nicht deutlich genug hervor. Er zitiert zunächst Thomas von Aquin, nach welchem der Untergebene weder verpflichtet ist zu gehorchen, noch, nicht zu gehorchen, merkt dann aber an, daß der Ingolstädter Jurist Franciscus Zoannetus wegen dieser Ansicht Thomas vorgehalten habe, daß er die Treuepflicht der Untertanen zu gering einschätze. Vermutlich ist dies so zu verstehen, daß Zech sich der Ansicht des Thomas nicht anschließt, wie er ja auch lobend hervorhebt, daß Zoannetus eine theologische Erklärung dafür geboten hat, warum es ungerechte Herrscher gibt. Im Anschluß an Hosea 13,11 („Ich gab dir einen König in meinem Zorn.“) wird argumentiert: Der ungerechte König wurde dem Volk als Buße für seine Sünden gegeben; somit ist der Gehorsam gegen seine Gesetze ein Akt der Demut[60].

Mit der Erzwingbarkeit von Gesetzen hängt auch die Frage zusammen, ob es erlaubt ist, einen Herrscher zu töten, der einem Untertan unter ungerechter Gewaltanwendung nach dem Leben trachtet. Zech schließt sich hier (gegen Concina) der Ansicht seines Ordenskollegen Hermann Busenbaum an, daß die Tötung des Herrschers dem ungerecht bedrohten Untertan nur dann gestattet ist, wenn daraus nicht größeres Unheil entsteht, z. B. ein Krieg[61].

In diesem Zusammenhang stellt sich schließlich noch eine weitere Frage, nämlich ob es – abgesehen von der unmittelbaren Bedrohung mit dem Tode – dem Untertan erlaubt ist, einen Tyrannen zu töten, d. h. einen Herrscher, der unrechtmäßig zur Herrschaft gelangt ist. Hier weicht Zech wieder von der Lehre des Thomas ab, nach welchem der Tyrannenmord sogar eine lobenswerte Tat ist[62]. Indem er sich darauf beruft, daß die Professoren der Universität Ingolstadt schon immer so gelehrt hätten, lehrt Zech, daß Thomas in diesem Punkt nicht gefolgt werden könne[63]. Als Begründung für diese Ansicht läßt sich folgender Gedankengang vermuten: Die Tötung eines Menschen, in diesem Falle des Tyrannen, die

[59] Zur Erläuterung des Begriffs „Naturrecht im engeren Sinne“ siehe unten, S. 113.
[60] Vgl. De Jud. II, S. 406, § 328.
[61] Vgl. De Jud. II, S. 404 f., § 327.
[62] Vgl. *Thomas von Aquin*, In II Sent., dist. 44 a. 2 ad 5.
[63] Vgl. De Jud. II, S. 406–408, § 329.

zum Gemeinwohl des Staates erforderlich ist, ist Sache der öffentlichen Autorität und kann daher nicht einem Privatmann zugestanden werden.

Wenn Zwang notwendiges Kennzeichen jedes Gesetzes ist, dann muß jeder Gesetzgeber – also auch der kirchliche – im Besitz von Zwangsgewalt sein; und tatsächlich behauptet Zech dies sowohl vom Papst[64], als auch von den Bischöfen[65] und den Oberen von Ordensgemeinschaften[66]. Die Zwangsgewalt ist der Kirche von Christus selbst gegeben worden, „indem er den Aposteln die Gewalt gegeben hat zu binden und zu lösen“[67].

Was die Zwangsmittel angeht, geht Zech sogar so weit zu behaupten, daß ein Bischof eine bewaffnete Truppe und ein Gefängnis haben könne[68]. Diese Aussage Zechs ist nicht so zu verstehen, daß die deutschen Bischöfe, die er in seinem die deutschen Verhältnisse besonders berücksichtigenden Lehrbuch wohl vor allem im Blick hat, als Inhaber der weltlichen Gewalt – und nur als solche – Gefängnisse und Truppen unterhalten dürfen. Die besonderen Verhältnisse der deutschen Fürstbischöfe nennt er wenige Zeilen später und fordert, daß in diesen geistlichen Territorien die weltliche und die kirchliche Jurisdiktion sowie deren Gerichte und Vollzugsorgane getrennt sein müssen[69]. Er gesteht also dem Bischof als kirchlichem Oberen physische Zwangsmittel zu. Wenn Zech auf der anderen Seite aber das Anathem als das schwerste Zwangsmittel in der Kirche bezeichnet[70], ist das nicht so zu verstehen, daß er physische Zwangsmittel ausschließt, vielmehr schätzt er letztere geringer ein als das Anathem – dies vermutlich deshalb, weil das Anathem unmittelbar den Heilsstand des Christen betrifft. Die von Zech vertretene Ansicht, daß ein Bischof eine bewaffnete Truppe unterhalten könne, zeigt sehr deutlich, zu welchen erschreckenden Folgen es führen kann, wenn der Rechtsbegriff so eng mit dem Zwangscharakter – im Sinne einer physischen Erzwingbarkeit – verbunden und ununterschieden auf das staatliche und kirchliche Recht angewendet wird. Dies hängt aber eng damit

[64] Vgl. Hier. S. 140, § 163.

[65] Vgl. De Jud. II, S. 18, § 17.

[66] Vgl. Hier. S. 540, § 466.

[67] De Jud. II, S. 132, § 112.

[68] Vgl. De Jud. II, S. 18, § 17. Schon Anaclet Reiffenstuel hatte die Ansicht vertreten, ein Bischof könne auch zeitliche Strafen verhängen und zu ihrer Durchsetzung die Hilfe des weltlichen Arms anrufen; von einer eigenen bischöflichen Exekutive (Gefängnis und Heer) spricht dieser allerdings nicht; vgl. *Anaclet Reiffenstuel*, Jus Canonicum Universum, Bd. 1, Freising 1700, S. 507, RNr. 66; vgl. auch *Walf*, Das bischöfliche Amt 15. Die gleiche Ansicht wie Zech vertrat noch in neuerer Zeit *Germanus-Joseph Pellegrini*, Jus Ecclesiae Poenale, Bd. 1, Neapel 1962, 33–39; Bd. 2, Neapel 1965, 13, Anm. 5. Pellegrini trägt noch ausführlich Argumente für und gegen die Frage vor, ob die Kirche das Recht hat, die Todesstrafe und die Strafe der Verstümmelung zu verhängen, kommt allerdings zu einer verneinenden Antwort.

[69] Vgl. De Jud. II, S. 18f., § 17.

[70] Vgl. De Jud. I, S. 18, § 19.

zusammen, daß Zech die Kirche wie einen besonderen Staat versteht bzw. Kirche und Staat in gleicher Weise als vollkommene Gemeinschaften bezeichnet[71].

Die evangelische Kirchenrechtswissenschaft des 18. Jahrhunderts hatte den Gedanken einer kirchlichen Zwangsgewalt abgelehnt – wozu auch die Bezeichnung der Kirche als einer „societas aequalis" dienen sollte, die in den verschiedenen Theorien der evangelischen Kirchenrechtswissenschaft dieser Zeit im Vordergrund stand. „Die Kirche als gleiche Gesellschaft duldet nicht Fürsten und Herrscher, sondern lediglich Lehrer als Diener der Gemeinde; statt des Zwangs gilt in ihr die Liebe."[72] Auf diese Weise trat einerseits die Gewissensfreiheit des Einzelnen in den Vordergrund[73], andererseits aber konnte es auch zu einem Auseinandertreten von Rechtskirche und Liebeskirche, in letzter Konsequenz von Kirche und Recht kommen[74]. Faktisch konnte aber auch das evangelische Kirchenrecht nicht ganz ohne Zwangsgewalt auskommen[75]; diese wurde aber vom weltlichen Herrscher ausgeübt[76].

Eine Lösung des Problemzusammenhangs von Recht, Zwang und Kirche kann wohl nur dadurch gefunden werden, daß der Rechtsbegriff von dem Gedanken der physischen Erzwingbarkeit – zumindest im innerkirchlichen Bereich – befreit wird. Das Anathem muß in dem Sinne das schwerste Zwangsmittel der Kirche sein, daß es das letzte Mittel zur Sicherung der Rechtsordnung der Kirche ist; es ist erst dann anzuwenden, wenn alle anderen Mittel versagen, die auf dem Prinzip beruhen, daß der Betreffende die Ermahnung oder Bestrafung durch die kirchliche Autorität von sich aus annimmt.

Bezüglich des Geltungsbereiches kirchlicher Gesetze legt Zech im wesentlichen die gleichen Grundsätze wie Pichler dar: Die Zwangsgewalt wird in der Kirche im äußeren Rechtsbereich über alle Untergebenen ausgeübt, „auch gegen ihren Willen"[77]; Voraussetzung ist allerdings, daß sie sich des

[71] Siehe unten, S. 89–95.

[72] *Schlaich,* Kollegialtheorie 122; vgl. ebd. 82f. 270; *ders.,* Der rationale Territorialismus. Die Kirche unter dem staatsrechtlichen Absolutismus um die Wende vom 17. zum 18. Jh., in: ZSRG.K 54 (1968) 269–340, hier: 281f.; vgl. auch *Neumann,* Die Kirche und die kirchliche Gewalt 52.

[73] Vgl. *Schlaich,* Kollegialtheorie 123; *ders.,* Der rationale Territorialismus 282–284. Dies konnte aber auch zu einem individualistisch verengten Verständnis des Glaubens und zu einer Spiritualisierung der Kirche führen; vgl. *ders.,* Kollegialtheorie 169; *ders.,* Der rationale Territorialismus 284. 302–311.

[74] Vgl. *Neumann,* ebd. 54.

[75] Vgl. *Schlaich,* Kollegialtheorie 271.

[76] Zur theoretischen Begründung dieser widersprüchlich erscheinenden Lehre vgl. *ders.,* Der rationale Territorialismus 329f.

[77] Hier. S. 5, § 6: „... in subditos etiam invitos"; vgl. *Pichler,* Candidatus Jurisprudentiae Sacrae, Bd. 1, S. 139, RNr. 46.

Vernunftgebrauchs erfreuen[78]. „Untergebene" der Kirche sind alle Getauften; diese können auch nach menschlichem Gesetz zum Bekenntnis des Glaubens gezwungen werden. Nur die Protestanten werden hiervon ausgenommen, denn sie müssen aufgrund des Augsburger und des Westfälischen Friedens toleriert werden[79].

Trotz der deutlichen Betonung des Zwangscharakters kirchlicher Gesetze hat sich aber bei Zech auch – was die Geltung kirchlicher Gesetze angeht – noch der Rest einer „Anerkennungstheorie" gehalten. Während die Verbindlichkeit von Gesetzen in einer Zwangstheorie vor allem mit der Erzwingbarkeit und dem Über- und Unterordnungsverhältnis von Herrscher und Untertan begründet wird[80], zeichnen sich die verschiedenen Formen von Anerkennungstheorien dadurch aus, „daß eine irgendwie geartete Anerkennung bei Rechtsadressaten vorhanden sein müsse, um die Verbindlichkeit des Rechts zu legitimieren."[81] Im Sinne einer solchen Anerkennungstheorie vertritt Zech die Ansicht, daß die Annahme eines Gesetzes seitens der dem Gesetz Unterworfenen diesem die Dauerhaftigkeit hinzufügt, „weil ein nicht beachtetes Gesetz leicht außer Kraft gesetzt wird, wenn der Gesetzgeber es zuläßt."[82] Diese Lehre steht im vollen Einklang mit der anderer Kanonisten des 18. Jahrhunderts[83], sofern nicht aus der negativen Formulierung der zitierten Aussage („nihil addit, nisi perpetuitatem") abzulesen ist, daß Zech dies nur notwendigerweise zugeben muß, obwohl ihm lieber gewesen wäre, wenn die Annahme eines Gesetzes seitens der passiv gesetzesfähigen Gemeinschaft und die Frage der Geltung völlig unabhängig voneinander wären. Die zeitgenössischen Vertreter der weltlich-juristischen Schule des Jus Publicum lehnen eine Notwendigkeit des Konsenses der Untertanen für die Weitergeltung von Gesetzen völlig ab[84].

Insgesamt ist zu sagen, daß Zech in seiner Lehre vom Gesetz sicher stark von Suárez abhängig ist; er greift aber außerdem auch auf Thomas zurück – vor allem bei der Gesetzesdefinition – und bietet an einigen Stellen auch eigenständige Gedanken, die allerdings lediglich Gegenstände von unterge-

[78] Vgl. Praec. S. 91, § 135.

[79] Hierzu siehe weiter unten, S. 180–182.

[80] Vgl. *Richard Potz,* Die Geltung kirchenrechtlicher Normen. Prolegomena zu einer kritisch-hermeneutischen Theorie des Kirchenrechts, Wien 1978 (Kirche und Recht 15), 70.

[81] Ebd. 74f.

[82] Praec. S. 91f., § 135: „Tenentur autem Legibus omnes & soli subditi, rationis usu pollentes, etiam inviti; nam eorum acceptatio ad obligationem Legis nihil addit, nisi perpetuitatem, cum Lex non observata facile abrogetur, connivente Legislatore."

[83] Vgl. *Potz,* ebd. 124f.; *Geoffrey King,* The Acceptance of Law by the Community: A Study in the Writings of Canonists and Theologians, 1500–1750, in: The Jurist 37 (1977) 233–265, hier: 258–265 (zu Reiffenstuel, Pirhing, Domenico Viva, Prosper Lambertini).

[84] Vgl. *Unverhau,* Lex 83.

ordneter Bedeutung betreffen, z. B. die Zuordnung von Jus civile und Jus gentium. Nicht der Gesetzesbegriff des Suárez einfachhin ist die Grundlage für das kirchenrechtliche Denken der Jesuiten des 18. Jahrhunderts, sondern die Definition des Thomas von Aquin, die unter Berücksichtigung der Aussagen des Suárez interpretiert wird.

4. Die Auslegung des Gesetzes

Unter der Überschrift „De verborum significatione", die einem Titel des Dekretalenrechts entspricht, behandelt Zech die Fragen, die sich im Zusammenhang mit der Auslegung der Gesetze ergeben. „Außer den Wesensprinzipien, die dieses (scil. das Wesen) gleichsam als dessen Ursachen darstellen, gibt es in jeder Disziplin auch Erkenntnisprinzipien, durch die uns zum Erfassen einer Wissenschaft Anleitung und Hilfe geboten wird."[85] Entsprechend der Überschrift „De verborum significatione" geht Zech bei der Darstellung der Interpretationsregeln von Fachausdrücken des kanonischen Rechts aus und behandelt zunächst die Unterscheidung verschiedener Wortarten[86], dann des verschiedenen Wortgebrauchs[87]. Anschließend erläutert er einige Regeln zum rechten Verständnis der Worte, deren erste und grundlegende hier ausführlicher dargestellt werden soll.

Als Grundregel zum Verständnis kanonischer Gesetze formuliert Zech: „Die Worte sind zu verstehen gemäß dem Sinn und der Absicht dessen, der sie vorträgt, und ebenso entsprechend der zugrundeliegenden Materie und der Natur der Handlung oder des Vertrages; denn nicht Absicht und Sachverhalt haben den Worten zu dienen, sondern die Worte der Absicht und dem Sachverhalt."[88] Zech geht offensichtlich davon aus, daß Text und Bedeutung nicht einfachhin deckungsgleich sind; dieser Umstand macht eine Interpretation des Gesetzes erst notwendig[89]. Der Sinn einer Norm ergibt sich nach Zech also aus den verwendeten Worten, deren Sinn unter Berücksichtigung des Kontextes zu erheben ist[90], aus der Absicht des Gesetzgebers und dem zugrundeliegenden Sachverhalt, der Natur der Sache. Eine in sich

[85] Praec. S. 329, § 416.

[86] Zech nennt folgende Wortarten: zustimmende – verneinende, den Einzelnen betreffende (singulare) – wenige betreffende (particulare) – unbestimmte (indefinitum) – allgemeine (generale) – die Gesamtheit betreffende (universale) Worte.

[87] Eigentlicher – üblicher – mißbräuchlicher – juristischer Wortgebrauch.

[88] Praec. S. 333, § 420: „Verba accipienda sunt secundum mentem, & intentionem proferentis; item secundum subjectam materiam & naturam actus, vel contractus: cum non intentio, & res verbis, sed verba intentioni, & rei servire debeant."

[89] Ähnlich auch Reiffenstuel; vgl. *Pree,* Die evolutive Interpretation der Rechtsnorm 91 f.

[90] Vgl. Praec. S. 333 f., § 420.

widersprüchliche Norm regelt nichts[91], so daß in einem solchen Fall auf das gemeine Recht zurückgegriffen werden muß.

Ziel der Gesetzesinterpretation ist, den Sinn des Gesetzes zu erfassen. Dieser Sinn soll zwar durch die Worte ausgedrückt werden – deshalb muß die Interpretation vorrangig von den Worten ausgehen –, er ist aber in den Worten nicht einfachhin gegeben, so daß ihn jeder in jeder Situation erkennen müßte. Da die Gesetze zudem Zukünftiges regeln, ergibt sich die Notwendigkeit der Interpretation vor allem dann, wenn eine Angelegenheit eine Entscheidung verlangt, die vom Gesetzgeber nicht vorhergesehen und daher auch nicht geregelt wurde. In einem solchen Fall kann man auf die Rechtsregeln zurückgreifen[92]. Dabei sind aber zwei Gefahren zu meiden: Zum einen darf eine Rechtsregel nicht unbesehen von einer bestimmten Materie auf eine andere übertragen werden[93] – die Frage, wann eine solche analoge Anwendung einer Rechtsregel zulässig ist, dürfte wohl entsprechend der Natur der Sache zu beurteilen sein –, zum anderen dürfen bei der Anwendung einer Rechtsregel die Umstände der Personen, Orte und der Zeit nicht unberücksichtigt bleiben. Aus diesen beiden Einschränkungen ergeben sich nach Zech die Ausnahmen von der Regel, durch die einerseits die Regel erläutert, andererseits aber auch die Geltung der Regel im allgemeinen bestärkt wird[94]. Näher geht Zech auf die Frage der Rechtsregeln und ihrer Anwendung leider nicht ein, sondern verweist hierzu auf andere Autoren[95].

II. Der Kirchenbegriff

1. Communitas perfecta

Von Gesetzen kann eigentlich nur gesprochen werden, wenn die Gemeinschaft, an die sie sich richten, eine „vollkommene Gemeinschaft" ist. Als Beispiele für solche vollkommene Gemeinschaften nennt Zech: „Gesamtkirche, Reich, Provinz, Diözese, Stadt, religiöser Orden und militärisches Heer."[96] Was eine „communitas perfecta" ausmacht, erläutert Zech nicht ausdrücklich; aus seinen Erläuterungen über die Gewalt des Herrschers in einer solchen Gemeinschaft lassen sich aber einige Rückschlüsse ziehen.

[91] Vgl. Praec. S. 336, § 420.
[92] Vgl. Praec. S. 353, § 437: „Circa hanc igitur emergentes casus decidendi sunt secundum Regulam, si a Jure speciatim non sint decisi."
[93] Vgl. ebd.
[94] Vgl. Praec. S. 354f., § 438; ähnlich wiederum Reiffenstuel; vgl. *Pree*, ebd. 92.
[95] Vgl. Praec. S. 355f., § 439.
[96] Praec. S. 91, § 135.

Die Gewalt, die ein Familienvater über seine Familie innehat, ist lediglich eine „häusliche Gewalt“ (cura oeconomica vel dominativa), denn die Familie ist eine unvollkommene Gemeinschaft; die Gewalt, die ein Herrscher über eine vollkommene Gemeinschaft hat, ist eine „lenkende Gewalt“ (cura gubernativa), die auch uneingeschränkte Herrschaft heißt[97]. Auch Petrus und die übrigen Apostel hatten eine „potestas gubernativa“ über die Kirche[98]. Sogar für das Entstehen einer Rechtsgewohnheit ist nach Zech Voraussetzung, daß diese in einer vollkommenen Gemeinschaft entsteht, denn eine Gewohnheit erlangt unter bestimmten Voraussetzungen Gesetzeskraft; für eine Privatperson oder eine unvollkommene Gemeinschaft aber werden Gesetze im strengen Sinne nicht erlassen[99].

Die Begrifflichkeit, die Zech hier verwendet, findet sich auch bei Thomas von Aquin: „Wie ein Mensch Teil eines Hauses ist, so ist ein Haus Teil eines Staates (civitas); ein Staat aber ist eine vollkommene Gemeinschaft, wie im 1. Buch der Politik gesagt wird. Und daher: Wie das Wohl eines (einzelnen) Menschen nicht letztes Ziel, sondern dem Gemeinwohl zugeordnet ist, so ist auch das Wohl eines Hauses dem Wohl eines Staates zugeordnet, der eine vollkommene Gemeinschaft ist. Daher kann derjenige, der eine Familie leitet, zwar gewisse Vorschriften oder Anordnungen erlassen, allerdings nicht solche, die im eigentlichen Sinn den Charakter von Gesetzen haben.“[100] Hinter der Ausdrucksweise Zechs von der „communitas perfecta“ steht also aristotelisch-thomistisches Gedankengut, das offensichtlich so sehr bekannt ist, daß Zech auf eine Erläuterung dessen verzichten zu können meint, was mit diesem Begriff bezeichnet ist.

Thomas von Aquin bezieht den Begriff „communitas perfecta“ auf den Staat als „jene von der Natur vorgegebene Vergemeinschaftung (societas naturalis), die ihrem Begriff und Wesen nach eine übergeordnete Gemeinschaft nicht voraussetzt und deshalb – insoweit – *rechtlich vollkommen*

[97] Vgl. Praec. S. 72, § 101. Auch *Schmalzgrueber* sagt über den Gesetzgeber, daß er eine „potestas politica et Jurisdictionis“ innehabe, die von der „potestas dominativa“ unterschieden ist; letztere haben die Eltern bezüglich ihrer Kinder inne (Jus Ecclesiasticum Universum, Bd. 1, S. 6). Doch begegnet bei Schmalzgrueber hier nicht der Begriff der „communitas“ bzw. „societas perfecta“. Ähnlich auch *Pichler,* Candidatus Jurisprudentiae Sacrae, Bd. 1, S. 83, RNr. 4.

[98] Vgl. Hier. S. 136, § 158.

[99] Vgl. Praec. S. 282, § 370.

[100] *Thomas von Aquin,* STh I–II, q. 90 a. 3 ad 3: „Ad tertium dicendum quod, sicut homo est pars domus, ita domus est pars civitatis: civitas autem est communitas perfecta, ut dicitur in I Politic. Et ideo sicut bonum unius hominus non est ultimus finis, sed ordinatur ad bonum commune; ita etiam et bonum unius domus ordinatur ad bonum unius civitatis, quae est communitas perfecta. Unde ille qui gubernat aliquam familiam, potest quidem facere aliqua praecepta vel statuta; non tamen quae proprie habeant rationem legis.“ Thomas zitiert hier *Aristoteles,* I Polit. C. 1 n. 1 (1252 a 5 Bekker).

(perfecta) ist."[101] Wenn allerdings Zech unter den Beispielen neben Gesamtkirche und Reich auch Provinz, Diözese, Stadt, Orden und Heer nennt, steht das im Widerspruch zu der rechtlichen Vollkommenheit dieser Gemeinschaften, die ja auch die Unabhängigkeit von anderen, übergeordneten Gemeinschaften beinhaltet. Vermutlich ist der Begriffsgehalt von „communitas perfecta" bei Zech nicht ganz klar, und er nennt deshalb die erwähnten Beispiele, weil ja auch für Provinzen, Diözesen, Städte, Orden und Heer Gesetze erlassen werden.

Die Bezeichnung der Kirche als vollkommene Gemeinschaft erfordert auch, daß die Kirche im Besitz von Zwangsgewalt ist, weil dies zu den für eine solche vollkommene Gemeinschaft erforderlichen Mitteln zur Erreichung ihres Zieles gehört. Die Kirche kann als vollkommene Gemeinschaft bezeichnet werden, „weil sie alle Voraussetzungen für ihre Mission in sich birgt und isoliert für sich, unabhängig von anderen Gesellschaften, eben gewissermaßen als absolut selbständige und autonome Körperschaft zu bestehen vermag. Als vollkommene, unabhängige und mit allen erforderlichen Mitteln zur Erreichung ihres Zieles ausgerüstete Sozietät besitzt die Kirche nicht allein volle Gesetzgebungsgewalt, sondern ihr stehen auch sämtliche Mittel zur Gesetzesverwirklichung zu Gebote."[102] So paßt die schon von anderen Kanonisten der Gesellschaft Jesu vertretene Lehre von der Zwangsgewalt der Kirche auch zur Lehre von der Kirche als vollkommener Gemeinschaft[103]. Mit der Darstellung von Kirche und Staat als vollkommenen Gemeinschaften soll die rechtliche Unabhängigkeit beider voneinander, besonders aber der Kirche vom Staat aufgewiesen werden.

Aus der Bezeichung „communitas perfecta" ist übrigens nicht zu schließen, daß es hier um etwas anderes gehe als in der societas perfecta-Lehre, die nach Joseph Listl „die zentrale Aussage und den Schlüsselbegriff des Jus Publicum Ecclesiasticum der römischen Kanonistik des 19. und 20. Jahrhunderts" darstellt[104]. Eine Begriffsverschiedenheit von „communitas" und „societas" ist nicht zu erkennen, und an anderer Stelle nennt Zech die Kirche auch ausdrücklich eine „societas"[105], wenn auch nicht eine „societas per-

[101] *Listl,* Kirche und Staat 107; vgl. ebd. 109.

[102] *Friedrich Merzbacher,* Wandlungen des Kirchenbegriffs im Spätmittelalter. Grundzüge der Ekklesiologie des ausgehenden 13., 14. und 15. Jahrhunderts, in: ZSRG.K 39 (1953) 274–361, hier: 354f.

[103] Siehe oben, S. 80–82.

[104] *Listl,* Kirche und Staat 104; vgl. *Reinhold Schwarz,* Die eigenberechtigte Gewalt der Kirche, Rom 1974 (Analecta Gregoriana 196), 58–60; zur Umgestaltung des societas perfecta-Begriffs im 18. Jahrhundert vgl. noch *Gerhard Luf,* Neuzeitliche Freiheitsgeschichte und Kirchenrecht, in: Österreichisches Archiv für Kirchenrecht 30 (1979) 550–571, hier: 560.

[105] Vgl. Praec. S. 20, § 33.

fecta". Zwar greift Zech die ursprüngliche Begrifflichkeit des Thomas von Aquin auf, dennoch ist aber klar, daß die Lehre von der Kirche als vollkommener Gesellschaft, deren Wurzeln in die Scholastik zurückreichen[106] und die auch von Bellarmin[107] und Suárez[108] vertreten worden war, im gleichen Sinne wie in der späteren Schule des Jus Publicum Ecclesiasticum auch von Zech vertreten wird. Bei Schmalzgrueber und Pichler scheint allerdings die societas (communitas) perfecta-Lehre keine Rolle gespielt zu haben.

Wenn Zech die Lehre von der Kirche als vollkommener Gemeinschaft zugrundelegt, so hat dies auch Auswirkungen auf die Begründung der Notwendigkeit von Recht in der Kirche. Wenn die Kirche als „menschliche Gemeinschaft und Vereinigung"[109] betrachtet wird, ist die Notwendigkeit von Recht und Ordnung in dieser Gemeinschaft leicht einsichtig zu machen, denn jede andere menschliche Gemeinschaft bedarf ja ebenso einer rechtlichen Ordnung. Doch läuft diese Argumentation auf das naturrechtliche Prinzip hinaus: „ubi societas ibi ius", das allerdings von Zech selbst nicht zitiert wird. Vielmehr greift er in diesem Zusammenhang – ebenso wie der protestantische Territorialismus des 17. Jahrhunderts[110] – auf das Zitat aus dem Ersten Korintherbrief zurück: „daß alles in Anstand und Ordnung geschehen solle" (1 Kor 14,40)[111]. Doch vermag auch dieses dem Neuen Testament entommene Argument die Begründung der Notwendigkeit von Recht in der Kirche noch nicht auf eine theologische Ebene zu heben.

2. *Respublica Christiana*

a) Die Darstellung der Kirche als „Respublica"

Die ekklesiologischen Grundlagen der kirchenrechtlichen Lehre Zechs sind dadurch geprägt, daß er die Kirche mit dem Staat vergleicht, wie an seiner communitas perfecta-Lehre deutlich wird. Dieser Vergleich entspricht dem Anliegen Bellarmins und der diesem folgenden katholischen Apologetik, die im Gegensatz zur reformatorischen Lehre von der verborgenen Kirche die

[106] Vgl. *Merzbacher,* ebd. 354; *Schwarz,* ebd. 39–71.
[107] Vgl. *Merzbacher,* ebd. 361; *Arnold,* Die Staatslehre des Kardinals Bellarmin 327. 354f.
[108] Vgl. *Rommen,* Die Staatslehre des Franz Suarez 97–101. 245–248.
[109] Praec. S. 20, § 33.
[110] Vgl. *Martin Heckel,* Staat und Kirche nach den Lehren der evangelischen Juristen Deutschlands in der ersten Hälfte des siebzehnten Jahrhunderts, in: ZSRG.K 42 (1956) 117–247; 43 (1957) 202–308, hier: (1957) 252. 266.
[111] Praec. S. 20, § 33, mit Anm. 21.

Sichtbarkeit der Kirche unterstrichen hatte[112]. Einen Schritt weiter geht Zech aber, wenn er die Kirche wie ein staatliches Gemeinwesen betrachtet[113]. So begegnet in seinen Schriften wiederholt der Ausdruck „Respublica Ecclesiastica"[114] oder „Politia Ecclesiastica"[115], womit nicht etwa der Kirchenstaat gemeint ist[116], sondern die Kirche selbst. Auch wenn er von einer „Respublica Christiana"[117] spricht, meint er nicht einen „christlichen Staat", einen „staatlich-kirchlichen Gemeinverband ... mit einer das Staatliche und das Kirchliche umspannenden Gesamtverfassung"[118], sondern wiederum die Kirche selbst, wie sich aus der Gegenüberstellung von „Respublica Christiana" und „Respublica politica" ergibt[119].

Der Vergleich der Kirche mit dem Staat liegt nahe, wenn von den Quellen des Rechts die Rede ist, die ja für beide gleich sind: Gesetz und Gewohnheit[120]. Wenn aber Zech die Kirche als „Respublica" bezeichnet, geht er über die Ebene des Vergleichs hinaus. Hatte die communitas perfecta-Lehre einen gemeinsamen Oberbegriff für Kirche und Staat entwickelt, so war damit zugleich ausgesagt, daß sich Kirche und Staat als besondere Arten innerhalb dieser Gattung trotz der durch den Gattungsbegriff bezeichneten Ähnlichkeit durchaus auch unterscheiden. Wenn aber von der Kirche wie von einem Staat gesprochen wird, liegt darin die Gefahr einer zu starken Identifikation, die vor allem die Eigenheiten der Kirche zu wenig berücksichtigt.

b) Die Regierungsform der Kirche

Da Zech die Kirche wie ein staatliches Gemeinwesen ansieht, stellt sich verständlicherweise auch die Frage nach der Regierungsform dieses „Staates". Im Anschluß an Platon und Aristoteles können als Regierungsformen

[112] Vgl. *Heinz Brunner,* Der organologische Kirchenbegriff in seiner Bedeutung für das ekklesiologische Denken des 19. Jahrhunderts, Frankfurt – Bern – Las Vegas 1979 (Europäische Hochschulschriften, Reihe 23: Theologie 118), 53.

[113] Vgl. auch *Walf,* Das bischöfliche Amt 91: „Es fällt auf, daß er es nicht bei einem Vergleich zwischen Kirche und Staatsformen beläßt, sondern die Kirche wie ein staatliches Gemeinwesen schlechterdings sieht."

[114] Vgl. Hier. S. 134, § 157; S. 366, § 398.

[115] Vgl. Hier. S. 64, § 70.

[116] Vgl. *Walf,* ebd. 94, Anm. 2.

[117] Vgl. Praec. S. 372, § 455; Hier. S. 152, § 175.

[118] *Schlaich,* Kollegialtheorie 21; vgl. ebd. 78. 201. Dies ist die Auffassung mittelalterlicher Autoren; vgl. *Heckel,* Staat und Kirche (1957) 281 f.

[119] Vgl. De Jure Asyli, Corollarium I (nicht paginiert); vgl. auch Praec. S. 70 f., § 98. Übrigens meinte auch Martin Luther mit der Bezeichnung „Respublica Christiana" bzw. „Ecclesiastica" die christliche Kirche in der Welt; vgl. *Heckel,* ebd. 281.

[120] Vgl. Praec. S. 70 f., § 98; S. 272, § 362.

unterschieden werden: Monarchie, Demokratie und Aristokratie[121]. Aufgrund der besonderen Stellung des Petrus in der Urkirche entscheidet sich Zech dafür, die Regierungsform der Kirche als Monarchie zu beschreiben: „Wenn auch Christus das Haupt der Kirche ist und bleibt, hinterließ er doch in der ‚Respublica Christiana' eine wahre Regierungsform, nicht eine demokratische, nicht eine aristokratische, sondern eine monarchische im Hl. Petrus, den die übrigen Apostel und Gläubigen nach der Auferstehung Christi gleichsam als sichtbares Haupt verehrt haben."[122]

Die Aussage Zechs über die Stellung des Petrus hebt nur eine Seite hervor: seine besondere Aufgabe und Stellung im Apostelkollegium. Dennoch war Petrus auch in das Apostelkollegium und in die Urgemeinde eingebunden; seine Entscheidungen trafen nicht einfachhin auf gehorsame Befolgung, sondern wurden durchaus auch kritisiert. So berichtet Paulus, daß er Petrus zurechtgewiesen habe (Gal 2,11–14), und auch andere Gläubige forderten von Petrus Rechenschaft über sein Verhalten (vgl. Apg 11,2). Daß Petrus von vorneherein als das sichtbare Haupt der Kirche – sozusagen als der Monarch des Staates „Kirche" – anerkannt gewesen sei, ist trotz seiner besonderen Stellung unter den Jüngern Christi übertrieben.

Wenn Zech die Regierungsform der Kirche als monarchisch bezeichnet[123], geht dies einerseits über das hinaus, was im Neuen Testament über das Amt des Petrus gesagt wird, zum anderen aber auch über das, was Robert Bellarmin gelehrt hatte und was auch in einigen Lehrbüchern der Zeit nach Zech aufgegriffen wurde, daß nämlich die Kirche eine durch Aristokratie gemilderte Monarchie darstelle[124]. Die Interpretation der Regierungsform

[121] Vgl. *W. Conze,* Art. Aristokratie, Adel, in: Historisches Wörterbuch der Philosophie, Bd. 1, hrsg. v. *Joachim Ritter,* Darmstadt 1971, 505–508, hier: 505; *G. Bien,* Art. Demokratie I, in: Historisches Wörterbuch der Philosophie, Bd. 2, hrsg. v. *Joachim Ritter,* Darmstadt 1972, 50f.; *R. K. Hočevar,* Art. Monarchie, in: Historisches Wörterbuch der Philosophie, Bd. 6, hrsg. v. *Joachim Ritter † – Karlfried Gründer,* Darmstadt 1984, 126–130, hier: 126.

[122] Hier. S. 134, § 157: „Licet enim Christus sit & semper maneat Caput Ecclesiae, reliquit tamen in Republica Ecclesiastica veram formam regiminis, non Democraticam, non Aristocraticam, sed Monarchicam in S. Petro, quem reliqui Apostoli & Fideles post Christi Ascensionem tanquam Caput visibile venerati sunt." Vgl. auch *Walf,* Das bischöfliche Amt 94, der hervorhebt, daß „Zech seine Lehren auf das Ius Divinum gegründet sieht." Vgl. dazu Hier. S. 135, § 157: „Nos vero Iuri Divino & Institutioni Christi id adscribimus."

[123] Vgl. Praec. S. 73, § 104.

[124] Vgl. *Walf,* Das bischöfliche Amt 94–96; auch der zur Zeit Zechs lebende Historiker Ignaz Schwarz SJ nennt die Regierungsform der Kirche eine durch Aristokratie gemäßigte Monarchie; vgl. dazu *Harald Dickerhof,* Land, Reich, Kirche im historischen Lehrbetrieb an der Universität Ingolstadt (Ignaz Schwarz 1690–1763), Berlin 1973, 159. 161; allerdings war Schwarz nicht gleichzeitig mit Zech Professor in Ingolstadt. Im gleichen Sinne äußerten sich übrigens auch Barthel (vgl. *Frowein,* Primat und Episkopat 220) und später Riegger (vgl. *Schlaich,* Kollegialtheorie 117, Anm. 15).

der Kirche als einer monarchischen wird der alten synodalen Tradition in der Kirche und der Stellung der Bischöfe nicht gerecht – ein Aspekt, dem die Wendung „durch Aristokratie gemilderte Monarchie« Rechnung tragen sollte. Doch wird durch diese Verbindung von Monarchie und Aristokratie die ursprünglich strikte Unterscheidung von Monarchie und Aristokratie verwischt[125]; dies ist ein Zeichen dafür, daß diese alte Lehre von den Regierungsformen zumindest für die Darstellung der Kirchengewalt nicht ausreicht. Wahrscheinlich will Zech mit seiner hart klingenden Formulierung, daß die Kirche eine reine Monarchie darstelle, die Vollmacht des Papstes stärken und die Autorität der Bischöfe, auch der zum Konzil versammelten Bischöfe, als vom Papst abhängig behaupten – ein Anliegen, das sich vor allem gegen die episkopalistischen Tendenzen des 18. Jahrhunderts richten dürfte[126]. So hatte Febronius die Lehre, daß die Regierungsform der Kirche rein monarchisch sei, ausdrücklich abgelehnt und nur die von Christus gestiftete Ordnung der Urkirche als legitim angesehen[127]. Auch in der Auseinandersetzung mit Zech hielt er daran fest, daß der Papst keine rein monarchische Gewalt innehabe[128], ohne allerdings eine aristokratische oder demokratische Regierungsform der Kirche dagegenzusetzen; Febronius ließ sich also nicht darauf ein, die Gewalt in der Kirche mit den Mitteln der herkömmlichen Staatsphilosophie zu beschreiben.

Insgesamt kann man sagen, daß die Sprechweise von der „Regierungsform der Kirche" verfehlt ist. Der besondere Charakter kirchlicher Leitungsvollmacht als Dienst gegenüber der Gemeinde und gegenüber Christus ist mit den Kategorien „Monarchie", „Demokratie" und „Aristokratie" nicht zu erfassen[129].

[125] Auch im staatlichen Bereich kam es zu Theorien von monarchisch-aristokratisch gemischten Verfassungsformen; vgl. *Conze,* Art. Aristokratie, Adel 506.

[126] Siehe oben, S. 25. Nach dem protestantischen Territorialismus des 17. Jahrhunderts ist die Regierungsform der Kirche als Aristokratie zu bezeichnen; vgl. *Heckel,* Staat und Kirche (1957) 240–258.

[127] Vgl. *Volker Pitzer,* Justinus Febronius. Das Ringen eines katholischen Irenikers um die Einheit der Kirche im Zeitalter der Aufklärung, Göttingen 1976 (Kirche und Konfession 20), 45.

[128] Vgl. *Febronius,* De Statu Ecclesiae II, 136.

[129] Vgl. auch *Heckel,* Staat und Kirche (1957) 264. Auch evangelische Kirchenrechtler des 18. Jahrhunderts waren der Ansicht, es sei „absolut unnötig und ganz unnütz zu fragen, ob das Regiment der Kirche demokratisch, aristokratisch oder monarchisch zu sein habe"; vgl. *Schlaich,* Kollegialtheorie 270. Hinter dieser Ansicht steht allerdings die völlige Ablehnung von Gewaltausübung in der Kirche. Die Überzeugung, daß die Bezeichnungen aus der staatlichen Verfassungslehre für die kirchliche Ordnung unpassend seien, wird in der katholischen Kanonistik von Abt Martin Gerbert von St. Blasien aufgegriffen; vgl. *Peter Frowein,* Christocratia. Zu einem verfassungstheoretischen Begriff, in: AkathKR 145 (1976) 491–499 mit verschiedenen Korrekturen an der Darstellung durch *Walf,* Das bischöfliche Amt 98–100.

3. Corpus Christi mysticum

Neben den philosophischen Bezeichnungen „communitas perfecta" und „Respublica Christiana" zieht Zech als ekklesiologischen Grundbegriff den vom mystischen Leib Christi heran[130]. Das Theologumenon von der Kirche als dem Corpus Christi mysticum, das auf einer alten Tradition aufbaut[131], ist auch bei Robert Bellarmin[132] und Franz Suárez[133] bekannt. Da aber die Reformatoren diesen Begriff im Sinne der Lehre von der verborgenen Kirche verstanden und in Anspruch genommen hatten[134], trat er schon bei Bellarmin gegenüber einem veräußerlichten Kirchenbild zurück[135], das vor allem die Sichtbarkeit der Kirche („wie die Republik von Venedig"[136]) hervorhob[137]. So sagt Heinz Brunner über die Entwicklung in der katholischen Theologie der nachreformatorischen Zeit: „Der Gedanke von der Kirche als Corpus Christi mysticum verschwindet immer mehr auf katholischer Seite, zumindest was die theologisch-wissenschaftliche Seite anbelangt."[138] Zech scheint hier eine gewisse Ausnahme darzustellen, insofern er das Kirchenbild des Corpus Christi mysticum seinen Aussagen über das Kirchenrecht zugrundelegt, bevor dieser Bildbegriff bei einer breiteren Schicht von Theologen und

[130] Vgl. Hier. S. 5, § 6; S. 122, § 141.

[131] Schon Hugo von St. Viktor nennt die Kirche das Corpus Christi; vgl. *Hugo von St. Viktor*, De Sacramentis Christianae Fidei, lib. II, Pars II, cap. 2 (PL 176, 416 B/C): „Ecclesia sancta Corpus est Christi uno Spiritu vivificata, et unita fide una, et sanctificata." Vgl. hierzu *Merzbacher*, Wandlungen des Kirchenbegriffs 283 f. *Thomas von Aquin* spricht von der Kirche als einem corpus mysticum, dessen Haupt Christus ist, bzw. von dem corpus Christi (vgl. STh III, q. 8 a. 1–6); auch die Wendung „corpus Christi mysticum" begegnet bei ihm (vgl. STh III, q. 49 a 1 c.). Vgl. zum Ganzen noch *Thomas M. Käppeli*, Zur Lehre des Hl. Thomas vom Corpus Christi Mysticum. Mit einem kurzen Überblick über die wichtigsten Vertreter dieser Lehre vor Thomas von Aquin, Freiburg/Schweiz 1931, bes. 42–135.

[132] Vgl. *Arnold*, Die Staatslehre des Kardinals Bellarmin 327 f.; *Brunner*, Der organologische Kirchenbegriff 53.

[133] Vgl. *Rommen*, Die Staatslehre des Franz Suarez 246–248.

[134] Vgl. *Wilhelm Wagner*, Die Kirche als Corpus Christi mysticum beim jungen Luther, in: Zeitschrift für katholische Theologie 61 (1937) 29–98; *Brunner*, ebd. 51 f.

[135] *Brunner* (ebd. 54 f.) nennt dies ein „soziologisches" Kirchenbild.

[136] Vgl. ebd. 53.

[137] Die Sichtbarkeit der Kirche nachzuweisen, war das hauptsächliche Anliegen der katholischen Theologen des 16. Jahrhunderts gewesen; vgl. *Joseph Willen*, Zur Idee des Corpus mysticum in der Theologie des 16. Jahrhunderts, in: Catholica 4 (1935) 75–86.

[138] *Brunner*, ebd. 57; vgl. auch die Aussage von Joseph Timpe zur Situation des Kirchenrechts vor 1917: „Beherrschend ist der Begriff der societas perfecta; es wird allgemein die Bellarminsche Definition vorausgesetzt, während das Bild vom mystischen Leib Christi ein sehr kümmerliches Dasein fristet." *Joseph Timpe*, Das kanonistische Kirchenbild vom Codex Iuris Canonici bis zum Beginn des Vaticanum Secundum. Eine historisch-systematische Untersuchung, Leipzig 1978 (Erfurter Theologische Studien 36), 9.

Kanonisten wieder gebräuchlich wurde[139]. Manchmal erwähnt er diesen Begriff gleichsam selbstverständlich, an einer anderen Stelle benutzt er ihn für seine Argumentation und leitet daraus die Aussage ab, daß die Laien die Glieder dieses Leibes sind[140], an einer anderen Stelle wieder setzt er die Lehre vom Corpus Christi mysticum einfachhin voraus, wenn er Christus als das Haupt der Kirche bezeichnet[141].

Die Lehre von der Kirche als dem mystischen Leib Christi, die auf Paulus zurückgeht, hat in der Geschichte manche Wandlung durchgemacht, wobei im wesentlichen drei Phasen der Entwicklungsgeschichte unterschieden werden können: 1. Bei Paulus stand noch der Zusammenhang von Kirche und Eucharistie und die Einheit der Glieder des Leibes Christi im Vordergrund (vgl. 1 Kor 10,17)[142]. 2. Im Mittelalter kam es zu einer Verrechtlichung dieses Gedankens. „Corpus mysticum" wurde im selben Sinn verwendet wie „persona moralis" oder „persona iuridica"[143] und der Begriff „Corpus Christi mysticum" meinte nun die Kirche als Körperschaft – im Gegensatz zum „Corpus Christi verum", dem Leib Christi in den eucharistischen Gestalten. „Die früher für die Eucharistie übliche Bezeichnung ‚Corpus Christi mysticum' wird nun auf die Kirche übertragen ... Dabei verliert das ‚mystisch' den tieferen – sakramentalen – Sinn. Das Wort will dann im Grund darauf hinweisen, daß man von der Kirche als Leib im ‚übertragenen Sinn' sprechen kann, im Sinn einer Körperschaft."[144] 3. In der Theologie des 19. Jahrhun-

[139] Allerdings war der Bildbegriff vom Corpus Christi mysticum zu Zechs Zeiten nicht völlig unbekannt, auch Ignaz Schwarz verwendet ihn; vgl. *Dickerhof*, Land, Reich, Kirche 171.

[140] Vgl. Hier. S. 497, § 495.

[141] Vgl. Hier. S. 134, § 157.

[142] Zur Lehre des Paulus vgl. *Sebastian Tromp*, Corpus Christi quod est Ecclesia, Bd. I: Introductio generalis, Rom ²1946, 75–86. Zum Bezug zwischen Kirche und Eucharistie vgl. *Hans Conzelmann*, Der erste Brief an die Korinther, Göttingen ²1981 (Kritisch-exegetischer Kommentar über das Neue Testament ¹²5), 210–212; *Ulrich Wilckens*, Der Brief an die Römer, 3. Teilbd.: Röm 12–16, Zürich – Einsiedeln – Köln – Neukirchen-Vluyn 1982 (Evangelisch-Katholischer Kommentar zum Neuen Testament VI/3), 13. Auch in der Weiterentwicklung des ekklesiologischen Corpus-Christi-Gedankens im Kolosser- und im Epheserbrief steht der Gedanke der Einheit im Vordergrund. Die Verschiedenheit der Glieder ist demgegenüber eher als nebensächlich anzusehen; vgl. *Rudolf Schnackenburg*, Der Brief an die Epheser, Zürich – Einsiedeln – Köln – Neukirchen-Vluyn 1982 (Evangelisch-Katholischer Kommentar zum Neuen Testament X), 306–309, hier bes. 308f.

[143] Vgl. *Henri de Lubac*, Corpus mysticum. Kirche und Eucharistie im Mittelalter, Einsiedeln 1969, 127–147; *Winfried Aymans*, „Volk Gottes" und „Leib Christi" in der Communio-Struktur der Kirche, in: Trierer Theologische Zeitschrift 81 (1972) 321–334, hier: 328, vor allem Anm. 31 und 32 mit weiteren Nachweisen; vgl. auch *Anton Bodem*, Das Wesen der Kirche nach Kardinal Cajetan. Ein Beitrag zur Ekklesiologie im Zeitalter der Reformation, Trier 1971 (Trierer Theologische Studien 25), 114; *Brunner*, Der organologische Kirchenbegriff, bes. 21–63.

[144] *Heinrich Fries*, Wandel des Kirchenbildes und dogmengeschichtliche Entfaltung, in: Mysterium Salutis. Grundriß heilsgeschichtlicher Dogmatik, Bd. IV/1: Das Heilsgeschehen in

derts schließlich wurde das Theologumenon vom Corpus Christi mysticum – nach einer längeren Zeit, in der es kaum noch eine Rolle spielte – neu belebt, wobei das Attribut „mystisch“ im Sinne der „neuzeitlichen Innerlichkeitsmystik“[145] verstanden wurde. Das Adjektiv „mystisch“, das nun von „Mystik“ abgeleitet wurde, bezeichnete vor allem die mystische, nur im Glauben zu erkennende Verbindung des Hauptes, Christi, mit seinem Leib, der Kirche, seinen realen, aber geheimnisvollen Einfluß auf die Kirche. Dieses Denken ist Zech natürlich noch fremd; er greift auf das mittelalterliche organologische Verständnis zurück, das die Kirche als eine organische Einheit in Analogie zum menschlichen Leib verstand und mit dem Bildbegriff vom Corpus mysticum den Körperschaftscharakter der Kirche meinte.

In den Praecognita Juris Canonici verweist Zech auf die Quellen für das Bild vom mystischen Leib Christi: Röm 12,4f. und 1 Kor 12,22f.; dieselben Belege nennt auch Thomas von Aquin an einer entsprechenden Stelle in seiner Summa theologiae[146]. Zugleich versucht Zech, den Bildbegriff vom Corpus Christi mysticum für die Begründung der Notwendigkeit von Gesetzen in der Kirche heranzuziehen: „Denn die Kirche besteht, nach dem Zeugnis desselben Apostels, wie ein im höchsten Maße geordneter Leib aus Gliedern, die nicht dieselbe Tätigkeit ausüben; diese (Glieder) in geeigneter Weise zusammenzuhalten, ist die Aufgabe des Gefüges von Gesetzen, die jedem Glied seine Pflichten und Funktionen zuweisen.“[147]

Der Vergleichspunkt zwischen dem Bild vom Leib und der Kirche, den Zech für diese Argumentation heranzieht, liegt nur in der Zuordnung und Verschiedenheit der Glieder, vornehmlich in der Verschiedenheit und Zuordnung von Klerikern und Laien[148]. Die Kirche benötigt eine Rechtsord-

der Gemeinde, hrsg. v. *Johannes Feiner – Magnus Löhrer,* Einsiedeln – Zürich – Köln 1972, 223–285, hier: 242f.

[145] Vgl. *Aymans,* „Volk Gottes“ und “Leib Christi“ 328.

[146] Vgl. *Thomas von Aquin,* STh III, q. 8 a. 1 c.

[147] Praec. S. 20, § 33: „Nam Ecclesia, eodem Apostolo teste, tanquam ordinatissimum Corpus diversis constat membris, non eundem actum habentibus, ad quae apte continenda opus est compage Legum, quae sua cuique Membro officia & functiones describant.“

[148] Wie bei Zech zeigt sich später auch bei Klaus Mörsdorf, daß der Bildbegriff vom Leib Christi einem vorwiegend hierarchischen Verständnis der Kirche offensteht, wobei das zugrundeliegende gemeinsame Glied-Sein leicht übersehen wird; vgl. *Klaus Mörsdorf,* Das konziliare Verständnis vom Wesen der Kirche in der nachkonziliaren Gestaltung der kirchlichen Rechtsordnung, in: Zehn Jahre Vaticanum II, hrsg. v. *Andreas Bauch – Alfred Gläßer – Michael Seybold,* Regensburg 1976, 58–74, hier: 60f.; vgl. hierzu die Kritik von *Alfred Gläßer,* Zur Theologie von Sittlichkeit und Recht, in: Recht und Sittlichkeit, hrsg. v. *Johannes Gründel,* Freiburg/Schweiz – Freiburg i. Brsg. – Wien 1982 (Studien zur Theologischen Ethik 10), 72–111, hier: 108.

nung, weil sie eine Körperschaft ist[149]. So fällt auch auf, daß die von Zech angegebenen Belegstellen aus dem Römer- und dem Ersten Korintherbrief nur die Verschiedenheit der Glieder betreffen, nicht aber den Gedanken, den Paulus mit der Verwendung dieses Bildes eigentlich anzielte: die Einheit der Glieder, die durch die eucharistische Einheit bewirkt werden soll. Nur einen Nebenaspekt der paulinischen Lehre vom Leib Christi wertet Zech für seinen Versuch einer Begründung der kirchlichen Rechtsordnung aus – hiermit steht er aber in einer Tradition, die im Bild des Corpus mysticum hauptsächlich die Vereinigung der verschiedenen Glieder angesprochen sieht, zu deren Vertretern auch Thomas von Aquin zählt[150]. In der Tradition dieses Verständnisses war es auch möglich, den Bildbegriff des Corpus mysticum auf den Staat anzuwenden[151].

Insgesamt ist als Ergebnis festzuhalten, daß für Zech die philosophischen Grundlagen entscheidend sind und seine Darstellung des Kirchenrechts mehr prägen als die Lehre von der Kirche als dem Corpus Christi mysticum. Dieser Bildbegriff scheint sogar eher von den philosophischen Ausgangspunkten Zechs her ausgewählt und interpretiert worden zu sein, denn er ist dazu geeignet, in Übereinstimmung mit der Lehre von der Kirche als „communitas perfecta" und als „Respublica Christiana" gebracht zu werden und diesen Begriffen philosophischer Herkunft eine theologisch erscheinende Komponente hinzuzufügen. Die Bezeichnung „Corpus Christi mysticum", im Sinne von „Körperschaft" verstanden, erweist sich so eigentlich nicht als theologisch, sondern als philosophisch bestimmt.

III. Exkurs: Zechs Stellung zum Jus Publicum Ecclesiasticum

Vielleicht die bedeutendste kanonistische Schule des 18. Jahrhunderts, die noch bis zur Zeit des II. Vatikanischen Konzils nachwirkte, ist die Schule des Jus Publicum Ecclesiasticum, die in der ersten Hälfte des 18. Jahrhunderts im Kreis der Schüler Johann Caspar Barthels ihren Anfang nahm („Würzburger Schule"). Zu deren Anliegen gehörte – in Anlehnung an die weltlich-juristische Disziplin des Jus Publicum – zunächst die Unterscheidung des Kirchenrechts in ein öffentliches und ein privates Recht, dann aber auch – im

[149] Ebenso wie bei dem bereits erwähnten Ignaz Schwarz (vgl. *Dickerhof*, Land, Reich, Kirche 171, Anm. 92) wird auch bei Zech das Bild vom Corpus Christi mysticum rechtlich verstanden.

[150] Vgl. *Thomas von Aquin*, STh III, q. 8 a. 1 c.; q. 49 a. 1 c.

[151] Vgl. *Faller*, Die rechtsphilosophische Begründung 66–68; *Klug*, Die Rechts- und Staatslehre des Franciscus Suarez 67f.

Rahmen des öffentlichen Kirchenrechts – der Versuch einer Begründung der eigenberechtigten Gewalt der Kirche. Als Zentralbegriff dieser Begründung des Kirchenrechts tritt der Begriff der „societas perfecta" in den Vordergrund, ein Begriff, der mit den philosophischen und ekklesiologischen Grundlagen des kirchenrechtlichen Denkens Zechs übereinstimmt.

Wie hat sich Zech zu der in seiner Zeit aufkommenden neuen kanonistischen Schule gestellt? Hat er ihre Ansichten gelten lassen oder gar übernommen oder hat er in irgendeiner Weise Kritik an ihnen geübt? Diese Frage ist um so interessanter, als mit Johann Adam von Ickstatt ein Anhänger dieser kirchenrechtlichen Schule an die Juristische Fakultät gekommen und somit ein Fakultätskollege Zechs geworden war.

Unter dem Titel „Über die Einteilungen des kanonischen Rechts" handelt Zech unter anderem ausdrücklich über die Unterscheidung von öffentlichem und privatem Recht in der Kirche. Er schickt zunächst die Definition von Georg Christoph Neller voraus und erweitert sie, indem er einige Beispiele für Gegenstände des öffentlichen und des privaten Kirchenrechts nennt: „Öffentliches Recht wird genannt, was die Stellung (oder: die Verfassung) der Kirche und die damit verbundenen Tätigkeiten ordnet, z. B. wenn gehandelt wird über die Wahl der Bischöfe, über die Zeit für die Weihen, über Unterordnung und Gehorsam, über die Abhilfe bei Untätigkeit der Oberen usw. Privates Recht betrifft die Fälle Einzelner, z. B. Verträge, Testamente, Verjährung und Ersitzung usw."[152] Hieran schließt Zech seine Stellungnahme zu dieser Unterscheidung an: „Da es im Interesse unserer Hörer liegt, die Kenntnis dieses Rechts, des öffentlichen und des privaten, zugleich und mit einer einzigen Bemühung zu erlangen, und da diese Gegenstände im Corpus Juris untereinander vermischt sind, so ist bislang keine zwingende Notwendigkeit aufgeschienen, sie in öffentlichen Schulen voneinander zu trennen."[153] Zech lehnt also eine gesonderte Darstellung von öffentlichem und privatem Recht in den Kollegien wie auch in seinem Lehrbuch aus zwei Gründen ab: Zum einen sind diese Gegenstände auch im Corpus Juris Canonici miteinander verbunden und das Corpus Juris Canonici ist die Grundlage für die Lehre des kanonischen Rechtes; zum anderen

[152] Praec. S. 29, § 47; vgl. *[Georg Christoph Neller],* Principia Juris Publici Ecclesiastici Catholicorum 2; vgl. hierzu *Listl,* Kirche und Staat 15.

[153] Praec. S. 29, § 47: „Jus *Publicum* dicitur, quod ordinat Statum Ecclesiae, & negotia illi connexa, uti quando agitur de Electione Episcoporum, de temporibus Ordinationum, de supplenda negligatione Praelatorum &c. Jus *Privatum* versetur circa Causas singulorum, ut circa Contractus, Testamenta, Praescriptiones &c. Cum Auditorum nostrorum intersit, utriusque hujus Juris, Publici & Privati, notitiam simul, unaque opera haurire: hinc sicuti in Corpore Juris materiae istae inter se permistae sunt; ita urgens causa hucusque non apparuit, ut in Publicis Scholis ab invicem separentur."

aber brächte eine gesonderte Darstellung des öffentlichen und des privaten Kirchenrechts einen größeren Arbeitsaufwand für die Studenten mit sich. Er lehnt also die Gliederung des Kirchenrechts in Jus publicum und Jus privatum nicht so sehr aus sachimmanenten[154] als vielmehr aus methodisch-didaktischen Gründen ab, „ohne die Möglichkeit zu einer solchen Trennung zu leugnen“[155]. Im 18. Jahrhundert ist Zech nach dem Urteil von Alberto de la Hera und Charles Munier der hauptsächliche Gegner dieser Unterscheidung[156].

Mit dieser Stellungnahme Zechs ist aber noch keineswegs alles darüber gesagt, wie er zum Jus Publicum Ecclesiasticum steht, denn ein Durchblick durch seine Schriften zeigt, daß er tatsächlich doch mit der Unterscheidung von öffentlichem und privatem Recht arbeitet[157], wenn sie auch nicht die Anlage seines Lehrbuchs prägt. So bringt Zech die Unterscheidung von (kirchlichem) Zivil- und (kirchlichem) Strafprozeß mit dem Unterschied von öffentlichem und privatem Recht in Verbindung, insofern Zivilprozesse den privaten Nutzen betreffen und in Strafprozessen der öffentliche Strafanspruch zum Tragen kommt[158]. Allerdings gilt diese Zuordnung nicht ausschließlich, da ja auch bei einem Zivilprozeß das öffentliche Interesse berührt sein kann, und zwar dann, wenn ein Zivilprozeß eines einzelnen Christen gegen einen Vertreter der kirchlichen Autorität geführt wird; auf der anderen Seite ist das private Wohl z. B. bei einem Strafprozeß wegen ehrverletzender Delikte mit im Spiel.

Die Unterscheidung von öffentlichem und privatem Kirchenrecht begegnet auch in den Corollarien, die der Dissertation Zechs über das Asylrecht beigefügt sind; hier sind die Corollarien XI bis XX überschrieben: „Ex Jure Canonico Publico“ und die Corollarien XXI bis XXX: „Ex Jure Canonico Privato“[159]. Die hier angeführten Thesen sind nach der von Neller übernommenen Unterscheidung dem öffentlichen bzw. dem privaten kanonischen Recht zugeordnet worden. Beispielsweise behandeln die aus dem Bereich des öffentlichen Kirchenrechts stammenden Thesen das Verhältnis der Fürsten

[154] So: *Listl*, Kirche und Staat 26.

[155] *Alberto de la Hera – Charles Munier*, Le Droit Public Ecclésiastique a travers ses définitions, in: Revue de Droit Canonique 14 (1964) 32–63, hier: 44, Anm. 35.

[156] Vgl. ebd.

[157] Vgl. z. B. Hier. S. 55, § 59.

[158] Vgl. De Jud. I, S. 2, § 2.

[159] Vgl. De Jure Asyli, Corollaria (nicht paginiert). Die den Dissertationen beigefügten „Corollaria“ sind „faßliche Streitsätze für die mündliche Disputation“ (*Horn*, Die Disputationen und Promotionen an den Deutschen Universitäten 86). Bei der inhaltlichen Auswertung solcher Thesen ist aber deren „Sitz im Leben“ zu berücksichtigen, insofern damit gerechnet werden muß, daß die Corollaria überspitzt formuliert sind, um deren Verteidigung für den Kandidaten zu erschweren.

zur Kirche, die Bischofswahl und andere Fragen des Ämterbesetzungs- und des Patronatsrechts.

Zechs Schüler und Nachfolger Christoph Ueblacker geht in der Aufnahme der Unterscheidung von öffentlichem und privatem Kirchenrecht noch weiter und legt in seinem Conspectus Juris Ecclesiastici auch bei der Darstellung der kirchlichen Rechtsgeschichte diese Unterscheidung zugrunde, indem er den Titel über die alten Canonessammlungen dem privaten und die Titel über die Concordata Nationis Germanicae und über die Religionsfrieden dem öffentlichen Kirchenrecht zuweist. Dies ist zwar sicher nicht der Sache entsprechend, da sowohl in den alten Canonessammlungen als auch in den Konkordaten und Religionsfrieden Materien aus beiden Bereichen des kirchlichen Rechts geregelt werden, doch zeigt sich hier der zunehmende Einfluß der Würzburger Schule.

Was die Stellung Zechs zur Schule des Jus Publicum Ecclesiasticum angeht, ist noch zu bemerken, daß er in dem Titel über die wichtigsten Autoren zum kanonischen Recht[160] keinen Vertreter dieser Schule nennt. Das ist aber schon dadurch zu erklären, daß die einzige umfangreichere Schrift zum Jus Publicum Ecclesiasticum, die noch zur Zeit von Zechs Lehrtätigkeit veröffentlicht worden ist, Nellers anonym erschienene „Principia Iuris Publici Catholicorum“, von der Theologischen Fakultät der Universität Ingolstadt und kurz darauf auch von der römischen Index-Kongregation verboten worden war.

Eindeutig ergibt sich aber, daß die Frage, ob der Lehrstoff des kanonischen Rechts nach dem Schema „öffentlich-privat“ gegliedert werden kann, für Zech mit der Lehre von der Kirche als communitas bzw. societas perfecta nichts zu tun hat. Die Verbindung dieser beiden Fragenbereiche ist zur Zeit Zechs noch nicht gegeben und hat sich erst in der weiteren Entwicklung der Disziplin des Jus Publicum Ecclesiasticum, vor allem in der römischen Schule des 19. Jahrhunderts[161], allmählich ergeben.

[160] Vgl. Praec. S. 357–372, §§ 440–455.
[161] Vgl. *Listl,* Kirche und Staat 104.

B) Kirchenrecht und Kirchenrechtswissenschaft

Zu den grundlegenden Fragen der Kirchenrechtslehre gehören auch die Gedanken, die Zech sich über das Wesen der von ihm vertretenen Disziplin, der Kirchenrechtswissenschaft, und über deren Gegenstand, die kirchliche Rechtsordnung, sowie über das Studium des Kirchenrechts macht. Es handelt sich hier also – mit modernen Begriffen gesagt – um wissenschaftstheoretische und didaktische Fragen, wozu aber auch Fragen der Rechtsquellen- und Interpretationslehre hinzukommen. Diese propädeutischen Fragen sind hauptsächlich Gegenstand von Zechs Praecognita Juris Canonici; sie gehören zu den Grundkenntnissen, die Zech den Studenten vermittelte, bevor er zur Darstellung der einzelnen Rechtsmaterien überging. Dies zeigt, daß Zech eine Darstellungsweise befolgte, die vom Allgemeinen zum Speziellen voranschritt, und daß Zech der Ansicht war, daß eine solche Methode nicht nur der Sache angemessen sei, sondern auch für die Lehre bzw. das Studium den besten Weg darstelle. So hatte ja auch schon Thomas von Aquin die Ansicht vertreten, daß die Ordnung, die sich aus den Gegenständen der Theologie innerlich ergebe, auch für das Studium am besten geeignet sei: der Weg vom Allgemeinen zum Besonderen[162]. Diese Ansicht teilt offensichtlich auch Zech, wobei er in Kauf nehmen muß, daß er von Fragen von einem höheren zu solchen von niedrigerem theoretischem Niveau übergehen muß.

Mit den Namen „Jus Canonicum“, „Jus Ecclesiasticum“ usw. bezeichnet Zech zweierlei: das kanonische Recht als kirchliche Rechtsordnung und die Wissenschaft von diesem Recht. So spricht er ununterschieden von der Rechtsordnung und der Rechtswissenschaft. Dies fällt umso mehr auf, als Schmalzgrueber und Pichler sehr ausführlich die Mehrdeutigkeit des Wortes „Recht“ dargestellt hatten. So bedeutet die Bezeichnung „kanonisches Recht“ nach Schmalzgrueber dreierlei: „Dieser Name wird üblicherweise drei Gegenständen zuerteilt: Der Wissenschaft, die dieses Recht lehrt bzw. sich darauf versteht, den kirchlichen Gesetzen und Regeln selbst und schließlich dem Buch, bzw. – wie der allgemeine Sprachgebrauch sagt – dem Corpus, in dem diese Gesetze und Regeln enthalten sind.“[163] Pichler nennt sogar fünf verschiedene Bedeutungen des Wortes „Recht“: Den Gerichtsort, das Urteil, die Rechtswissenschaft,

[162] Vgl. *Thomas von Aquin,* STh I, Prologus.

[163] *Schmalzgrueber,* Jus Ecclesiasticum Universum, Bd. 1, Dissertatio prooemialis, S. 52, RNr. 230.

das Gesetz und schließlich die Vollmacht etwas zu tun, bzw. die Möglichkeit, einen anderen zu verpflichten, etwas zu tun oder zu unterlassen[164]. Der bei Zech vorliegende Wortgebrauch ist somit weniger klar und eindeutig, allerdings herrscht bei ihm die Bedeutung der Bezeichnung „kanonisches Recht" im Sinne der kirchlichen Rechtsordnung vor. Es ist somit bei der Darstellung seiner Ansicht darauf zu achten, ob er von der kirchlichen Rechtsordnung oder von der Kirchenrechtswissenschaft spricht.

I. Die kirchliche Rechtsordnung

1. Definition

Zech gibt zwei Wesensumschreibungen der kirchlichen Rechtsordnung, zunächst eine knappe Umschreibung, dann eine ausführliche Definition, die auf Lancelotti zurückgeht[165] und in leichter Abwandlung häufig zitiert wurde[166]: „Hiernach kann das kanonische Recht kurz definiert werden als System heiliger Gesetze. In einer umfassenderen Beschreibung aber wird es genannt: Ein positives Recht, das aus göttlichen Schriften und den Regeln der alten Väter bezüglich der Dinge, die zum Gottesdienst und zur Religion gehören, von den Päpsten der katholischen Kirche überliefert, aufgerichtet oder bestätigt worden ist zur rechten Verfassung von Glauben und Sitten unter den Christen."[167] Gegenüber der von Schmalzgrueber und Pichler wiedergegebenen Fassung der Definition Lancelottis[168] fällt bei Zech vor allem die klare Unterscheidung von Gegenstandsbereich und Ziel des kanonischen Rechts auf. Er fügt gegenüber seinen Vorgängern die Quellen des Kirchenrechts in die Definition ein, um auf diese Weise später die Unter-

[164] *Pichler,* Candidatus Jurisprudentiae Sacrae, Bd. 1, S. 4, RNr. 1; ähnlich auch *Schmalzgrueber,* ebd. S. 2f., RNr. 3–8: Jus = justum, Gerichtsort, Urteil, Rechtsanspruch, Jurisprudenz, Gesetze.

[165] *Giovanni Paolo Lancelotti,* Institutiones Juris Canonici, Lib. I, Tit. 1, Lyon 1584, S. 8f.

[166] Vgl. *Udo Wolter,* Ius Canonicum in Iure Civili. Studien zur Rechtsquellenlehre in der neueren Privatrechtsgeschichte, Köln – Wien 1975 (Forschungen zur neueren Privatrechtsgeschichte 23), 136f. mit Anm. 552.

[167] Praec. S. 13, § 21.

[168] Vgl. *Schmalzgrueber,* ebd. S. 52, RNr. 232: „... Jus positivum, quod a Summis Pontt. constitutum, vel approbatum, Ecclesiae traditum, fideles proxime ad cultum Divinum, Pacem, & Justitiam Christianam conservandam; ultimato autem ad aeternam beatitudinem, tanquam ultimum finem, consequendum dirigit." Vgl. *Pichler,* ebd. S. 36, RNr. 32: „... Jus positivum a summis Pontificibus Ecclesiae catholicae nomine traditum, vel constitutum, vel approbatum, quo actiones & mores Christianorum ad Cultum Divinum, ad ordinem politicum in Statu Ecclesiastico, ad pacem & Iustitiam in populo fideli conservandam et augendam, ultimate vero ad finem supernaturalem aeternae beatitudinis diriguntur."

scheidung von causa materialis und causa formalis der kanonischen Gesetze durchführen zu können.

In Abgrenzung zum weltlichen Recht definiert Zech das kanonische Recht durch die Nennung von „genus proximum“ und „differentia specifica“, also in der Art der scholastischen Definitionslehre. Im Gattungsbegriff stimmt das kanonische mit dem weltlichen Recht überein, beide Rechtsordnungen sind positives Recht, also nicht reines Naturrecht. „Alles übrige zielt darauf ab, diese Wissenschaft von anderen zu unterscheiden, und umfaßt die Ursachen des kanonischen Rechts und den Gegenstand (subjectum), um den es sich handelt.“[169] Das von Zech angeführte Schema von Ursachen und Gegenstand als unterscheidendes Merkmal des kanonischen gegenüber dem weltlichen Recht ist allerdings mit den beiden zitierten Definitionen nicht ohne weiteres in Übereinstimmung zu bringen; beide sind in gewisser Hinsicht unzulänglich und bedürfen der Korrektur durch die andere. Hierbei ist die zweite Definition ergiebiger. Sie nennt zunächst den Gattungsbegriff: „positives Recht“. Danach wird die differentia specifica des kanonischen Rechts genannt: 1. die causa materialis, die Quellen des kanonischen Rechts, nämlich göttliche Schriften und Regeln der Kirchenväter[170], 2. das „subjectum“, also der Gegenstand des kanonischen Rechts, das ist alles, was zum Gottesdienst und zur Religion gehört[171], 3. die causa efficiens, die Päpste als die kirchlichen Gesetzgeber[172], und 4. die causa finalis, die rechte Ordnung in Glaubens- und Sittenfragen[173]. Es fehlt hier allerdings noch ein Element, nämlich die Causa formalis, die als komplementär zur causa materialis angesehen werden muß; dies ist der Umstand, daß das Kirchenrecht in der Form von Gesetzen und Rechtsgewohnheiten vorliegt[174]. Dieses Element kann man in der ersten kürzeren Definition angesprochen sehen, in der das Kirchenrecht als System heiliger Gesetze bezeichnet wird. In dieser Definition wird also nur der Gegenstand des kanonischen Rechts, das Heilige, und ein Teil der causa formalis („Gesetze“)[175] angesprochen.

[169] Praec. S. 13, § 22.
[170] Vgl. Praec. S. 13f., § 23.
[171] Vgl. Praec. S. 16f., § 26.
[172] Vgl. Praec. S. 14, § 24.
[173] Vgl. Praec. S. 15, § 26.
[174] Vgl. Praec. S. 14f., § 25.
[175] Vermutlich sieht Zech die Gesetze im Vergleich mit der Rechtsgewohnheit als die wichtigere Rechtsquelle an, was sich auch darin äußert, daß er bei der Behandlung von Gegenstand und Wirksamkeit der Rechtsgewohnheit auf die entsprechenden Abschnitte verweist, an denen er diese Fragen bezüglich des Gesetzes behandelt hatte; vgl. Praec. S. 276, § 366.

2. *Bezeichnungen*

Zur Bezeichnung des kanonischen Rechts führt Zech nebeneinander vier Benennungen an, die nach seiner Ansicht gleichbedeutend sind: „Dieses Recht wird mit verschiedenen Namen bezeichnet, denn es wird heiliges, kanonisches, kirchliches oder auch päpstliches Recht genannt."[176] Im folgenden erläutert Zech die Gründe dafür, warum man diese Namen zu Recht auf das Kirchenrecht anwenden kann; interessant ist in diesem Zusammenhang vor allem, was er zu den Bezeichnungen „Jus Ecclesiasticum" und „Jus Canonicum" sagt, da „Jus Ecclesiasticum" seit Benedikt Carpzov (1591–1664) als „Gegen- und Kampfbegriff zum ‚Jus Canonicum'"[177] verwendet wurde.

Nach der Auffassung der protestantischen Kirchenrechtswissenschaft, die dann von den katholischen Kanonisten der Aufklärungszeit übernommen wurde, stellt das kanonische Recht nur einen Teil des Kirchenrechts dar, welches außer jenem auch die staatlichen Gesetze bezüglich der Kirche umfasse, sowie das Naturrecht, „das die Grundlage des Kirchenrechts bilde"[178]. So legten auch alle „‚aufgeklärten Kanonisten' ... Wert darauf, nicht als solche", nämlich als Kanonisten, „bezeichnet zu werden, weshalb sie nicht nur sich selber als ‚Kirchenrechtler', sondern auch ihr Fach als ‚Ius Ecclesiasticum' bezeichneten."[179] Auf diese Unterscheidung geht Zech mit keinem Wort ein; er beginnt die Erläuterung mit dem etymologischen Hinweis: Jus „Ecclesiasticum wird es genannt nach dem griechischen Wort ἐκκλησία, das Versammlung (coetus) oder Zusammenkunft (conventus) bedeutet"[180]. Da diese Umschreibung aber zu allgemein ist, fügt er gleich hinzu: „bei den Christen aber bezeichnet es nach dem hl. Cyprian[181] das Volk, das mit dem Priester geeint ist und seinem Hirten anhängt, oder die unter ihrem Hirten geeinte Versammlung der Gläubigen – d. h. der Menschen, die in der göttlich geoffenbarten Religion Gott verehren."[182]

[176] Praec. S. 10, § 16; vgl. auch *Schmalzgrueber,* Jus Ecclesiasticum Universum, Bd. 1, Dissertatio prooemialis, S. 52, RNr. 231: „Jus Ecclesiasticum, Pontificium, Sacrum, Divinum"; *Pichler,* Candidatus Jurisprudentiae Sacrae, Bd. 1, S. 35, RNr. 31: „Jus Ecclesiasticum, Sacrum, Pontificium".

[177] *Listl,* Kirche und Staat 12; vgl. *Pree,* Die evolutive Interpretation der Rechtsnorm 133.

[178] *Listl,* ebd. 13 mit Verweis auf *Neumann,* Die Kirche und die kirchliche Gewalt 11.

[179] *Neumann,* ebd. 10f.; vgl. auch *Rösch,* Das Kirchenrecht im Zeitalter der Aufklärung 451, Anm. 1.

[180] Praec. S. 11, § 17: „Ecclesiasticum appellatur a graeca voce ἐκκλησία, quae Coetum seu Conventum significat: apud Christianos autem juxta S. Cyprianum denotat Plebem Sacerdoti unitam, & Pastori suo adhaerentum, seu Congregationem Fidelium, id est, hominum Religione divinitus revelata DEUM colentium, sub suo Pastore adunatum."

[181] Zech gibt als Beleg an: *Cyprian,* ep. 9; nicht ermittelt.

[182] Praec. ebd.

Zech fügt also zu der etymologischen Erklärung des Wortes „ecclesia“ zwei Ergänzungen hinzu: 1. Es handelt sich um eine Versammlung von Gläubigen. 2. Diese sind unter ihrem Hirten geeint. Auf der letzteren Ergänzung liegt offensichtlich der Schwerpunkt. Hiermit ist aber – ohne ausdrückliche Bezugnahme – ein Gegensatz zum evangelischen Kirchenrechtsdenken gegeben, das von der Charakterisierung der Kirche als einer freien und gleichen Gesellschaft ausging[183]. Demgegenüber hebt Zech besonders das Gegenüber und die Über- und Unterordnung von kirchlichem Amtsträger und Laien hervor. Die Bezeichnung „Jus Ecclesiasticum“ läßt Zech also zwar als mögliche und sinnvolle Bezeichnung des kanonischen Rechts zu, nimmt ihr aber von vorneherein den Charakter eines „Kampfbegriffs“, indem er eine völlige Identität der Bezeichnungen „kanonisches“ und „kirchliches Recht“ behauptet. Von der Geltung staatlicher Gesetze auch im kirchlichen Bereich spricht er in diesem Zusammenhang nicht, woraus geschlossen werden kann, daß nach seiner Ansicht auch in dieser Hinsicht kein Unterschied zwischen den Bezeichnungen „kanonisches“ und „kirchliches Recht“ besteht. Dadurch, daß Zech die hierarchische Struktur in den Begriff des „Jus Ecclesiasticum“ hineinnimmt, macht er diese ursprünglich in der protestantischen Kirchenrechtslehre beheimatete Bezeichnung auch für das katholische Kirchenrecht brauchbar[184].

Auch die Erläuterungen zur Bezeichnung „Jus Canonicum“ beginnt Zech mit einer kurzen etymologischen Herleitung: „Kanonisches (Recht) wird es genannt nach dem griechischen Wort κανών , das ‚Regel‘ heißt[185]; und es wurde von dem Instrument, das die Künstler verwenden, um die Linien recht zu führen oder zu überprüfen, auf die Bezeichnung von Vorschriften der Sitten und der Disziplin übertragen. Denn unter ‚canones‘ werden die kirchlichen Anordnungen verstanden, sowohl weil diese Regelungen treffen und eine Norm dafür bieten, daß man richtig lebt, als auch weil sie wie eine Regel das Verdrehte und Krumme korrigieren.“[186] Der Bezeichnung „kanonisches Recht“ kommt bei Zech offensichtlich der Vorrang vor allen anderen Namen des Kirchenrechts zu; er selbst spricht in seinem Lehrbuch normaler-

[183] Vgl. *Schlaich,* Kollegialtheorie 14.

[184] Auch die römische Kanonistik des 19. Jahrhunderts verwendete „Jus Canonicum“ und „Jus Ecclesiasticum“ ohne Unterschied; vgl. *Pree,* Die evolutive Interpretation der Rechtsnorm 133, Anm. 291.

[185] Bis hierher ist die Formulierung deckungsgleich mit der etymologischen Erläuterung Schmalzgruebers zu „Jus Canonicum“; vgl. *Schmalzgrueber,* Jus Ecclesiasticum Universum, Bd. 1, Dissertatio prooemialis, S. 52, RNr. 230; vgl. auch *Pichler,* Candidatus Jurisprudentiae Sacrae, Bd. 1, S. 35, RNr. 31.

[186] Praec. S. 10f., § 16 mit Verweis auf das Decretum Gratiani, c. 2 D. 3 (I, 4 *Friedberg*); vgl. hierzu *Pree,* Die evolutive Interpretation der Rechtsnorm 17.

weise vom kanonischen Recht. Dies dürfte mit der Bemerkung zusammenhängen, die Zech an seine etymologische Erklärung zu „Jus Canonicum" anschließt: „Der Name ‚Kanon' aber hat den alten Kirchenvätern und Konzilien besser gefallen als ‚Gesetz' (Lex), da sie glaubten, das gläubige Volk durch die vorgelegte Sittenregel leicht leiten zu können ohne die Strenge des Befehls, die das Wort ‚Gesetz' nahezulegen scheint."[187] Wenn Zech die Bezeichnung „kanonisches Recht" bevorzugt, ist darin zugleich eine Aussage über den Charakter dieses Rechts enthalten. Zwar will er wohl nicht den juristischen Charakter des Kirchenrechts leugnen, aber er scheint es nicht so sehr als „strenges" Recht zu verstehen. Dies entspricht auch den verschiedenen Möglichkeiten, Einzelfallgerechtigkeit verwirklichen zu können[188].

In neuerer Zeit vertritt auch Remigiusz Sobański die Ansicht, daß die Bezeichnung kirchlicher Gesetze als „canones" – nicht als „leges" – kennzeichnend für die Eigenart kirchlichen Rechts ist. „Die Verwirklichung der Anweisungen des Rechts versuchte man durch Ratschläge, Anregungen und Überzeugungen zu erreichen. Wenn das so ist, so gehören Anregungen, Ratschläge usw. zum kirchlichen Rechtssystem."[189] Eigens verweist Sobański darauf, daß sich hieraus ergibt, daß zum Begriff des Kirchenrechts die Akzeptation gehört. „Nur mit einem Recht, das den Menschen im Gewissen zur persönlichen Entscheidung aufruft und von ihm in voller Freiheit angenommen wird, kann man eine Gemeinschaft aufbauen."[190]

II. Die Ursachen der kanonischen Rechtsordnung

Den Unterschied zwischen der weltlichen und der kirchlichen Rechtsordnung bezeichnen neben dem Gegenstand dieser beiden Rechte auch die vier „Ursachen" des Kirchenrechts. Indem Zech hier das scholastische Schema von causa materialis, formalis, efficiens und finalis heranzieht, betrachtet er das Kirchenrecht, insofern es bedingt bzw. verursacht ist. Die Ursachen des Kirchenrechts stehen aber nicht beziehungslos nebeneinander, vielmehr sind zum einen causa materialis und formalis als „innere" und zum anderen causa efficiens und finalis als „äußere" Ursachen einander zugeordnet.

[187] Praec. S. 11, § 16.
[188] Vgl. Praec. S. 319–322, § 405.
[189] *Sobański,* „Communio" als Formalprinzip des kirchlichen Rechts 183f.
[190] Ebd. 184.

1. Materialursache

Als hauptsächliche Materialursache des kanonischen Rechts nennt Zech die heiligen Schriften und die „Regulae Patrum", worunter „die canones der Konzilien, die Beschlüsse der Päpste und Sätze der Kirchenlehrer"[191] zu verstehen sind. Zu diesen Quellen aber sind dann noch – wie Zech später bemerkt – weltliche Rechtsquellen hinzuzufügen, und zwar „einige wenige Anordnungen des weltlichen römischen Rechts, die in das Corpus Juris Canonici eingefügt worden sind, und die Konkordate des Apostolischen Stuhls, die mit der deutschen Nation eingegangen worden sind."[192] Außer diesen von Zech eigens genannten Quellen des Kirchenrechts ist aber auch noch das Naturrecht zu nennen[193], das er des öfteren in seinem Lehrbuch als Quelle des kanonischen Rechts erwähnt[194].

a) Vorschriften des Alten Testaments

Die Quellen des kanonischen Rechts stehen keineswegs alle auf der gleichen Ebene, vielmehr bildet die Heilige Schrift die Basis der übrigen Rechtsquellen[195]. Aber auch die Bücher der Heiligen Schrift selbst haben verschiedenen Rang. Obwohl das Vierte Laterankonzil bestimmt hat, daß sowohl das Alte als auch das Neue Testament, sowohl das Gesetz des Moses als auch das Gesetz Christi als Quelle des kanonischen Rechts anzusehen sind[196], präzisiert Zech die Bedeutung des Alten Testaments. Es muß unterschieden werden zwischen den im Alten Testament enthaltenen moralischen Vorschriften einerseits und den zeremoniellen und Gerichts-Vorschriften andererseits[197]. Die Unterscheidung der alttestamentlichen Gesetze in Sittengebote, Kultvorschriften und Rechtssatzungen dürfte Zech von Thomas von

[191] Praec. S. 13, § 23.

[192] Praec. S. 26, § 41.

[193] Das Naturrecht hat in der katholischen Kirchenrechtswissenschaft vornehmlich seit Paul Joseph von Riegger (1705–1775) eine entscheidende Rolle gespielt; vgl. *Joh[ann] Bapt[ist] Sägmüller,* Das Naturrecht im offiziellen Kirchenrecht der Aufklärung, in: Theologische Quartalschrift 94 (1912) 58–99, hier: 70.

[194] Vgl. z. B. Praec. S. 65, § 88; S. 71, § 100; S. 76, § 108.

[195] Vgl. Praec. S. 50f., § 69.

[196] Concilium Lateranense IV, Const. 8, in: Constitutiones Concilii quarti Lateranensis una cum Commentariis Glossatorum, hrsg. v. *Antonio García y García,* Città del Vaticano 1981 (Monumenta Iuris Canonici, Series A, Vol. 2), 54–57. Vgl. Praec. S. 13, § 23.

[197] Vgl. Praec. S. 57, § 79; diese Unterscheidung findet sich ebenso bei *Schmalzgrueber,* Jus Ecclesiasticum Universum, Bd. 1, Dissertatio prooemialis, S. 23, RNr. 92, und *Pichler,* Candidatus Jurisprudentiae Sacrae, Bd. 1, S. 19, RNr. 14.

Aquin übernommen haben[198], der hier auf eine alte Tradition zurückgreifen konnte, diese jedoch eigenständig weiterentwickelt hat[199]. Die „zeremoniellen" oder „Kult-Vorschriften" und die „Gerichts-Vorschriften" oder „Rechtssatzungen" bildeten das Recht des Volkes Israel und sind mit diesem untergegangen. Sofern solche Vorschriften des Alten Testaments in die Dekretalen aufgenommen worden sind, gelten sie als Recht des jeweiligen Papstes, von dem sie rezipiert wurden, und nicht etwa als göttliches Recht[200] – dies gilt auch für die Strafgesetze des Alten Testaments, wie Zech an anderer Stelle eigens bemerkt[201]. Auch diese Ansicht dürfte von Thomas beeinflußt worden sein. „Keine Rechtssatzung des Alten Bundes bindet mehr aufgrund der Tatsache, daß sie in der Bibel steht. Man *kann* sie – wieder neu – verpflichtend machen, wann und wo das politisch zweckmäßig erscheint, aber man *muß* es nicht, weil man an Gott als den Urheber des Alten Gesetzes glaubt."[202]

Anders ist es mit den moralischen Vorschriften des Alten Testaments, die praktisch auf den Dekalog reduziert werden können[203]. Zwar gelten diese nicht aufgrund des Mosaischen Gesetzes, das nie für die Christen gegolten hat und – was seine Verpflichtungskraft angeht – völlig untergegangen ist, doch stellen diese Vorschriften positiviertes Naturrecht dar und gelten zum einen als solches, zum anderen aber auch aufgrund des Gesetzes Christi, der diese Vorschriften noch radikaler eingeschärft hat[204].

Diese Differenzierung, die Zech bezüglich der alttestamentlichen Gesetze

[198] Vgl. *Otto Hermann Pesch*, Sittengebote, Kultvorschriften, Rechtssatzungen. Zur Theologiegeschichte von Summa Theologiae I–II 99,2–5, in: Thomas von Aquino. Interpretation und Rezeption. Studien und Texte, hrsg. v. *Willehad Paul Eckert*, Mainz 1974 (Walberberger Studien, Philosophische Reihe 5), 488–518; *Paul Mikat*, Gesetz und Staat nach Thomas von Aquin unter besonderer Berücksichtigung der Lehre vom Gesetz in der Summa Theologiae, in: Beiträge zur Rechtsgeschichte. Gedächtnisschrift für Hermann Conrad, hrsg. v. *Gerd Kleinheyer – Paul Mikat*, Paderborn – München – Wien – Zürich 1979 (Rechts- und Staatswissenschaftliche Veröffentlichungen der Görres-Gesellschaft N. F. 34), 439–465, hier: 447–454.

[199] Vgl. *Pesch*, ebd. 497–510. 515–518.

[200] Vgl. Praec. S. 58f., § 81.

[201] Vgl. De Jud. II, S. 6, § 6.

[202] *Pesch*, ebd. 510; vgl. *Thomas von Aquin*, STh I–II, q. 104 a. 3 c.: „Respondeo dicendum quod iudicialia praescripta non habuerunt perpetuam obligationem, sed sunt evacuata per adventum Christi ... Quia si quis princeps ordinaret in regno suo illa iudicialia observari, non peccaret: nisi hoc modo observarentur, vel observari mandarentur, tanquam habendi vim obligandi ex veteris legis institutione. Talis enim intentio observandi esset mortifera ... Praecepta autem iudicialia non sint instituta ad figurandum, sed ad disponendum statum illius populi, qui ordinabatur ad Christum." Vgl. auch *Pesch*, ebd. 514; *Mikat*, ebd. 454.

[203] Vgl. Praec. S. 57, § 79; vgl. auch schon *Thomas von Aquin*, STh I–II, q. 99 a. 2 c.; *Pesch*, ebd. 494f. 512f.; *Mikat*, ebd. 452f.

[204] Vgl. Praec. S. 58, § 80; Zech verweist hier auf die Bergpredigt, Mt 5; vgl. auch *Schmalzgrueber*, Jus Ecclesiasticum Universum, Bd. 1, Dissertatio prooemialis, S. 24, RNr. 93–95; *Pichler*, Candidatus Jurisprudentiae Sacrae, Bd. 1, S. 20, RNr. 16. Die Ansicht, daß der

vornimmt, bedeutet auch eine Reduzierung ihrer Bedeutung für das kanonische Recht. Zugleich wird unmöglich gemacht, daß man sich einfach auf im Alten Testament enthaltene Normen beruft, um kirchenrechtliche Fragen zu entscheiden. So hatte die Berufung auf die Vorschrift von Ex 22,17: „Eine Zauberin sollst du nicht am Leben lassen" verhängnisvolle Folgen für das Entstehen und die Verbreitung der Hexenprozesse[205]. Eine solche Rechtfertigung der Hexenverfolgung, die die Vorschriften des Alten Testaments als ius divinum versteht und unmittelbar anwendet, wäre nach den Erläuterungen Zechs zur Bedeutung des Alten Testaments nicht legitim.

Die katholischen Kirchenrechtler des späten 18. und frühen 19. Jahrhunderts vertraten die Ansicht, daß Christus „das mosaische Gesetz außer Kraft gesetzt und an seiner Stelle die ‚Gesetze der Sakramente' erlassen" hat[206]. Die Differenzierung der alttestamentlichen Normen in moralische Vorschriften und das Gesetz des Volkes Israel wird hier fallengelassen; nach diesen späteren Autoren hat das Alte Testament insgesamt seine Geltung verloren, womit sie jedoch im Widerspruch zur zitierten Entscheidung des Vierten Laterankonzils stehen. Doch ist dieser Unterschied zwischen der Ansicht Zechs und der der aufklärerischen Kirchenrechtler insofern nicht von großer Bedeutung, als auch nach Zech die moralischen Vorschriften des Alten Testaments nicht deshalb Geltung beanspruchen können, weil sie in der Heiligen Schrift stehen, sondern weil sie positiviertes Naturrecht darstellen und von Christus radikalisiert wurden. Das Naturrecht aber ist gerade für das Kirchenrecht der Aufklärung eine wichtige Erkenntnisquelle.

b) Vorschriften des Neuen Testaments

Im Unterschied zu den Vorschriften des Alten Testaments kommt den Vorschriften der vier Evangelien Rechtsgeltung aufgrund des göttlichen Rechts zu[207]. Die in den anderen Schriften des Neuen Testaments enthaltenen Anordnungen aber sind nicht einfachhin alle als Anordnungen Christi zu verstehen, sondern müssen teilweise lediglich als Anweisungen der Apostel verstanden werden, die daher als rein menschliches Recht gelten. „Denn wenn auch die Briefe und die Apostelgeschichte unter Eingebung des

Dekalog positiviertes Naturrecht darstelle, findet sich schon bei Johannes Duns Scotus; vgl. *Pree,* Die evolutive Interpretation der Rechtsnorm 65.

205 Vgl. *Peter Krämer,* Die Bedeutung der Cautio Criminalis für das Kirchenrecht, in: Friedrich Spee im Licht der Wissenschaften. Beiträge und Untersuchungen, hrsg. v. *Anton Arens,* Mainz 1984 (Quellen und Abhandlungen zur mittelrheinischen Kirchengeschichte 49), 165–177, hier: 166f.; *Emil Zenz,* Die geschichtlichen und geistigen Hintergründe des Hexenwahns, ebd. 135–149, hier besonders 135.

206 *Neumann,* Die Kirche und die kirchliche Gewalt 38.

207 Vgl. Praec. S. 63f., § 86.

Heiligen Geistes geschrieben worden sind, so folgt daraus noch nicht, daß alles, was dort enthalten ist, göttliche Anordnungen sind."[208] Schon Paulus führt nach der Ansicht Zechs die Unterscheidung zwischen göttlichem und rein kirchlichem Gesetz ein, wenn er im Ersten Korintherbrief einen Teil seiner Vorschriften mit den Worten einleitet: „nicht ich schreibe dies vor, sondern der Herr" (1 Kor 7,10) und anschließend Vorschriften rein menschlichen Rechts anfügt mit den Worten: „den anderen sage ich, nicht der Herr" (1 Kor 7,12)[209]. Somit kommt den in den Evangelien enthaltenen Vorschriften ein besonderer Rang zu, nicht nur was deren Unveränderlichkeit angeht, sondern auch in Beziehung zu den anderen kirchenrechtlichen Normen, die sich an den Normen des göttlichen Rechts ausrichten müssen: „Alle kirchlichen Gesetze werden nach der Norm des göttlichen oder geoffenbarten Gesetzes überprüft, aus dessen Vorschriften wie aus ihren Quellen und Prinzipien deren Bestimmungen bzw. Entscheidungen abgeleitet werden."[210]

Auch in diesem Zusammenhang ist zu bemerken, daß spätere Kirchenrechtler (z. B. Riegger, Eybel und Pehem) weniger differenziert schreiben. Zwar sagen sie, daß die neutestamentlichen Schriften das „religiöse Grundgesetz der christlichen Kirchen"[211] darstellen, doch weisen sie nicht darauf hin – was Zech bemerkt hatte –, daß auch im Neuen Testament Anordnungen enthalten sind, die nicht als göttliche Weisungen zu gelten haben.

c) Naturrecht

Neben dem in der Heiligen Schrift enthaltenen (positiven) göttlichen Recht erwähnt Zech zwar auch das Naturrecht, doch spielt es bei ihm keine allzu große Rolle. Er legt vor allem Wert darauf, daß das Naturrecht nicht von der Existenz Gottes und der Unsterblichkeit der Seele absehen dürfe[212], und dementsprechend geht auch in seine Definition des Naturrechts noch eine theologische Vorgegebenheit ein: die Existenz Gottes. Das Naturrecht ist nämlich nach Zech „eine Anordnung der göttlichen Weisheit, die durch das Urteilsvermögen der natürlichen Verstandeskräfte offenbar wird und das der rechten Vernunft Entsprechende vorschreibt und das (dieser) Widersprechende verbietet."[213]

Zech versteht also das Naturrecht tatsächlich als göttliches Recht, bezeich-

[208] Praec. S. 64, § 87.
[209] Vgl. Praec. S. 23, § 37.
[210] Praec. S. 13f., § 23.
[211] Vgl. *Neumann,* ebd.
[212] Vgl. De Jure Asyli, Corollarium I (nicht paginiert).
[213] Praec. S. 71, § 100.

net es aber nicht so, da er den Begriff „göttliches Recht" im eingeschränkten Sinne, als „positives göttliches Recht", verwendet. Das Naturrecht begegnet bei Zech nur noch selten, so an einer Stelle im Zusammenhang des Abschnittes über die menschlichen Gesetze im allgemeinen, wo er sagt, daß ein Gesetz nicht gegen göttliches Recht oder Naturrecht im engeren Sinne verstoßen dürfe[214]. Mit „Naturrecht im engeren Sinne" meint Zech eine naturrechtliche Norm, die sich auf die Gerechtigkeit bezieht; Naturrecht im weiteren Sinne bezieht sich auch auf die Angemessenheit oder die rein sittliche Qualität. Ein Gesetz darf also nur gegen eine solche naturrechtliche Norm nicht verstoßen, die etwas als ungerecht bezeichnet; es braucht aber nicht eine solche naturrechtliche Norm zu berücksichtigen, die eine von mehreren Möglichkeiten, Gerechtigkeit zu erzielen, als besser oder angemessener bezeichnet. Die nur beiläufige Erwähnung des Naturrechts stimmt auch damit überein, daß Zech es nicht ausdrücklich als eigene Quelle des kanonischen Rechtes nennt.

Darin, daß Zech dem Naturrecht keine tragende Rolle zuweist, und darin, daß er ausdrücklich sagt, daß das Naturrecht seinen Ursprung in Gott hat, kann man sicher auch einen Gegensatz zur aufklärerischen Rechtslehre erkennen, die gerade die autonome menschliche Vernunft zur Quelle des Rechts machte. Insofern ist Zech wohl als „vor-aufklärerischer" oder „gegen-aufklärerischer" Kanonist zu bezeichnen.

d) Verhältnis von göttlichem und menschlichem Recht

Die besondere Bedeutung des göttlichen Rechts für das kanonische Recht führt dazu, daß einige das gesamte kanonische Recht als göttliches Recht bezeichnen, wofür zwei Gründe angeführt werden können: „einesteils, weil es unter Eingebung des Heiligen Geistes aufgerichtet worden ist und aus evangelischen Prinzipien abgeleitet wird, andernteils, weil Petrus und die Kirche aus dem Mund Christi selbst die Vollmacht erhalten haben, heilige Gesetze zu erlassen."[215] Zech wendet aber dagegen ein: „Nichtsdestoweniger wird das kanonische Recht mit Recht ein menschliches genannt, weil es in seinem größten Teil wirklich von Menschen erlassen wurde, die allerdings ihre Vollmacht von Gott haben, und zumeist aus (canones von) Konzilien, Beschlüssen der Päpste und Aussagen der heiligen Väter besteht."[216]

Das Verhältnis von göttlichem und menschlichem Recht läßt sich also nach

[214] Vgl. Praec. S. 76, § 108.

[215] Praec. S. 27, § 43; dieselben Begründungen bei *Schmalzgrueber*, Jus Ecclesiasticum Universum, Bd. 1, Dissertatio prooemialis, S. 52, RNr. 231.

[216] Praec. S. 27, § 44.

Zech in drei Sätze zusammenfassen: 1. Das göttliche Recht bildet die Grundlage des rein kirchlichen Rechts, weil die Gesetzgebungsgewalt in der Kirche göttlichen Rechtes ist. 2. Das göttliche Recht ist Norm und Prinzip aller anderen kirchlichen Gesetze; diese können an ihm gemessen und überprüft werden. 3. Außer dem in menschlichen Gesetzen positivierten göttlichen Recht gibt es auch Vorschriften göttlichen Rechts, die ohne Formulierung in menschliche Gesetze Geltung haben und dem Neuen Testament entnommen werden können.

Im Anschluß an Thomas von Aquin[217] führt Zech vier Gründe dafür an, warum neben dem Naturrecht und den menschlichen Gesetzen auch das göttliche Recht notwendig ist: „Erstens, damit der Mensch auf sein übernatürliches Ziel der ewigen Seligkeit ausgerichtet wird. Zweitens, damit er bei zweifelhaften Fällen sicher und ohne Irrtum geleitet wird. Drittens, damit schlechte innerliche Sitten oder Handlungen zurückgehalten werden. Viertens schließlich, damit nichts, was verkehrt ist, unverboten oder unbestraft bleibt. Das aber können menschliche Gesetze, außer wenn sie in einer einmaligen Eingebung des Heiligen Geistes erlassen werden, wegen der Unsicherheit und Unkenntnis der Menschen nicht leisten."[218]

Hier ist allerdings zu bemerken, daß Zech – wie schon Thomas von Aquin – keine Unterscheidung von Recht und Moral vornimmt, wie vor allem der dritte Grund zeigt. Zudem ist beachtlich, mit welchem Optimismus Zech die Erkenntnis des göttlichen Rechts für möglich hält, ohne Kriterien hierfür zu benennen. Vermutlich sind seiner Meinung nach alle jene normativen Weisungen als Normen göttlichen Rechts anzusehen, die im Neuen Testament als Worte Jesu überliefert sind. Eine kritische Überprüfung dieser Aussagen, wie sie Zech bezüglich der neutestamentlichen Briefe und der Apostelgeschichte ansatzweise vorführt[219], scheint er bezüglich der Evangelien aber nicht für notwendig oder möglich zu halten.

2. *Formalursache*

Die Materien des kanonischen Rechts, d. h. die in den Quellen der kirchlichen Gesetzgebung enthaltenen Normen, können in drei Formen zu kirchlichem Recht werden: durch Approbation, Erlaß und Tradition[220]. Diese drei Formen der Gesetzgebung konnte Zech der Definition des kanonischen Rechts bei Schmalzgrueber und Pichler entnehmen („a Summis Pontificibus

[217] Vgl. *Thomas von Aquin,* STh I–II, q. 91 a. 4 c.
[218] Praec. S. 65, § 88.
[219] Praec. S. 64, § 87; siehe auch oben, S. 111 f.
[220] Vgl. Praec. S. 14, § 25.

constitutum, vel approbatum, Ecclesiae traditum")[221]. Während Pichler diese Definition nicht weiter erläutert und Schmalzgrueber in seinen Ausführungen dem Begriff der Tradition keine weitere Bedeutung beimißt, stellt Zech ihn auf eine Ebene mit „constitutio" und „approbatio". Der Erlaß (constitutio) ist die Form, in der kirchliche Gesetze normalerweise ergehen; unter Approbation aber ist die Übernahme rechtlicher Regelungen – beispielsweise der Beschlüsse von Partikularkonzilien für die Gesamtkirche – durch den zuständigen Gesetzgeber zu verstehen. Auch die ausdrückliche oder stillschweigende Mitwirkung des Gesetzgebers an der Entstehung von Gewohnheitsrecht dürfte unter den Begriff der Approbation zu fassen sein[222]. Mit dem Stichwort „Tradition" schließlich ist die Übernahme alter rechtlicher Regelungen in das geltende kanonische Recht gemeint.

Die Formalursache wurde als Teil der differentia specifica des Kirchenrechts gegenüber jedem anderen positiven Recht eingeführt. Nun trifft aber auch für den Bereich des weltlichen Rechts zu, daß etwas durch Tradition, Erlaß und Approbation Rechtskraft erlangen kann. Somit liegt in der causa formalis des kanonischen Rechts allein kein Unterschied zur weltlichen Rechtsordnung.

3. *Wirkursache*

a) Göttlicher und menschlicher Gesetzgeber in der Kirche

Die Frage nach der causa efficiens kirchlicher Gesetze beantwortet Zech in zweifacher Weise. Zunächst bezeichnet er Christus als den Urheber des kanonischen Rechts; dieser ist zugleich auch der erstrangige Gesetzgeber in der Kirche[223]. In der Formulierung „legislator primarius"[224] sind zwei Aspekte angesprochen: Christus ist der historisch erste Gesetzgeber der Kirche und zugleich auch ihr hauptsächlicher und eigentlicher Gesetzgeber, da zum einen die ersten Gesetze der Kirche die grundlegenden waren und zum anderen Christus auch durch den menschlichen Gesetzgeber in der Kirche weiterhin wirkt. Von Christus stammen die Vorschriften bezüglich

[221] Vgl. *Schmalzgrueber,* Jus Ecclesiasticum Universum, Bd. 1, Dissertatio prooemialis, S. 52, RNr. 232; *Pichler,* Candidatus Jurisprudentiae Sacrae, Bd. 1, S. 36, RNr. 32; siehe auch oben, S. 104 mit Anm. 168.

[222] Vgl. hierzu insgesamt *Carolus Wypler,* Consensus Legislatoris pro Consuetudine in Ecclesia. Doctrina Medii Aevi ac Doctoris Fr. Suárez, Diss. jur. can. Rom 1974.

[223] Praec. S. 14, § 24: „Legislator primarius"; vgl. Praec. S. 63, § 86. Die spätere Kirchenrechtslehre der Aufklärung bezeichnet Christus als den einzigen und ausschließlichen Gesetzgeber; vgl. *Neumann,* Die Kirche und die kirchliche Gewalt 38.

[224] Es heißt bezeichnenderweise *nicht:* „Legislator *primus*".

der Sakramente und der Sitten, die in den Schriften des Neuen Testaments – vornehmlich in den vier Evangelien – enthalten sind[225]. Christus ist also der Gesetzgeber des göttlichen Rechts[226].

Als „causa efficiens" des kanonischen Rechts nennt Zech aber auch die Päpste, „deren Vollmacht, Gesetze zu erlassen, abzuleiten ist aus der Befähigung, die den Aposteln, besonders aber dem hl. Petrus, von Christus zuerteilt wurde, sowie aus der Übung der gesamten Kirche, die von den Zeiten der Apostel bis in unsere Zeiten in Geltung war."[227] Zech nennt also zwei Belege für die Gesetzgebungsgewalt der Päpste: die Übertragung der Vollmacht auf die Apostel und den Usus der Kirche. Auf diese Weise vermeidet er eine biblizistisch-positivistische Engführung der Argumentation und läßt bereits einen Ansatzpunkt für eine ekklesiale Fundierung der Gesetzgebungsgewalt erkennen. Es fällt aber auch auf, daß Zech keinen anderen Gesetzgeber in der Kirche als den Papst nennt, weder die einzelnen Bischöfe für ihre Diözesen, noch die auf dem Konzil versammelten Bischöfe für die Gesamtkirche.

b) Der Ursprung kirchlicher Gesetze

Die kurzen Ausführungen über die Wirkursache des kanonischen Rechts führt Zech in dem nächsten Titel der Praecognita Juris Canonici fort und vertieft sie, indem er die „Ursprünge" (origines) des kanonischen Rechts darstellt. „Die Natur des kanonischen Rechts", die er im voraufgegangenen Titel definiert hatte, „werden wir gründlicher durchdringen, wenn wir dessen Ursprung in einer ausführlicheren Umschreibung vor Augen legen."[228]

Auch Franz Schmalzgrueber hatte sich in der „Dissertatio prooemialis", die seinem Lehrbuch, dem „Jus Ecclesiasticum Universum" voraufgeht, die Frage nach dem Ursprung des kanonischen Rechts gestellt[229]. Er verweist zur

[225] Vgl. Praec. S. 18f., § 31; siehe oben, S. 111. Eine Aussage, daß auch die kirchliche Verfassung in ihrem Grundbestand göttlichen Rechts ist und auf Christus zurückgeht, fehlt in diesem Zusammenhang. Erst zu Beginn des zweiten Bandes der Institutionen des kanonischen Rechts erwähnt Zech, daß die kirchliche Hierarchie von Christus begründet worden ist; vgl. Hier. S. 2, § 2.

[226] Vgl. Praec. S. 14, § 24; S. 63, § 86.

[227] Praec. S. 14, § 24: „*Auctor* Juris Canonici, & Legislator Ecclesiae quidem primarius est JESUS CHRISTUS: prout autem Jus Canonicum in hodiernam formam redactum consideratur, *Causa efficiens* illius sunt Pontifices, quorum auctoritas in ferendis Legibus petenda est ex facultate Apostolis, praesertim S. Petro a Christo concessa, atque ex usu Ecclesiae universae ab Apostolorum temporibus ad nostram usque aetatem transmisso." (Hervorhebungen von Zech).

[228] Praec. S. 17, § 29.

[229] *Schmalzgrueber*, Jus Ecclesiasticum Universum, Bd. 1, Dissertatio prooemialis, S. 53f., RNr. 237f.

Beantwortung dieser Frage auf die Apostel, die als erste verschiedene Anordnungen (sanctiones) erlassen hatten, indem sie zu Versammlungen (caetus) zusammenkamen. Schmalzgrueber führt vier solche Versammlungen an, die alle in Jerusalem stattgefunden haben[230]. Er versteht die Frage nach dem Ursprung des kirchlichen Rechts also eindeutig in dem Sinn, daß nach dem historischen Ursprung, also nach den ersten Gesetzen und den ersten Gesetzgebern gefragt wird.

In diesem Sinn wird der entsprechende Abschnitt bei Zech zunächst auch zu verstehen sein. Auch er geht auf das Apostelkonzil zu Jerusalem ein[231] und umreißt kurz die weitere Gesetzgebungstätigkeit der Kirche[232]. Wie aber schon die Aussage, daß Christus der „legislator primarius" der Kirche ist, eine doppelte Bedeutung hatte, versteht Zech auch an dieser Stelle die Frage nach dem Ursprung des kanonischen Rechts so, daß über den historischen Ursprung hinaus zugleich auch die Frage nach der Legitimität von Recht und Gesetz in der Kirche angesprochen ist. Die Kenntnis des Ursprungs des kanonischen Rechts offenbart auch dessen Natur[233] und damit dessen Legitimitätsgrund.

Im Unterschied zu Schmalzgrueber bleibt Zech in der Frage nach dem Ursprung des kanonischen Rechts nicht bei den Aposteln als den ersten Gesetzgebern der Kirche stehen, sondern läßt die kirchliche Rechtsbildung schon mit Christus selbst beginnen, der „im Evangelium, wie gleichsam dem grundlegenden und pneumatischen Gesetz die öffentliche Stellung seiner Kirche in heiligster Weise geordnet hat."[234] Die „öffentliche Stellung" der Kirche betrifft das Papsttum und die Bischöfe, die Art der kirchlichen Leitung, die im Anschluß an Lk 22,25 f. als Dienst beschrieben wird, sowie die Schlüssel- und Strafgewalt[235], also die wichtigsten Fragen der kirchlichen Verfassung. Die grundlegenden Gesetze hat Christus selbst erlassen; diese betreffen das Heil (moralische Vorschriften) und den rechten Gebrauch der Heilsmittel (Sakramentenrecht)[236]. Zeremonielle und prozeßrechtliche Vorschriften zu erlassen, überließ er denen, die er mit der Sorge um die Kirche betraut hatte[237].

[230] Gemeint ist die Wahl des Matthias (Apg 1,15–16), die Einsetzung der Sieben (Apg 6,1–6), das „Apostelkonzil" (Apg 15,5–29) und das Zusammentreffen des Paulus mit Jakobus und den Ältesten in Jerusalem (Apg 21,17–25).

[231] Praec. S. 22, § 36.

[232] Vgl. Praec. S. 22–26, §§ 37–41.

[233] Vgl. Praec. S. 17, § 29.

[234] Praec. S. 17, § 29; vgl. Praec. S. 18, § 30.

[235] Vgl. Praec. S. 17f., § 29 mit den Anm. 11–16.

[236] Vgl. Praec. S. 18f., § 31.

[237] Vgl. Praec. S. 19, § 32.

4. Zielursache

Als Korrelat zur causa efficiens gehört nach scholastischer Philosophie die causa finalis, die Zech auch für das kanonische Recht bestimmt und in ein Nahziel und ein Fernziel unterteilt: „Das Nahziel ist die christliche Lebensführung auf Erden, das letzte (Ziel) aber ist das ewige Heil."[238] Ein Vergleich des Zieles von Gesetzen im allgemeinen mit dem Ziel kirchlicher Gesetze ergibt folgendes: „Das Ziel von Gesetzen ist das Gemeinwohl oder der öffentliche Nutzen. Den Magistraten, sagt Cicero[239], soll das Wohl des Volkes oberstes Gesetz sein. Dies, meinen die kirchlichen Gesetzgeber, sei ihnen selbst mit noch größerem Recht gesagt, daß das Wohl der Kirche oder des gläubigen Volkes der allgemeine Sinn aller übrigen Gesetze sei, der alle anderen Gesetze begrenzt, einschränkt und bemißt. Das Wohl der Kirche aber besteht nicht nur in äußerem Frieden und Ruhe[240], sondern noch mehr in der inneren Vereinigung mit Gott und der Heiligkeit der Seele."[241] In diesem Sinn, als letztes Ziel aller kirchlichen Gesetze, gilt der Satz: „Salus populi fidelis suprema lex."[242] Dieses Ziel ist auch der Zweck der hierarchischen Ordnung: Sie soll dazu führen, daß die Gläubigen Gott ähnlich werden[243]. Aber auch hier wird ein Unterschied zwischen Nahziel und Fernziel gemacht: Die hierarchische Ordnung der Kirche soll in der Welt zur Caritas und letztlich zum Ähnlichwerden mit Gott führen[244].

Die Unterscheidung von Nah- und Fernziel des kanonischen Rechts bei Zech darf allerdings nicht in dem Sinn verstanden werden, als ob das Nahziel das eigentliche, das Fernziel aber das uneigentliche Ziel der kirchli-

[238] Praec. S. 15, § 26. Im vernunftrechtlichen Kirchenbegriff der evangelischen Kirchenrechtswissenschaft des 18. Jahrhunderts und in der societas perfecta-Lehre der späteren katholischen Kanonistik spielte das Verhältnis von Zweck und Mitteln eine bedeutende Rolle; vgl. *Schlaich*, Kollegialtheorie 98f. mit Anm. 55; 105f. mit Anm. 87; vgl. auch ebd. 95. 174. 227.

[239] *Cicero*, De Legibus III, 3,8 (91,20 *Ziegler-Görler*): „Ollis salus populi suprema lex esto." Vgl. auch ebd. II, 5,11 (55,18–20 *Ziegler-Görler*).

[240] In der evangelischen Kirchenrechtswissenschaft des 18. Jahrhunderts waren Ruhe, Frieden und das äußere Glück der Untertanen als Zweck des Staates genannt worden; vgl. *Schlaich*, Kollegialtheorie 76–78.

[241] Praec. S. 84f., § 123.

[242] Vgl. Praec. S. 277, § 367; vgl. noch ebd. S. 30, § 49; S. 322, § 406. Diese Formulierung findet sich auch in der evangelischen Kirchenrechtswissenschaft des 18. Jahrhunderts (vgl. *Schlaich*, Kollegialtheorie 258: „salus ecclesiae, seu populi ecclesiastici, suprema lex esto") und bei Paul Joseph von Riegger, dessen kirchenrechtliches Denken stark vom Naturrecht beeinflußt war (vgl. *Sägmüller*, Das Naturrecht im offiziellen Kirchenrecht der Aufklärung 72), und entspricht der Umschreibung des Staatszweckes, wie sie im 18. Jahrhundert üblich war: „Salus populi suprema lex"; vgl. *Sägmüller*, ebd. 66; *Neumann*, Die Kirche und die kirchliche Gewalt 50.

[243] Vgl. Hier. S. 4, § 5.

[244] Vgl. Hier. S. 519, § 511; vgl. noch Hier. S. 2f., § 2.

chen Rechtsordnung sei[245]. Eine solche Interpretation würde die Möglichkeit kaum noch eröffnen, daß Gesetze kritisiert werden, die zwar der Aufrechterhaltung der kirchlichen Ordnung dienen, also dem Nahziel, wobei aber Mittel herangezogen würden, die dem übernatürlichen Ziel der Gläubigen im Wege stehen oder dieses verdunkeln. „Die Verwirklichung des christlichen Gemeinschaftslebens – Einheit der Menschen mit Gott und untereinander", oder im Anschluß an Zech: Einheit der Gläubigen mit Gott durch die kirchliche Gemeinschaft, „– das ist das Ziel, das Prinzip, das die Physiognomie des Kirchenrechts gestaltet."[246] Dieses Ziel muß hinter jedem Gesetz in der Kirche – mittelbar oder unmittelbar – stehen.

Die Grundregel, daß das Heil des gläubigen Volkes oberstes Gesetz in der Kirche sein muß, bedeutet nach Zech keineswegs eine Fixierung auf das Heil des Einzelnen[247]. So fällt auf, daß die Formulierung des Fernziels nicht von der „salus animarum" ausgeht – wobei dieses Mißverständnis möglich ist –, sondern vom Wohl der Kirche oder des gläubigen Volkes spricht, so daß immer der Gemeinschaftsaspekt im Blick ist. Das Seelenheil des Einzelnen wird nur auf dem Weg eines geordneten kirchlichen Lebens erreicht. So grenzt Zech die Kirchenrechtswissenschaft von der Moraltheologie ab: „Zu diesem Zweck betrachtet die kanonische Rechtswissenschaft nicht die einzelnen Glieder nach der Weise der Moraltheologie, sondern die gesamte Respublica Christiana, oder Einzelne in Bezug zur kirchlichen Gemeinschaft, deren Glieder sie sind. Auch betrifft sie nicht die innere Heiligkeit der Seele, sondern bestimmt vielmehr Äußeres, damit alles in Ordnung und Anstand geschehe, wobei sie allerdings stets das Auge auf das hauptsächliche Ziel der Kirche richtet, nämlich das innere Heil in diesem Leben, durch welches schließlich die ewige Glückseligkeit in dem anderen (Leben) erlangt werden soll."[248] Auf diese Weise verbindet Zech den Gedanken der persönlichen Heiligung des einzelnen Christen mit dem der äußeren Leitung der Kirche. „Die kirchlichen Gesetze also leiten nicht unmittelbar dieses innere Heil . . ., sondern sie richten die äußere Leitung der Kirche allein auf dieses innere Ziel aus."[249] So steht es auch nicht in der Macht des menschlichen –

[245] Vgl. die Kritik von *Sobański* („Communio" als Formalprinzip des kirchlichen Rechts 185) an der italienischen Laienkanonistik.

[246] *Sobański, ebd.*

[247] Eine individualistische Engführung des Gedankens von der salus animarum als Ziel des Kirchenrechts liegt nach Peter Frowein vor bei Hedderich, Riegger, Rautenstrauch, Lakics, Obernetter und Pehem; vgl. *Frowein*, Hedderich 285. Als Quelle hierfür nennt Frowein den gallikanischen Autor Petrus de Marca. Auch im evangelischen Bereich war es zu Ende des 17. Jahrhunderts durch Pietismus und Aufklärung zu einer „radikalen und einseitigen Individualisierung des Religiösen" gekommen; vgl. *Schlaich*, Kollegialtheorie 125.

[248] Praec. S. 15, § 26.

[249] Praec. S. 85, § 124.

auch nicht des kirchlichen – Gesetzgebers, innere Akte unmittelbar zu befehlen oder zu verbieten; dies steht allein Gott zu. „Es steht fest, daß die Kirche diese Vollmacht nicht ausgeübt hat; denn da die Lenkung innerer Akte, auch solcher, die von äußeren losgelöst sind, höchst geeignet wäre zur (Erlangung der) übernatürlichen Glückseligkeit, so würde selbstverständlich die Kirche nicht versäumen, mit diesem wirksamsten Mittel ihre Gläubigen zu dem vorbestimmten Ziel zu befördern, wenn sie urteilte, daß dies in ihrer Macht steht."[250]

Auch in dieser Frage liegt wieder ein bemerkenswerter Unterschied der Lehre Zechs von der des Suárez vor. Auch Suárez stellte fest, daß die Kirche faktisch keinen Gebrauch von der Möglichkeit gemacht hat, innere Akte zu befehlen oder zu verbieten, aber er ist dennoch der Ansicht, daß der kirchliche Gesetzgeber – im Unterschied zum weltlichen – dies könne[251]. Zech hingegen trägt hier zunächst wieder eine Unterscheidung ein: Innere Akte können dem Recht zugänglich sein, wenn sie mit äußeren Handlungen verbunden sind; insofern können sie indirekt Gegenstand rechtlicher Regelungen sein. Unmittelbar aber ist es keinem Gesetzgeber möglich, mit rechtlichen Mitteln innere Akte zu leiten.

Das Recht der Kirche ist nach Zech lediglich ein Instrument, mit dem das Seelenheil der Christen mittelbar gefördert wird. Der Unterschied zur Moraltheologie liegt weder im Nahziel des kanonischen Rechts, der „christlichen Lebensführung auf Erden" bzw. der Caritas, noch in seinem Fernziel, dem „Ähnlichwerden mit Gott" bzw. der ewigen Glückseligkeit. Dieser Unterschied liegt vielmehr im Adressaten: Die Moraltheologie richtet sich an den Einzelnen, das kanonische Recht betrifft die kirchliche Gemeinschaft und den Einzelnen, insofern er in Beziehung zu dieser Gemeinschaft steht. Zudem hat die Moraltheologie vornehmlich die inneren Akte des Einzelnen zum Gegenstand, während das Recht sich unmittelbar nur auf äußere Akte beziehen kann.

5. *Die Notwendigkeit kirchlicher Gesetze*

Nach Zech ist die Kirche eine Stiftung Christi, und auch das Kirchenrecht ist bereits in dieser Stiftung angelegt. Sobald er sich aber die Frage nach der Notwendigkeit des kanonischen Rechts stellt, betrachtet er die Kirche als menschliche Gemeinschaft, „und wie jede andere Gesellschaft und menschliche Gemeinschaft bedarf sie der Ordnung und äußeren Leitung durch

[250] Praec. S. 80f., § 116.
[251] Vgl. *Stiegler*, Der kirchliche Rechtsbegriff 160f.

Gesetze."[252] Daß mit dieser Argumentation der spezifische Charakter des Kirchenrechts gegenüber weltlichem Recht nicht einsichtig gemacht werden kann, ist wohl klar. Der von Zech zunächst gewählte Ausgangspunkt, der sich sowohl als historisches wie auch als theologisches Datum erwiesen hat, die Stiftung der Kirche durch Christus, wäre wohl eher geeignet gewesen, die Legitimität und Eigenart des kanonischen Rechts nachzuweisen. Zech geht aber hier von einer theologischen zu einer sozialphilosophischen, genauer gesagt: einer naturrechtlichen Argumentation über.

Gerade die Doppelbödigkeit des Gedankens vom Ursprung des Kirchenrechts in der Stiftung der Kirche durch Christus zeigt den Vorteil dieses Ansatzpunktes zur Begründung der Notwendigkeit und Legitimität kirchlicher Gesetze gegenüber einer sozialphilosophischen Argumentation. Dies zeigt sich auch an der späteren Entwicklung der Kirchenrechtswissenschaft, denn gerade mit der historischen Argumentation aus der Frühzeit der Kirche – wobei die Verhältnisse der Urkirche als einzige theologisch legitime Existenzform der Kirche Christi verstanden wurden – wurde im 19. Jahrhundert die These vom Widerspruch zwischen dem Wesen der Kirche und dem Wesen des Rechts belegt[253]. Die historische Betrachtung der frühen Christenheit läßt sich nicht von der theologischen Argumentation für oder gegen die Legitimität der späteren Entwicklung der Kirche, also auch der Ausbildung der kirchlichen Rechtsordnung trennen. Wenn der evangelische Kirchenrechtler Rudolph Sohm die Zeit des Urchristentums als eine Zeit rein charismatischer Ordnung beschreibt, ist demgegenüber der Nachweis erforderlich, daß die kirchliche Rechtsbildung schon in der Stiftung der Kirche angelegt ist.

Im Abschnitt über den Ursprung des kanonischen Rechts stellt Zech dies schon in diesem Sinne dar, doch fehlt der historisch-wissenschaftliche Nachweis hierfür. Da die Pflege der Geschichtswissenschaft im Jesuitenorden erst im 18. Jahrhundert an Bedeutung gewinnt, fehlen Zech die notwendigen Vorarbeiten für den positiv-historischen Nachweis der Legitimität des kanonischen Rechts. Es ist daher auch nicht weiter verwunderlich, wenn Zech in der Frage der Notwendigkeit kirchlicher Gesetze die Argumentationsebene wechselt und auf eine philosophische, naturrechtliche Denkweise übergeht.

[252] Praec. S. 33, § 20; siehe oben, S. 92.

[253] Zu der hier angesprochenen These von Rudolph Sohm vgl. beispielsweise *Barion*, Rudolph Sohm und die Grundlegung des Kirchenrechts; *Werner Böckenförde*, Das Rechtsverständnis der neueren Kanonistik und die Kritik Rudolph Sohms. Eine ante-kanonistische Studie zum Verhältnis von Kirche und Kirchenrecht, Diss. theol. Münster 1969; *Antonio M. Rouco-Varela*, Die katholische Reaktion auf das „Kirchenrecht I" Rudolph Sohms, in: Ius Sacrum. Klaus Mörsdorf zum 60. Geburtstag, hrsg. v. *Audomar Scheuermann – Georg May*, München – Paderborn – Wien 1969, 15–52.

III. Kirchliches und weltliches Recht

1. Unterschiede

Bei der Bestimmung des Verhältnisses von kirchlichem und weltlichem Recht, der Unterschiede zwischen diesen Rechtsordnungen und ihren möglichen Beziehungen muß man zunächst von der jeweiligen Zielsetzung ausgehen. Das weltliche Recht betrifft nach Zech „nur die Glückseligkeit dieses gegenwärtigen Lebens" und hat die Aufgabe, „durch Einrichtungen, die der Gerechtigkeit (aequitas) und der natürlichen Vernunft entsprechen, für die öffentliche Ruhe und das irdische Wohlergehen der Bürger" zu sorgen[254]. Mit dieser Zielsetzung ist bereits einer der wichtigsten Unterschiede des weltlichen Rechts gegenüber dem kanonischen Recht angesprochen. In dem Titel „Über den Ursprung der wichtigsten Unterschiede zwischen dem kanonischen Recht und dem weltlichen Recht, ebenso (über die Frage), welchem Recht zu folgen sei"[255] nennt Zech fünf solche Unterschiede: 1. die Unfehlbarkeit der Kirche, die diese Gesetze erläßt, 2. die Milde der kirchlichen Gesetzgebung, 3. das Ziel der kirchlichen Gesetzgebung, nämlich das Heil der Seelen, 4. die Ehrfurcht vor den Sakramenten, vor allem vor dem Ehesakrament und 5. die „religio", also die Sorge um den Gottesdienst[256] – damit ist der hauptsächliche Gegenstand des kirchlichen Rechts bezeichnet[257].

An einer anderen Stelle nennt Zech drei Gründe für den Vorrang des kanonischen Rechts vor dem weltlichen, die ja immer auch Unterschiede bezeichnen müssen: 1. die Unfehlbarkeit des Gesetzgebers, 2. die Materie des kirchlichen Rechts und 3. sein erhabenes Ziel[258]. Da man unter dem mit dem Stichwort „religio" bezeichneten Unterschied zwischen dem weltlichen und dem kanonischen Recht den hauptsächlichen Gegenstand des Kirchenrechts zu verstehen hat, stimmen die Gründe für seinen Vorrang mit den zuerst genannten Unterscheidungsmerkmalen überein. Allerdings werden nur drei der fünf Unterschiede zwischen kanonischem und weltlichem Recht auch als Gründe für den Vorrang des ersteren vor dem zweiten genannt, so daß zu schließen ist, daß die Milde der Gesetzgebung und die Ehrfurcht vor den Sakramenten diesen Vorrang nicht begründen können.

[254] Praec. S. 30f., § 49.
[255] Praec. S. 316–329, Tit. XX, §§ 403–445.
[256] Vgl. Praec. S. 317–325, §§ 404–408.
[257] Vgl. Praec. S. 16f., § 26; siehe auch oben, S. 105 mit Anm. 171.
[258] Vgl. Praec. S. 30, § 49.

2. *Unabhängigkeit und Zusammenwirken*

Aus der Begriffsbestimmung des kanonischen Rechts, die ja in Abgrenzung zu jeder anderen Form von Recht vorgenommen worden war, ergeben sich nicht nur die Unterschiede der kirchlichen und weltlichen Rechtsordnung, sondern auch deren jeweils eigene Zuständigkeit. Wenn die Förderung des Gottesdienstes hauptsächlicher Gegenstand des kanonischen Rechts ist, ist es auch zuständig, wenn es um Personen, Sachen oder Orte geht, die dem Gottesdienst gewidmet sind[259]. Zech behauptet eine grundsätzliche Unabhängigkeit beider Rechtsbereiche voneinander[260], wobei allerdings die Möglichkeit besteht, daß in einer Sache, die das weltliche Recht betrifft oder die für beide Rechtsordnungen gleichgültig ist (adiaphoron), die Bestimmungen des weltlichen und des kanonischen Rechts miteinander kombiniert werden können[261]. Nach der evangelischen Kirchenrechtslehre des 17. Jahrhunderts beeinflussen sich weltliches und kirchliches Recht gegenseitig und sind grundsätzlich so auszulegen, daß es nicht zu einem Widerspruch zwischen canones und leges kommt[262]. Im Unterschied zu dieser Ansicht geht Zech von einer grundsätzlichen Trennung der beiden Rechtsbereiche aus, die allerdings Ausnahmefälle zuläßt.

Zech nennt noch eine weitere Ausnahme von dem Grundsatz der Unabhängigkeit der beiden Rechtsordnungen. Als Eigenart des kanonischen Rechts hatte er dessen Milde genannt, die sich im Rechtsinstitut der „aequitas canonica" niederschlägt. Die menschlichen Gesetze in der Kirche sollen dafür sorgen, daß alles mit Leichtigkeit (suaviter) und in einer den Menschen angemessenen Weise geschehe[263]. Die Kirchenleitung soll voller Nächstenliebe und Milde sein. So ist vorgeschrieben, daß Gesetzeslücken unter Beachtung der aequitas canonica ausgefüllt werden sollen[264]. Ebenso hebt Zech hervor, daß im kirchlichen Rechtsbereich Strenge und rechtliche Schärfe grundsätzlich nicht angewendet werden sollen[265] – dies steht natürlich in einer gewissen Spannung zu seiner Betonung der kirchlichen Zwangs-

[259] Vgl. Praec. S. 324, § 408; S. 325, § 410.

[260] Vgl. Praec. S. 327f., § 414.

[261] Vgl. Praec. S. 327, § 413.

[262] Vgl. *Heckel,* Staat und Kirche (1956) 158f.

[263] Vgl. Praec. S. 70, § 97. Der Begriff der „aequitas" war zunächst deckungsgleich mit „iustitia", wandelte sich dann aber im Sinne von „benignitas" oder „misericordia"; vgl. *Pree,* Die evolutive Interpretation der Rechtsnorm 43–45. Klassisch ist die Definition des Cyprian von Karthago: „aequitas est iustitia, dulcore misericordiae temperata"; vgl. ebd. 148.

[264] C. 11 X de transact. I 36 (II, 210 *Friedberg*); so auch noch in den kirchlichen Gesetzbüchern von 1917 (c. 20) und von 1983 (c. 19).

[265] Vgl. Praec. S. 319f., § 405 mit Berufung auf c. 1 X de dolo & contum. II 14 (II, 291 *Friedberg*).

gewalt. Sobald also, so schließt Zech hieraus, in einem Prozeß ein Auseinanderklaffen von kanonischem und weltlichem Recht festgestellt wird, soll darauf geachtet werden, „daß auch weltliche Gerichte, ja sogar nichtkatholische, die aequitas der heiligen Canones pflegen.“[266] Ohne daß dies hier ausdrücklich gesagt wird, ist wohl mehr gemeint, als daß die weltlichen Gerichte sich lediglich den Geist der aequitas aneignen sollen, wie er sich in den Canones niedergeschlagen hat. Zech denkt hier an eine Anwendung der Vorschriften des kanonischen Rechts in einem Prozeß vor dem weltlichen Gericht, wenn diese der aequitas mehr entsprechen als die Gesetze des weltlichen Herrschers[267].

Zech legt offensichtlich in der Frage der Zuständigkeit der kirchlichen und der weltlichen Gesetze eine „Bereichslehre“[268] zugrunde, die aber nicht konsequent durchgeführt wird[269] und mit der Ansicht konkurriert, daß das kirchliche Recht einen Vorrang vor dem weltlichen habe[270]. Wäre dieser Vorzug als ein reiner Ehrenvorrang zu verstehen, so wäre dies wohl kaum bedenklich. Nach Zech soll sich dies aber auch im praktischen Rechtsleben auswirken und zwar so, daß die Canones den Vorrang vor den weltlichen Gesetzen erlangen, wenn sie der aequitas mehr entsprechen. Die Aussagen über den unterschiedlichen Gegenstandsbereich, das je eigene „subjectum“, treten hier also zurück gegenüber dem Vorrang des kanonischen vor dem weltlichen Recht.

IV. Die Kirchenrechtswissenschaft

1. Definition

Die Definition der Wissenschaft vom kanonischen Recht, die Zech in seinen Praecognita Juris Canonici entwickelt, geht zunächst vom Begriff der Jurisprudenz aus: „Jurisprudenz ist eine praktische Fähigkeit des Intellekts, die unfehlbar auf wahre Akte ausrichtet, durch welche die menschlichen Handlungen bestimmt werden.“[271] Bei der Definition der Kirchenrechtswissenschaft ist Jurisprudenz der Oberbegriff, innerhalb dessen zwei Arten unter-

[266] Praec. S. 327, § 412.

[267] Vgl. auch Praec. S. 320, § 405.

[268] Zum Begriff „Bereichslehre“ vgl. *Wolter,* Ius Canonicum in Iure Civili 153.

[269] Nach *Wolter* (ebd. 166) vertritt Zech eine reine Bereichslehre.

[270] Zur historischen Entwicklung der Lehre vom generellen Vorrang des kanonischen Rechts vor dem weltlichen Recht vgl. ebd. 154–165.

[271] Praec. S. 10, § 15: „Jurisprudentia est Virtus intellectualis practica, indefectibiliter disponens ad actus veros, quibus diriguntur actiones humanae justae.“

schieden werden: die Jurisprudentia sacra und die Jurisprudentia profana. Die „differentia specifica", die nach der von Zech hier angewendeten scholastischen Definitionslehre zu einer vollständigen Ableitung des Begriffs erforderlich ist, liegt im Gegenstand dieser Wissenschaft. Die „Jurisprudentia sacra" hat zum Gegenstand den Komplex kirchlicher Gesetze, also die kirchliche Rechtsordnung[272].

Wie jede Wissenschaft hat auch die Kirchenrechtswissenschaft ein Material- und ein Formalobjekt, und so nennt Zech zwei verschiedene Objekte des Kirchenrechts, die er mit den Worten „actio christiana justa" und „res ecclesiasticae" umschreibt. Hierbei unterscheidet er das „objectum adaequatum", nämlich „das gerechte christliche Handeln, d. h. das den Regeln der christlichen Gerechtigkeit bzw. den Vorschriften des Glaubens und der heiligen canones entsprechende"[273], vom „objectum remotum", den „kirchlichen Dingen"[274].

Das objectum adaequatum ist zu verstehen als das Formalobjekt, das zu unterscheiden ist von den Gegenständen, auf die sich das Kirchenrecht bezieht. „Da aber alles Recht, dessen wir uns bedienen, sich entweder auf Personen oder auf Sachen oder auf Handlungen zu beziehen scheint, die allenthalben die drei Gegenstände des Rechts genannt werden, so ist dies nur in dem Sinne anzunehmen, daß diese die obersten Abschnitte oder Teile sind, auf die alles andere zurückgeführt werden kann, über das im Recht gehandelt wird. Denn Personen sind jene, die gerechte moralische Handlungen ausführen, Sachen, bezüglich derer sie ausgeführt werden, Handlungen oder Gerichtshandlungen, wodurch die Gerechtigkeit bezüglich unserer Tätigkeiten erlangt oder bewahrt wird."[275] Zech nimmt hier also das römischrechtliche Schema „personae – res – actiones" auf, das auch der Gliederung seiner Institutionen des kanonischen Rechts zugrundeliegt, will aber offensichtlich über diese Einteilung hinauskommen und sucht ein einheitliches Materialobjekt des kanonischen Rechts. Dies erreicht er, indem er das Schema „personae – res – actiones" als die Haupteinteilung des Materialobjekts des Kirchenrechts bezeichnet. Das einheitliche Formalobjekt des Kirchenrechts umschreibt er dann mit den Worten „actio christiana justa". Alle Personen, Sachen und (Prozeß-)Handlungen werden im kanonischen Recht unter der Rücksicht behandelt, wie gerechtes christliches Handeln erreicht und bewahrt werden kann.

[272] Vgl. ebd.

[273] Praec. S. 15, § 27; vgl. *Pichler*, Candidatus Jurisprudentiae Sacrae, Bd. 1, S. 59, RNr. 55: das „objectum materiale" des kanonischen Rechts sind die „actiones Christianorum".

[274] Praec. S. 16, § 28.

[275] Praec. S. 15f., § 27.

Diese Umschreibung der Kirchenrechtswissenschaft ist aber insofern noch ergänzungsbedürftig, als weder durch das Formal- noch durch das in dieser Weise umschriebene Materialobjekt eindeutig ist, daß es im kanonischen Recht um das Recht in der Kirche geht. Gerechte christliche Handlungsweise ist ja auch im weltlichen Bereich erforderlich und die Einteilung der Gegenstände in Personen, Sachen und Handlungen ist, wie Zech selbst sagt, für „das Recht", also für alles Recht zutreffend. Zudem wird durch diese Umschreibung des Gegenstandes des Kirchenrechts der Unterschied zur Moraltheologie nicht deutlich, die ja auch mit dem gerechten christlichen Handeln in Kirche und Welt zu tun hat. Den erstgenannten Mangel behebt Zech, indem er das Materialobjekt des Kirchenrechts nochmals präziser umschreibt.

Das „objectum remotum" des kanonischen Rechts sind die kirchlichen Sachen, d. h. – nach der Formulierung seiner Definition des kanonischen Rechts[276] – die Sachen, „die zum Gottesdienst und zur Religion gehören"[277]. Durch diese andere Umschreibung des Materialobjekts wird auch die mit dem Schema „personae – res – actiones" versuchte Gegenstandsumschreibung präzisiert. Das dem kanonischen Recht „Zugrundeliegende" (subjectum), sein Gegenstand, sind zunächst die kirchlichen Sachen, dann aber auch Personen, „sofern sie heilige Sachen in der Kirche verwalten und dem Gottesdienst geweiht sind", sowie Prozeßhandlungen, sofern sie sich auf den Erwerb, die Erhaltung oder die Veräußerung kirchlicher Sachen beziehen[278].

Hiermit ist nach Zech der Gegenstandsbereich des kirchlichen Rechts hinreichend umschrieben, und zwar so, daß das Kirchenrecht als eine Wissenschaft betrachtet werden kann. Materialobjekt des Kirchenrechts sind die „kirchlichen Sachen", sowie Personen und Handlungen, die auf diese bezogen sind; Formalobjekt ist die „actio christiana justa". Insofern aber vor allem durch das Formalobjekt eine Wissenschaft von einer anderen unterschieden wird, ist der Unterschied von Moraltheologie und Kirchenrechtswissenschaft in dieser Beschreibung des Gegenstandes nicht enthalten[279] – hier zeigt sich wieder der enge Zusammenhang dieser beiden Wissenschaften im 18. Jahrhundert. Auch die Moraltheologie hat ja zum Gegenstand, wie gerechte christliche Handlungen in der Kirche erreicht werden können. Doch ist hier das einzutragen, was Zech an anderer Stelle über die Beziehung dieser beiden Disziplinen gesagt hat, wo er der Moraltheologie die inneren Akte der Einzelnen und dem Kirchenrecht die äußerlich feststellbaren Akte

[276] Vgl. Praec. S. 13, § 21; siehe oben, S. 104.
[277] Praec. S. 16, § 28.
[278] Praec. S. 16f., § 28.
[279] Vgl. besonders den Ausdruck: „actiones *morales* justas"; Praec. S. 16, § 27.

der kirchlichen Gemeinschaft und der Einzelnen, sofern sie in Beziehung zu dieser Gemeinschaft stehen, zugewiesen hatte. Zudem ist noch zu bemerken, daß durch das starke Hervorheben der „kirchlichen Sachen“ als des zentralen Aspekts des Materialobjekts dieses auf einen spezifischen Gesichtspunkt hin verengt wird.

2. *Kirchenrechtswissenschaft und Theologie*

Zech wendet sich auch der Frage zu, wie sein Fach in den Kanon der wissenschaftlichen, insbesondere der theologischen Fächer eingeordnet werden muß. Hierfür ist entscheidend, was er über die Bedeutung des Glaubens für das Kirchenrecht sagt: „Wenn wir die kirchliche Jurisprudenz mit einem prächtigen Gebäude vergleichen wollen, hat der katholische Glaube die Stelle des Fundaments inne.“[280] – Dies entspricht auch der Bemerkung Zechs, daß die wichtigste Voraussetzung für das Studium des kanonischen Rechts eine solide Kenntnis der Glaubenswahrheiten ist[281].– Zech betrachtet die Kirchenrechtswissenschaft als eine theologische Disziplin. Dies war bis ins 18. Jahrhundert im katholischen Bereich wohl kaum umstritten; erst das Eindringen aufklärerischen Gedankenguts brachte hier eine Wende[282]. So wundert es nicht, wenn Zech die Bezeichnungen „praktische Theologie“ und „lenkende Theologie“ (theologia rectrix) für das kanonische Recht anführt und dies so begründet, daß sich das Kirchenrecht „um die Lenkung und Herrschaft über die Christen dreht und das umfaßt, was sich auf den Glauben und die Kenntnis göttlicher Dinge bezieht, sofern es dazu notwendig ist, das Leben in der christlichen Gemeinschaft gut zu führen.“[283]

Diese Umschreibung des Kirchenrechts als praktische Theologie läßt aber noch nicht in genügender Weise klar werden, wie es sich zur Moraltheologie verhält. Und tatsächlich trifft Zech des öfteren Aussagen über das Kirchenrecht, die eher oder zumindest ebenso gut auf die Moraltheologie zutreffen. So beziehen sich nach seiner Ansicht die im Neuen Testament enthaltenen ersten kirchlichen Gesetze auf die Sakramente und die Moral[284]. Ebenso ist Zech der Ansicht, daß die Canones von der Theologie zur Lösung solcher Fragen herangezogen werden können, die die Moral betreffen[285]. Wie aber schon bei der Beschreibung der Zielursache des kanonischen Rechts deutlich

[280] Praec. S. 37, § 57.
[281] Siehe unten, S. 129f. mit Anm. 295.
[282] Vgl. *Schlaich,* Kollegialtheorie 144–146, bes. 146, Anm. 70.
[283] Praec. S. 12, § 20.
[284] Vgl. Praec. S. 18f., § 31.
[285] Vgl. Praec. S. 33, § 52.

wurde, sieht er durchaus einen Unterschied zwischen Moraltheologie und Kirchenrecht, insofern jene den Einzelnen und diesen vornehmlich in Bezug auf seine inneren Akte betrachtet, das Kirchenrecht aber die Gemeinschaft der Gläubigen sowie den Einzelnen in Beziehung zu dieser Gemeinschaft und zwar vornehmlich hinsichtlich äußerlich feststellbarer Handlungen zum Gegenstand hat[286].

Wissenschaftssystematisch siedelt Zech somit die Kirchenrechtswissenschaft in der Nähe der Moraltheologie an, womit er in Übereinstimmung mit der Entwicklung der Theologie in der Neuzeit steht[287]. Daß es ebenso auch ein Teil der Rechtswissenschaften ist, scheint ihm selbstverständlich zu sein, und er spricht dies nicht ausdrücklich an, weil er hierin wohl kein Problem sieht.

V. Das Studium des Kirchenrechts

1. Die Studenten

Der Kanonist der Universität Ingolstadt hatte eine besondere Stellung als Mitglied der Theologischen und zugleich der Juristischen Fakultät[288], weil das Lehrfach des kanonischen Rechts sowohl im Rahmen des juristischen wie des theologischen Studiums vorgesehen war. Dementsprechend kamen zum einen Studenten der Rechtswissenschaften und zum anderen Theologiestudenten als Schüler des kanonischen Rechts in Betracht. Für beide Gruppen ist nach Zech das Studium des kanonischen Rechts nützlich und notwendig.

Notwendig ist die Kenntnis des kanonischen Rechts für Klerikerkandidaten vor allem dann, wenn sie das Amt eines geistlichen Richters ausüben wollen; hiermit dürfte Zech wohl auch die Tätigkeit als Beichtvater meinen. Sie ist aber auch sonst notwendig, „damit jedes ihrer Werke in Verkündigung und Lehre Bestand hat und sie alle erbauen sowohl durch die Wissenschaft des Glaubens als auch durch die Zucht der Werke“[289], wie Zech im Anschluß an das Decretum Gratiani[290] sagt. Die Kenntnis des kanonischen Rechts ist für Kleriker so wichtig, daß das generelle Verbot des Studiums der Rechtswissenschaften für diese dann nicht gilt, wenn durch ein solches

[286] Vgl. Praec. S. 15, § 26; siehe auch oben, S. 199f.

[287] Vgl. *Theiner*, Die Entwicklung der Moraltheologie 298–310.

[288] Diese Regelung bestand seit 1675; vgl. *Prantl*, Geschichte der Ludwig-Maximilians-Universität, Bd. 1, 453f.

[289] Praec. S. 31, § 50.

[290] C. 1 D. 38 (I, 141 *Friedberg*).

Studium nur ein besseres Verständnis des kanonischen Rechts angestrebt wird[291].

Die Nützlichkeit des Kirchenrechtsstudiums für Klerikerkandidaten sieht Zech in mehreren konkreten Punkten, die sich auf die Vorbereitung für den kirchlichen Dienst und auf die Einsicht in ihr späteres Amt beziehen[292].

Die Notwendigkeit des Studiums des kanonischen Rechts für künftige Juristen begründet Zech mit drei Argumenten: 1. Die canones widersprechen häufig den weltlichen Gesetzen und korrigieren diese. 2. Die Bischöfe benötigen in Rechtsprechung und Verwaltung ausgezeichnete Laien. 3. Auch die im Dienst weltlicher Fürsten stehenden Juristen haben einen Auftrag der Kirche, nämlich die heiligen canones zu schützen und auszuführen und für die Rechte der Kirche zu kämpfen[293].

Der Nutzen des Kirchenrechtsstudiums für Studenten der Rechtswissenschaften liegt vor allem darin, daß sie dadurch eine Hochachtung vor dem geistlichen Amt gewinnen. „Jene Studenten der Rechte aber, die ihren Sinn nicht auf den klerikalen Stand gerichtet haben, werden von einer inneren Hochachtung für diesen Stand ergriffen, wenn sie in das Heiligtum der canones eingetreten sind und erkennen, mit welcher Übereinstimmung der Päpste und Herrscher die Privilegien der Kleriker befestigt wurden, mit welcher Weisheit die Grade aller Weihen eingerichtet sind, mit welcher Heiligkeit für den rechten Gebrauch der Einkünfte gesorgt wird, mit welcher Sorge das Heil aller Gläubigen bedacht wird.“[294] Bei dieser Begründung der Nützlichkeit des Kirchenrechtsstudiums für Juristen läßt sich eine gewisse klerikalistische Verengung und eine triumphalistisch-apologetische Grundhaltung nicht übersehen. Als allein Handelnde in der Kirche erscheinen hier die Kleriker, und die Einrichtung aller kirchlichen Verhältnisse wird als vorbildlich dargestellt.

Unter den Voraussetzungen, die Zech für ein erfolgreiches Studium des kanonischen Rechts nennt, steht an erster Stelle die Forderung nach einer hinreichenden Kenntnis des katholischen Glaubens. „Wenn der Geist nicht in diesen eingeführt ist, wird alle Kenntnis der heiligen canones auf Sand

[291] Vgl. Hier. S. 32, § 37. Das Verbot des Studiums der Rechte (und der Medizin) für alle Kleriker stammt aus dem Jahr 1219 und wurde von Papst Honorius III. erlassen; vgl. *Willibald M. Plöchl*, Geschichte des Kirchenrechts, Bd. 2, Wien – München ²1962, 189f. Nach den Statuten der Gesellschaft Jesu war den Jesuiten nicht nur das Studium der Rechtswissenschaft verboten, sondern auch das Studium des kanonischen Prozeßrechtes; vgl. *Harald Dickerhof*, Universitätsreform und Wissenschaftsauffassung. Der Plan einer Geschichtsprofessur in Ingolstadt 1624, in: Historisches Jahrbuch 88 (1968) 325–368, hier: 342f. mit Anm. 58.

[292] Vgl. Praec. S. 34–36, § 54.

[293] Vgl. Praec. S. 31f., § 51.

[294] Praec. S. 36, § 55.

aufgebaut und kann leicht zu einem Chaos verworrener und irriger Meinungen zusammenbrechen."[295] Besondere Kenntnisse verlangt Zech von seinen Studenten in der lateinischen Sprache, den niederen Wissenschaften, d. h. den Fächern der Gymnasialbildung, den philosophischen Disziplinen und der Kirchengeschichte[296]. Vor allem die notwendige Kenntnis der Kirchengeschichte ist hier auffällig; dies steht im Einklang mit den Bemühungen Zechs um eine historisch fundierte Darstellung des Kirchenrechts.

2. *Der Studienverlauf*

Nach der Studienordnung der Gesellschaft Jesu mußte das kanonische Recht in zwei Jahren absolviert werden. In diesen zwei Jahren sollte der gesamte Stoff der Dekretalen gelesen werden, und zwar im ersten Jahr die Bücher 1, 2 und 5 (iudex, iudicium, crimen), d. h. die auf das Gerichtswesen und das Strafrecht bezüglichen Materien, im zweiten Jahr die Bücher 3 und 4 (clerus, sponsalia), also das Personen- und Sachenrecht[297]. Das Studium und die Lehre des öffentlichen, d. h. des weltlichen Rechts war an Jesuiten-Universitäten nicht vorgesehen[298], doch wurde dem Lehrer des kanonischen Rechts nahegelegt: „Obwohl es nicht Sache jenes Lehrstuhls ist zu behandeln, was zur Theologie und zum öffentlichen Recht gehört, so ist es doch zweckdienlich, auf solche Fragen insoweit einzugehen, als es die Zeit erlaubt und die richtige Erklärung der canones je nach dem Bedürfnis des Landes es verlangt."[299]

Von dieser Studienordnung seines Ordens ging Zech in einem erheblichen Maße ab. Zwar behielt er die Studiendauer von zwei Jahren bei[300], doch verteilte er die in den einzelnen Jahren gelesenen Materien ganz anders als die Ratio studiorum. Im ersten Jahr wurde durch eine sogenannte Institutionen-Vorlesung eine allgemeine Kenntnis des kanonischen Rechts vermittelt, namentlich seiner Quellen – vor allem der Gliederung des Corpus Juris Canonici –, der wissenschaftlichen Arbeitsweise, der wichtigsten Gegen-

[295] Praec. S. 38, § 57.

[296] Vgl. Praec. S. 1f., § 2.

[297] Vgl. Ratio studiorum, Regeln für den Lehrer des kanonischen Rechts Nr. 2, in: *Duhr*, Die Studienordnung der Gesellschaft Jesu 209.

[298] Constitutionum S. J. Pars IV, Cap. XII, in: *Pachtler*, Ratio studiorum, Bd. 1, 54.

[299] Ratio studiorum, Regeln für den Lehrer des kanonischen Rechts Nr. 3, in: *Duhr*, ebd. 209f.

[300] Die von Zech vorgesehene Studienzeit entspricht der Anordnung des Kurfürsten Maximilian III. Joseph vom 22. August 1746, wonach die Institutiones Juris Canonici, also die einleitende Vorlesung des Kirchenrechts, die der Darstellung der einzelnen Rechtsmaterien voraufgeht, in zehn Monaten abgeschlossen sein mußten; vgl. UA Mchn., L I 8, Bd. 2, 22. 8. 1746.

stände, Rechtsregeln und Definitionen[301]. Das zweite Studienjahr sollte den Studenten anhand der Dekretalen Gregors IX. eine Kenntnis der gesamten Rechtsmaterie ermöglichen, wobei allerdings nicht alle Titel der Dekretalen mit gleicher Gründlichkeit behandelt wurden[302]. Die Lektüre des Decretum Gratiani stellt Zech in seinen Praecognita Juris Canonici – sofern hierfür nicht ein eigener Professor angestellt ist, wie er es offensichtlich als wünschenswert ansieht – dem privaten Studium anheim[303]; überhaupt vertritt Zech die Meinung, daß ein gründliches privates Studium unerläßlich sei[304].

Die Vorlesungen waren teils öffentliche, teils private Kollegien. Nach einem Lektionsplan der Juristischen Fakultät der Universität Ingolstadt aus dem Jahre 1746 fanden die öffentlichen Kollegien im kanonischen Recht an vier Tagen in der Woche, nämlich Montag, Mittwoch, Freitag und Samstag jeweils um 8.00 Uhr morgens statt[305]. Entsprechend der Neuordnung der juristischen Studien, die Kurfürst Maximilian III. Joseph am 22. August 1746 verordnet hatte, waren für jede Vorlesung anderthalb Stunden vorgesehen[306], so daß – auf heutige Verhältnisse umgerechnet – das Kirchenrecht in einem viersemestrigen Zyklus von je acht Semesterwochenstunden gelesen wurde. Dazu kamen aber noch die Privatkollegien, in denen der Stoff wiederholt und durch Fragen vertieft werden sollte[307]. Diese fanden nach dem erwähnten Vorlesungsplan von 1746 dreimal wöchentlich statt, und zwar Dienstag und Samstag um 16.00 Uhr sowie Donnerstag um 8.00 Uhr[308].

Die Gefahr, daß durch diesen großen Umfang der kirchenrechtlichen Vorlesungen das Studium der übrigen theologischen bzw. juristischen Fächer beeinträchtigt werden könne, bestreitet Zech ausdrücklich[309]. Zudem scheint der große Anteil des Kirchenrechts am wöchentlichen Stundenplan deshalb erforderlich gewesen zu sein, weil in den Prüfungen die Kenntnis der gesamten Materie des kanonischen Rechtes entsprechend den Dekretalen

[301] Vgl. Praec. S. 2f., § 3.

[302] Vgl. Praec. S. 7, § 12; S. 8f., § 13.

[303] Vgl. Praec. S. 7, § 11. In Ingolstadt gab es keinen eigenen Professor für das Decretum Gratiani.

[304] Vgl. z. B. Praec. S. 357, § 440.

[305] Vgl. UA Mchn., Georgianum, 2. Abt., Akten Nr. 316, Lektionsplan der Juristischen Fakultät zu 1746. *Karl Schug* (Zur Geschichte der juristischen Vorlesungen 86f. 124) zitiert einen Lektionsplan von 1760, in dem sowohl für die öffentlichen als auch für die privaten Kollegien die gleichen Stunden wie im Lektionsplan von 1746 genannt werden.

[306] Vgl. UA Mchn., L I 8, Bd. 2, 22. 8. 1746.

[307] Vgl. Praec. S. 6, § 9.

[308] Vgl. UA Mchn., Georgianum, 2. Abt., Akten Nr. 316, Lektionsplan der Juristischen Fakultät zu 1746.

[309] Vgl. Praec. S. 6, § 10.

Gregors IX. verlangt wurde, wie das Edikt des Eichstätter Bischofs Raimund Anton von Strasoldo (1757–1781) über die Eignung der Weihekandidaten aus dem Jahre 1759 zeigt[310].

Als Lehrbuch verwendete Franz Xaver Zech natürlich seine eigenen Institutionen des kanonischen Rechts, die von 1749 an erschienen sind; zuvor hatte er das Lehrbuch seines Lehrers Vitus Pichler zugrundegelegt, der einige Jahre vor ihm den Ingolstädter Lehrstuhl des kanonischen Rechtes innegehabt hatte[311]. Das Lehrbuch Pichlers war auch seit 1753 in Österreich als offizielles Lehrbuch des Kirchenrechts vorgeschrieben worden, bis es 1769 von den „Institutiones iurisprudentiae Ecclesiasticae" des Hofrats Paul Joseph von Riegger abgelöst wurde[312].

[310] DA Eichstätt, q 27: De examine ordinandorum.

[311] Vgl. UA Mchn., Georgianum, 2. Abt., Akten Nr. 316, Lektionsplan der Juristischen Fakultät zu 1746.

[312] Vgl. *Andreas Falkner,* Geschichte der Theologischen Fakultät der Universität Innsbruck 1740–1773, Innsbruck 1969 (Forschungen zur Innsbrucker Universitätsgeschichte 4), 243 f.; nach *Frowein* (Hedderich 241) wurde das Lehrbuch von Riegger bereits ab 1768 als offizielles Lehrbuch vorgeschrieben.

Dritter Teil

Die Kirche in ihrer inneren und äußeren Verfaßtheit

Die (innere) Verfassung der Kirche, ihr hierarchischer Aufbau und ihre Ämter einerseits, und das Verhältnis der Kirche zum Staat und den nichtkatholischen Religionsgemeinschaften andererseits – in der späteren Kanonistik als „äußeres Kirchenrecht" bezeichnet[1] – sind die beiden wichtigsten Problembereiche, die durch das Aufkommen aufklärerischen Gedankenguts zum Gegenstand neuer Überlegungen für die katholische Kirchenrechtswissenschaft wurden. Da in der vorliegenden Arbeit insbesondere die Bedeutung Franz Xaver Zechs im Rahmen der beginnenden aufklärerischen Kirchenrechtslehre dargestellt werden soll, beschränkt sich die Wiedergabe seiner Ansichten zum geltenden Kirchenrecht auf die Fragen der Kirchenverfassung und der Beziehung zwischen Kirche und Staat, die in Anlehnung an die Terminologie in der Zeit nach Zech als „innere und äußere Verfaßtheit der Kirche" bezeichnet werden. Durch diese Bezeichnung soll angedeutet werden, daß die „innere" und die „äußere" Verfaßtheit der Kirche nicht unabhängig voneinander sind; so ist beispielsweise die Stellung der nichtkatholischen Christen einerseits nach kanonischem, andererseits aber auch nach staatlichem Recht zu betrachten[2]. Da aber nur die Regelung der konfessionellen Verhältnisse in den deutschen Religionsfrieden eine besondere Behandlung der nichtkatholischen Christen erfordert, sind diese Fragen im Zusammenhang mit dem Verhältnis der Kirche zum Staat zu behandeln.

In der späteren Kirchenrechtsschule des „Jus Publicum Ecclesiasticum" gehörten die Fragen der inneren und äußeren Verfassung der Kirche ebenfalls eng zusammen[3], insofern die Lehre von der Kirche als einer hierarchisch strukturierten ungleichen Gesellschaft zum Nachweis dessen diente, daß die Kirche ebenso wie der Staat eine vollkommene Gesellschaft ist und somit eine prinzipielle Unabhängigkeit der Kirche vom Staat besteht. Obwohl Zech sein Lehrbuch als „Institutionen des kanonischen Rechts" verfaßte und somit vornehmlich die innerkirchliche Ordnung betrachtete, soll auch darauf geachtet werden, wie sich nach seiner Ansicht das Verhältnis zwischen Kirche und Staat darstellte.

[1] Vgl. z. B. *Listl,* Kirche und Staat 32.
[2] Siehe unten, S. 180–182.
[3] Vgl. *Listl,* ebd. 66f.

A) Die Verfassung der Kirche

I. Hierarchie und Kirchengewalt

1. Der Begriff der Hierarchie

Zech stellt die Verfassung der Kirche ganz unter dem Gedanken der Hierarchie dar[4]. Diese definiert er folgendermaßen: „Die kirchliche Hierarchie ist eine geordnete Vollmacht geweihter Menschen, die eine angemessene Herrschaft über die Untergebenen fordert."[5] Wenn er hier von „geweihten Menschen" spricht, ist dies nicht im engeren Sinne der sakramentalen Ordination zu verstehen; Zech zählt zur Hierarchie alle Kleriker einschließlich derjenigen, die nur die niederen Weihen empfangen haben. Dies wird an anderen Stellen deutlich, so in der folgenden Umschreibung der Hierarchie: „Die gesamte Ordnung der Kleriker umfaßt die kirchliche Hierarchie, die nach der Etymologie des griechischen Wortes eine heilige Herrschaft bezeichnet."[6] Aus den im Anschluß an diese Begriffsbestimmung folgenden Aussagen über das Wesen der Hierarchie lassen sich dann die wichtigsten Begriffselemente ableiten: „... hieraus kann die kirchliche Hierarchie genannt werden: Eine heilige Ordnung, die von Christus im Neuen Gesetz eingerichtet wurde und mittels Wissenschaft und Handlung durch dessen (Christi, der Verf.) Nachahmung und den Gehorsam gegenüber den Geboten zur Caritas hinführt und gemäß den ihr eigenen Tätigkeiten nach ihrer Weise zur Ähnlichkeit mit Gott aufsteigt."[7] Für den Begriff der Hierarchie ergeben sich also folgende Begriffsmomente: 1. Sie stellt eine Ordnung von Oberen und Untergebenen dar[8]; diese hat aber eine spezifische Struktur: Es gibt Untere, Mittlere und Obere[9]. Diese letztere Feststellung stimmt übrigens auffallend mit dem überein, was Hans Dombois in einer soziologischen

[4] Vgl. vor allem den Titel des Buches, das diesen Abschnitt des kanonischen Rechtes behandelt: „Hierarchia Ecclesiastica, ad Germaniae Catholicae Principia et Usum delineata". Dieser Titel fällt umso mehr auf, als nach der von Zech übernommenen Institutionengliederung der zweite Band „De Personis Ecclesiasticis" hätte heißen müssen.

[5] Hier. S. 133f., § 156: „Hierarchia Ecclesiastica est Potestas hominum sacrorum ordinata, debitum in subditos retinens principatum."

[6] Hier. S. 2, § 2.

[7] Hier. S. 2f., § 2: „... ex quibus Hierarchia Ecclesiastica dici potest Ordo sacer in Lege nova a Christo instituta mediante scientia & operatione per ejus imitationem & praeceptorum observantiam ad charitatem adducens, secundum actiones sibi proprias, ad DEI similitudinem pro suo modo ascendens."

[8] Vgl. Hier. S. 509, § 501.

[9] Vgl. Hier. S. 134, § 156: „Is autem Hierarchicus ordo est, ut media per prima, & infima per media in DEUM reducantur."

Betrachtung moderner Hierarchien als deren gemeinsames Strukturmerkmal herausgestellt hat: „Hierarchie ist nachweisbar erst von einem Dreierverhältnis an, wenn nämlich das Nachordnungsverhältnis von A zu B in einer vergleichbaren Weise zwischen B und C wiederkehrt. Erst so entsteht durch eine relative Identität von A, B und C die für Hierarchie charakteristische Stufenleiter."[10] Die Notwendigkeit der kirchlichen Hierarchie und der damit verbundenen Ungleichheit in der Kirche zeigt Zech anhand des Beispiels der „himmlischen Heere" auf, denn auch die Engel und Erzengel, die als die himmlische Hierarchie das Vorbild für die Kirche bieten, sind nicht gleich, sondern in Vollmacht und Ordnung verschieden[11]. 2. Die hierarchische Ordnung ist eine Ordnung von Befehlenden und Gehorchenden[12], womit nochmals die Ungleichheit der Glieder der Hierarchie angesprochen wird. 3. Sie ist von Christus begründet worden[13]. 4. Ihr Ziel ist es, die Menschen zu Gott zu bringen, die Caritas aufzurichten und sie Christus bzw. Gott ähnlich zu machen[14]. 5. Dieses Ziel wird durch die der Hierarchie eigentümlichen Tätigkeiten von Reinigung (in Taufe und Buße), Erleuchtung (in der Lehre) und Vollendung (durch die übrigen Sakramente) erreicht[15].

Diese Darstellung Zechs entspricht der Lehre des Dionysius Areopagita[16], der den Begriff der Hierarchie geprägt, ihn aber umfassender verstanden hatte. Zech zitiert an dieser Stelle den französischen Theologen Jean Gerson (1363–1429)[17], der in besonderer Weise aus dem Gedankengut des Dionysius schöpfte. Auch die Parallelität von kirchlicher und himmlischer Hierarchie[18] entspricht der Lehre des Dionysius, den Zech in diesem Zusammenhang heranzieht, und geht nach Zech bereits auf Clemens von Alexandrien

[10] *Hans Dombois*, Hiearchie. Grund und Grenze einer umstrittenen Struktur, Freiburg – Basel – Wien 1971, 17.

[11] Vgl. Hier. S. 518–520, § 511.

[12] Vgl. Hier. S. 509, § 501; vgl. auch Hier. S. 2, § 2: „heilige Herrschaft"; S. 133, § 156: „geordnete Vollmacht"; S. 4, § 5: „Hierarchia enim nititur duobus axibus, quibus concordia fovetur, nimirum subjectione et imperio; recto obsequio minorum, & justo imperio majorum" mit Berufung auf c. 7 D. 89 (I, 313 *Friedberg*), c. 5 D. 33 (I, 124 *Friedberg*) und c. 63 C. XVI q. 1 (I, 782 *Friedberg*).

[13] Vgl. Hier. S. 2f., § 2.

[14] Vgl. Hier. S. 133f., § 156; S. 3, § 2.

[15] Vgl. Hier. S. 5, § 6.

[16] Vgl. *[Pseudo-]Dionysius Areopagita*, De Caelesti Hierarchia VII, 2 (SC 58bis, 109–112 *Roques – Heil – Gandillac*). Die Lehre des Pseudo-Dionysius wurde auch auf dem Konzil von Trient zitiert; vgl. *Gerhard Fahrnberger*, Bischofsamt und Priestertum in den Diskussionen des Konzils von Trient. Eine rechtstheologische Untersuchung, Wien 1970 (Wiener Beiträge zur Theologie 30), 38f.

[17] *Jean Gerson*, De Potestate Ecclesiae; Zech gibt an: Consideratio 6; gemeint sein dürfte Consideratio 9 (VI, 227 *Glorieux*).

[18] Vgl. Hier. S. 519, § 511.

zurück[19]. Insgesamt ist Zech der Ansicht, daß die römische Kirche die Hierarchie der frühen Kirche in vollkommener Weise bewahrt hat[20].

Da die kirchliche Hierarchie Bild und Nachahmung der Hierarchie der Engel ist[21], werden die Ordnungen der Engel und Kleriker einander stark angenähert, so daß Zech die Kleriker auch „Soldaten des himmlischen Heeres“[22] nennen kann. Hier wird das Bild der streitenden mit dem der triumphierenden Kirche vermengt, was wieder[23] auf einen triumphalistischen Grundzug im ekklesiologischen Denken Zechs hinweist.

2. Die Stufen der Weihehierarchie

Zech sieht die Weihehierarchie als eine Stufenleiter, auf der die Kandidaten gemäß Würde und Befähigung aufsteigen können bis zur Priesterweihe (Presbyteratus) und möglicherweise bis zur Spitze des Priestertums (culmen Sacerdotii), der Bischofsweihe[24]. Dem Diakonat kommt unter den Weihestufen des „ministerium“, also den niederen Weihen, offensichtlich besondere Bedeutung zu, denn er besteht ohne Zweifel aufgrund göttlicher Einrichtung, wie Zech aus der Aussage des Konzils von Trient schließt, daß die aufgrund göttlicher Anordnung bestehende Hierarchie Bischöfe, Priester und Diener (ministri) umfaßt[25]. Allerdings stellt der Diakonat, wie Zech bemerkt, zu seiner Zeit zumeist nur noch eine Durchgangsstufe zur Priesterweihe dar[26]. Einen eigenen Abschnitt[27] widmet Zech den aus der alten Kirche bekannten Diakonissen. Entscheidend für sein Verständnis dieses Amtes ist aber, daß er die Weihe von Diakonissen nicht als sakramental ansieht, obwohl diese vom Bischof mit den gleichen Zeremonien ordiniert wurden wie die männlichen Diakone[28]. Damit steht Zech in einer alten kanonistischen Tradition, die auf die Dekretisten (Rufin, Huguccio) zurückgeht und nach der die Diakonissenweihe nicht als sakramentale Ordination, sondern lediglich als Benediktion verstanden wurde[29].

Ebenso wie bei Dionysius Areopagita erhält auch bei Zech das Bischofs-

[19] Vgl. Hier. S. 2, § 2, Anm. 4.
[20] Vgl. Hier. S. 121, § 138.
[21] Vgl. Hier. S. 2, § 2.
[22] Hier. S. 57, § 62.
[23] Siehe oben, S. 129.
[24] Vgl. Hier. S. 3, § 3.
[25] Vgl. Hier. S. 117, § 133; Conc. Tridentinum, Sess. XXIII, can. 6 (DS 1776).
[26] Vgl. Hier. S. 121, § 138.
[27] Vgl. Hier. S. 459–471, §§ 473–477.
[28] Vgl. Hier. S. 463, § 474.
[29] Vgl. *Ida Raming,* Der Ausschluß der Frau vom priesterlichen Amt. Gottgewollte Tradition oder Diskriminierung? Eine rechtshistorisch-dogmatische Untersuchung der Grundlagen von Kanon 968 § 1 des Codex Juris Canonici, Köln – Wien 1973, 162f.

amt eine besondere Stellung im Aufbau der Kirche, wobei aber durchaus Platz bleibt für die besondere Stellung des Papstes: „Daß den ersten Platz in der Hierarchie die Bischöfe einnehmen, bezweifelt niemand; dennoch erkennen wir unter den Bischöfen selbst eine gewisse Unterschiedlichkeit der Grade. Zwar ist die Ordnung dieses höchsten Priestertums eine einzige, nichtsdestoweniger sind unter Berücksichtigung der Jurisdiktion die einen Bischöfe über die anderen erhaben."[30] Auf diese Weise führt Zech die Unterscheidung von Weihe- und Jurisdiktionshierarchie ein[31], die bei Dionysius allerdings noch unbekannt war[32].

3. Weihehierarchie und Eucharistie

Im Anschluß an eine Tradition, die über das Konzil von Trient[33], Thomas von Aquin und Petrus Lombardus bis auf Stephan Langton zurückgeht[34], stellt Zech die Weihehierarchie unter dem Aspekt der Zuordnung zur eucharistischen Feier dar: „Da die Weihehierarchie sich hauptsächlich auf das Geheimnis der Eucharistie bezieht, haben die ersten (Stellen) in ihr inne, die die Eucharistie feiern, nämlich die Bischöfe, ... dann die Priester ... Es folgen jene, die irgendeinen Dienst bezüglich der Eucharistie ausüben, nämlich die Diakone ..., Subdiakone ... und andere, die die niederen Weihen ... oder wenigstens die Tonsur ... empfangen haben. Schließlich sind auch die Laien anwesend, die die Eucharistie empfangen, ohne irgendeinen Dienst bezüglich dieser zu übernehmen. Auf diese Weise wird zu unserer Zeit das erfüllt, was der heilige Märtyrer Ignatius über das erste

[30] Hier. S. 134, § 156.

[31] Vgl. auch Hier. S. 509, § 503.

[32] Die Unterscheidung von potestas ordinis und potestas iurisdictionis setzte erst im Hochmittelalter ein; vgl. *Peter Krämer*, Dienst und Vollmacht in der Kirche. Eine rechtstheologische Untersuchung zur sacra potestas-Lehre des II. Vatikanischen Konzils, Trier 1973 (Trierer Theologische Studien 28), 6–8; *Adam Zirkel*, „Executio potestatis". Zur Lehre Gratians von der geistlichen Gewalt, St. Ottilien 1975 (Münchener Theologische Studien, Kanonistische Abteilung 33).

[33] Vgl. *Gerhard Fahrnberger*, Amt und Eucharistie auf dem Konzil von Trient, in: *Peter Bläser u. a.*, Amt und Eucharistie, Paderborn 1973 (Konfessionskundliche Schriften des Johann-Adam-Möhler-Instituts 10), 174–207, hier: 187. Auch auf dem Konzil von Trient gab es eine Gruppe von Konzilsvätern, die sich einer ausschließlichen Bestimmung der einzelnen Weihestufen im Hinblick auf ihren Bezug zur Eucharistiefeier entgegenstellte; vgl. *ders.*, Amtspriestertum und Eucharistiefeier auf dem Konzil von Trient. Darlegung und Würdigung des Werdegangs eines tridentinischen Dekrets in Hinblick auf die Ekklesiologie des 2. Vatikanischen Konzils, in: Investigationes Theologico-Canonicae, Rom 1978, 143–167, hier: 153f.

[34] Vgl. *Artur Landgraf*, Die Lehre der Frühscholastik vom Episkopat als Ordo, in: Scholastik 26 (1951) 496–519, hier: 515f. 518; *Eugen Seiterich*, Ist der Episkopat ein Sakrament?, in: Scholastik 18 (1943) 200–219, hier: 220–202; *Fahrnberger*, Bischofsamt und Priestertum 36 mit Anm. 75 und S. 41.

Jahrhundert der Kirche schreibt: ‚Das Priestertum ist die Spitze aller Güter, die es bei den Menschen gibt ... Alles Eurige soll in passender Ordnung geschehen. Die Laien sollen sich den Diakonen unterwerfen, die Diakone den Priestern, die Priester dem Bischof, der Bischof Christus, wie dieser dem Vater'."[35] Der Priester (Sacerdos) wird gerade zu diesem Dienst geweiht, daß er das Meßopfer an Christi Statt vollzieht, „denn der erstrangige Opfernde ist Christus, der Herr, als der ewige Priester nach der Ordnung des Melchisedech"[36]. Die Verbindung zwischen der – aufgrund des character indelebilis – unvergänglichen Weihe und der Vollmacht, das eucharistische Opfer zu feiern, ist so eng, daß auch ungläubige, häretische, schismatische, suspendierte, exkommunizierte und abgesetzte Priester die Messe immer gültig feiern können, „weil die Weihegewalt nicht verlorengehen kann"[37]. Das Priesterbild Zechs entspricht somit dem Bild, das nach dem Tridentinum vorherrschte, in dem der Priester hauptsächlich als Opferpriester gesehen wurde, was als kultische Verengung des Priesteramtes anzusehen[38] und auf die Trennung von Weihe- und Jurisdiktionsvollmacht zurückzuführen ist[39].

Die Beziehung von Weihehierarchie und Eucharistie hebt hervor, daß je nach der Weihestufe die Mitwirkung an der eucharistischen Feier intensiver ist. Auffällig aber ist, daß auch die Laien in diesem Zusammenhang genannt werden, obwohl sie nicht Mitglieder der Weihehierarchie sind; durch ihre Anwesenheit bei der Eucharistiefeier und durch den Empfang der Kommunion wirken aber auch sie in gewisser Weise an der eucharistischen Feier mit und sind zunächst insofern der Weihehierarchie zugeordnet, als sie die Adressaten der hierarchischen Tätigkeit sind. Sie sind aber auch am eucharistischen Opfer selbst beteiligt: „Das Volk aber vollzieht das Opfer durch Verlangen, Willen und geistliche Verbundenheit mit dem Priester."[40]

Der Bezug der einzelnen Stufen der Weihehierarchie zur Eucharistie vermag vor allem den Unterschied zu bezeichnen zwischen denen, die das eucharistische Opfer „in Sacerdotio" feiern und vollziehen – Bischof und Priester –, und denen, die „in Ministerio" zum eucharistischen Opfer hinzutreten, unter welchen aber wiederum höhere Weihestufen – Diakonat und

[35] Hier. S. 509f., § 503; das Zitat gibt Zech an mit: S. Ignatius M. epist. ad Smyrnens. (die Auslassungen im zitierten Text stammen von Zech); das Zitat ist aber bei Ignatius nicht zu verifizieren. Ein verwandter Gedanke findet sich bei *Ignatius,* Ad Smyrn. 8,1 (211 *Fischer*).

[36] De Jur. Rer. I, S. 298, § 237.

[37] De Jur. Rer. I, S. 299, § 237.

[38] Vgl. *Krämer,* Dienst und Vollmacht 9; *Konrad Baumgartner,* Der Wandel des Priesterbildes zwischen dem Konzil von Trient und dem II. Vatikanischen Konzil, München 1978 (Eichstätter Hochschulreden 6), 6.

[39] Siehe unten, S. 140f.

[40] De Jur. Rer. I, S. 298, § 237.

Subdiakonat – von den niederen unterschieden werden[41]. Zech erwähnt auch, „daß in gewissen Kirchen die Diakone gemeint haben, die eucharistische Wandlung vollziehen zu können."[42] Durch die Formulierung „praesumpserint" (sie waren der Ansicht, es tun zu können; sie wagten, es zu tun) läßt er erkennen, daß diese Ansicht unzutreffend ist, denn sie gehören zwar dem Ordo an, nicht aber dem Priestertum, dem allein die Befähigung zukommt, an Christi Statt das eucharistische Opfer zu vollziehen. Der Unterschied zwischen den einzelnen Weihestufen von der ersten Tonsur bis zum Diakonat, wie auch der Unterschied zwischen Priester- und Bischofsamt kann mit dem Kriterium der Teilhabe an der Eucharistie allerdings nicht weiter begründet werden[43]. Im Gegenteil fällt auf, daß seit Thomas von Aquin[44] der enge Bezug zwischen Weihe und Eucharistie als Argument gegen die Sakramentalität der Bischofsweihe herangezogen wurde, da diese Weihe keine neue unmittelbar auf die Eucharistie bezogene Gewalt verleiht[45]. So wirkt sich diese Ansicht auch bei Zech in der Frage nach dem (sakramentalen) Unterschied von Priester- und Bischofsweihe aus, in der er nicht zu einer klaren Unterscheidung findet[46].

4. *Die Jurisdiktionshierarchie*

Die Jurisdiktionshierarchie umschreibt Zech wie folgt: „Jurisdiktionshierarchie wird genannt eine heilige Ordnung in der Kirche, die durch die Vollmacht heiliger Handlung die Untergebenen zur Beachtung der Gebote und zur Ähnlichkeit mit Gott führt."[47] Kennzeichnend für die Jurisdiktionshierarchie ist, daß die Glieder dieser Hierarchie je verschiedene Vollmachten

[41] Vgl. Hier. S. 4, § 4.

[42] De Jur. Rer. I, S. 298, § 237, Anm. 92.

[43] Vgl. *Fahrnberger,* Amtspriestertum und Eucharistiefeier 158 mit seiner Kritik an den Beschlüssen des Konzils von Trient: „Immerhin sind die Mehrheit der Väter auch im Banne jener übermächtigen theologischen Schulmeinung des Mittelalters, welche Priesteramt und Dienst an der Eucharistiefeier identifizierte und in der Wandlungsgewalt die Vollendung des ‚sacerdotium' gegeben sah. Das Bischofsamt erschien eher als außerhalb des Weihesakraments stehende Ordnungsmacht, und Leitungsgewalt, Recht und Autorität wurden allzusehr als fast profane, nicht im Sakrament wurzelnde und daher von den Oberen nach den Bedürfnissen des öffentlichen Wohles beliebig manipulierbare Größen gesehen." Vgl. auch *Krämer,* Dienst und Vollmacht 8.

[44] Vgl. *Fahrnberger,* Bischofsamt und Priestertum 41–44.

[45] Vgl. ebd. 48. 76. 96; vgl. auch *Ludwig Ott,* Das Weihesakrament, Freiburg 1969 (Handbuch der Dogmengeschichte IV,5), 136.

[46] Dazu siehe weiter unten, S. 148–150.

[47] Hier. S. 4, § 5: „Hierarchia *Jurisdictionis* appellatur Ordo sacer in Ecclesia per actionis sacrae potestatem subditos ad mandatorum observantiam & DEI similitudinem adducens."

haben. Die höchste Vollmacht hat der Papst[48], die unteren Grade, Patriarchen, Primaten, Metropoliten und Suffraganbischöfe, haben eine je mehr und mehr begrenzte Vollmacht[49]. Die höheren Oberen können auch die Jurisdiktion der ihnen untergebenen Amtsträger einschränken. So können die Bischöfe die Beichtjurisdiktion in ihrer Diözese aus einem gerechten und vernünftigen Grund auf Zeit, für einen bestimmten Personenkreis und für bestimmte Fälle einschränken[50], wie ja auch insgesamt die Ausübung von Beichtvollmacht von der Bestätigung (approbatio) des zuständigen Bischofs abhängig ist[51].

Der zentrale Begriff bei den Aussagen über die Jurisdiktionshierarchie ist der der „potestas iurisdictionis". Diese erstreckt sich auf alle Gläubigen, umfaßt den inneren wie den äußeren Rechtsbereich und ist von den christlichen Herrschern stets anerkannt worden[52]. Die Unterscheidung von innerem und äußerem Rechtsbereich bezieht sich nach Zech auf die verschiedenen Tätigkeiten der Hierarchie. Im forum internum werden die verschiedenen hierarchischen Tätigkeiten – Erleuchtung, Reinigung und Vollendung – durch Wortverkündigung und Sakramentenspendung ausgeübt, während das forum externum durch den Gedanken der Zwangsgewalt geprägt ist. Hierher gehören Urteil, Vorschrift, Strafe usw.[53] Hinter der von Zech vorgetragenen Lehre steht somit die aus der mittelalterlichen Theologie stammende gegenständliche Unterscheidung von Weihe- und Jurisdiktionsgewalt, die ihren prägnanten Ausdruck in der Formulierung des 1566 von Papst Pius V. herausgegebenen Catechismus Romanus gefunden hat: „Die Weihegewalt bezieht sich auf den wahren Leib des Herrn in der Allerheiligsten Eucharistie, die Jurisdiktionsgewalt als ganze aber ist im mystischen Leib Christi tätig."[54] Die Tätigkeiten der kirchlichen Amtsträger im inneren Bereich entsprechen der Ausübung der Weihegewalt, wenngleich auch hier des öfteren Jurisdiktion im Spiel ist, z. B. bei der sakramentalen Absolution;

[48] Vgl. De Jud. I, S. 24, § 24.

[49] Vgl. Hier. S. 514, § 507.

[50] Vgl. De Jur. Rer. I, S. 345, § 267.

[51] Vgl. De Jur. Rer. I, S. 343f., § 266.

[52] Vgl. De Jud. I, S. 18, § 19: „Habet Ecclesia Jurisdictionem in omnes Fideles, non tantum pro foro interno in Poenitentiae Sacramento, ut quodcumque ligat super terram, ligatum sit in coelo: sed etiam pro foro externo, concessa a Christo potestate, habendi inoboedientes pro Ethnicis & Publicanis, infligendo anathematis poeneam, qua nulla est gravior in Ecclesia coercitio. Hanc Jurisdictionem non ab aliis, quam ab Ecclesiae Praelatis exercitam, agnoverunt semper & reveriti sunt Imperatores & Reges, qui Ecclesiae Christianae membra esse volebant."

[53] Vgl. Hier. S. 5, § 6. Was die Akte der Jurisdiktion angeht, steht Zech offensichtlich im Rahmen der im 17. und 18. Jahrhundert üblichen Lehre; vgl. *Hans Heimerl*, Kirche, Klerus und Laien. Unterscheidungen und Beziehungen, Wien 1961, 52f.

[54] Catechismus ex Decretis Concilii Tridentini, ad parochos, Pii V. et Clementis XIII. Pont. Max. iussu editus, lat.-dt. Ausg., Regensburg 1896, II, 7, 6.

die Tätigkeiten aber, die den äußeren Bereich betreffen, haben allein mit der Jurisdiktion zu tun. „Dahinter verbirgt sich ein dualistischer Kirchenbegriff. Die Kirche wurde nicht mehr als ‚communio' verstanden, sondern als eine Wirklichkeit, die aus zwei Elementen zusammengesetzt ist: die Kirche als der ‚wahre Leib' Christi in der Feier der Eucharistie und die Kirche als äußere organisatorische Wirklichkeit, als die ‚Körperschaft Christi'."[55]

Zech hebt vor allem die Unabhängigkeit der kirchlichen Jurisdiktion von der weltlichen Macht hervor: „... wie der Führer von Soldaten über die Militärpersonen und bezüglich der Sachen, die zum Militär gehören, Jurisdiktion ausübt, damit nicht die Soldaten von der Truppe abgezogen werden, so ist es auch passender, daß die Kleriker, die Militärdienst für Gott leisten, und die Sachen der Kirche, die zur Förderung des Gottesdienstes da sind, einen eigenen Richter haben."[56] Die Parallelisierung der kirchlichen Hierarchie mit der militärischen Ordnung[57] läßt den Verdacht aufkommen, daß der theologische Charakter der kirchlichen Hierarchie bei Zech nicht immer bedacht wird.

Bei der Frage nach der Legitimität von Jurisdiktion in der Kirche ergibt sich ein ähnliches Bild. Zwar erkennt Zech, daß die Jurisdiktionsgewalt in der Kirche auf Christus zurückgeht, zur weiteren Argumentation aber greift er wiederum auf eine Parallele zurück, dieses Mal auf eine Parallele aus dem römischen Kult: „Daß es eine solche Vollmacht in der Kirche gebe, ist auch dann vollkommen passend, wenn man von der Einrichtung durch Christus absehen will. Es ist bekannt, daß bei allen Völkern das Heilige mit einem gewissen Recht ausgestattet ist und daß bei vielen (Völkern) die Priester (sacerdotes) auch Recht gesprochen haben. Ja sogar die Wissenschaft von der Erklärung der Gesetze und der Entscheidung eines Prozesses lag in Rom bei dem Kollegium der Priester (pontificum), aus denen einer bestimmt wurde, der in einem bestimmten Jahr den anderen vorstehen sollte, der oberste Priester oder Hohepriester genannt, welchen Titel – wie man lesen kann – die

[55] *Krämer*, Dienst und Vollmacht in der Kirche 8 mit Berufung auf *Josef Ratzinger*, Der Kirchenbegriff und die Frage nach der Gliedschaft in der Kirche, in: *ders.*, Das neue Volk Gottes. Entwürfe zur Ekklesiologie, Düsseldorf 1969, 90–104, hier: 98f. Auch Klaus Mörsdorf kritisiert die Unterscheidung von Weihe- und Jurisdiktionsgewalt, die vom Materialobjekt ausgeht und zu einer Trennung der beiden Gewalten, letztlich zu einer Trennung von Rechts- und Heilsgemeinschaft führt; vgl. *Klaus Mörsdorf*, Einheit in der Zweiheit. Der hierarchische Aufbau der Kirche, in: AkathKR 134 (1965) 80–88, hier: 81f.; *ders.*, Der Träger der eucharistischen Feier, in: Pro Mundi Vita. Festschrift zum Eucharistischen Weltkongreß 1960, hrsg. v. der Theologischen Fakultät der Ludwig-Maximilians-Universität München, München 1960, 223–237, hier: 228: „Mit dieser Abgrenzung von Weihe- und Hirtengewalt ist der innere Zusammenhang von wirklichem und mystischem Leib Christi nicht zu erklären."

[56] De Jud. I, S. 22, § 22; vgl. De Jud. I, S. 21, § 22.

[57] Ähnlich auch *Dombois*, Hierarchie 32f.

alten Kaiser angenommen haben, und auch christliche Herrscher haben ihn beibehalten bis auf die Zeiten Gratians[58], der nicht Priester (pontifex) genannt werden wollte. Von da her ist der Titel auf die Römischen Bischöfe übertragen worden, die der gesamten Kirche vorstehen."[59] Eine solche Argumentation zur Begründung der Legitimität von Jurisdiktion in der Kirche wird wohl nicht als ausreichend angesehen werden können, zumal es im römischen Reich um die Auslegung religiöser und weltlicher Gesetze durch die Priesterschaft ging – eine Folge der engen Verflechtung von Religion und Politik im römischen Reich –, während sich die Jurisdiktion in der Kirche allein auf den innerkirchlichen Bereich bezieht. Die Berechtigung von Jurisdiktion in der Kirche kann nicht durch historische Vergleiche, sondern nur in einer theologischen Betrachtung des Wesens der Kirche gefunden werden und ergibt sich aus der Legitimation von Recht in der Kirche.

II. Kleriker und Laien

1. Die Unterscheidung von Klerikern und Laien

Im Anschluß an das Decretum Gratiani[60] stellt Zech das Verhältnis von Klerikern und Laien folgendermaßen dar: „Es gibt zwei Arten von Personen in der Kirche: Kleriker und Laien ... Denn die Kirche ist der mystische Leib Christi, und die Laien sind dessen Glieder; sie ist die Mutter aller Gläubigen, und die Laien sind ihre Kinder."[61] So kommt er zu einer strengen Zweitei-

[58] Flavius Gratianus (359–383), weströmischer Kaiser; vgl. *Adolf Lippert,* Art. Gratianus, 2, in: Der Kleine Pauly. Lexikon der Antike, Bd. 2, hrsg. v. *Konrat Ziegler – Walter Sontheimer* (dtv-Sonderausgabe) München 1979, 870f.

[59] De Jud. I, S. 17f., § 18: „Talem potestatem esse in Ecclesia, plane decet, etiamsi ab institutione Christi abstrahere placet. Notum est, apud omnes Gentes Sacra certo jure constituta fuisse, & apud plerasque jus etiam dixisse Sacerdotes: imo leges interpretandi & actiones constituendi scientia Romae apud Collegium Pontificum erat, ex quibus constituebatur, quis quoquo anno praeesset aliis, Pontifex Maximus, vel Summus Pontifex vocatus, quem titulum prisci Caesares affectasse leguntur: & quidem etiam Imperatores Christiani retinuerunt ad Gratiani tempora, qui Pontifex appellari noluit. Inde ad Romanos Episcopos translatus hic titulus est, qui universae praesunt Ecclesiae." Zur Darstellung der Geschichte des Titels „Pontifex Maximus" vgl. auch *Walter Ullmann,* Über die rechtliche Bedeutung der spätrömischen Kaisertitulatur für das Papsttum, in: Ex aequo et bono. Willibald M. Plöchl zum 70. Geburtstag, hrsg. v. *Peter Leisching – Franz Potoschnig – Richard Potz,* Innsbruck 1977, 23–43, hier besonders 23f.

[60] Vgl. c. 7, C. XII, q. 1 (I, 678 *Friedberg*).

[61] Hier. S. 497, § 495: „Personarum in Ecclesia duo sunt genera *Clericorum & Laicorum* ... Ecclesia enim est Corpus Mysticum Christi, cujus Laici sunt membra: est Mater omnium Fidelium, cujus Laici sunt Filii."

lung in der Kirche: Auf der einen Seite steht das Kirchen-„Volk“[62], das von der Kirche – d. h. in diesem Zusammenhang: von den Klerikern, die im Namen der Kirche handeln – die geistlichen Hilfsmittel erhält[63]; auf der anderen Seite stehen die Kleriker, die von den weltlichen Sorgen und Geschäften frei sind, um sich als Diener der Kirche mit besonderer Autorität dem Gottesdienst zu weihen[64]. Die Unterscheidung von Klerikern und Laien geht nach Zech bereits auf die ersten Anfänge der Kirche zurück[65]. Bei dieser Gegenüberstellung von Laien und Klerikern erweckt Zech den Anschein, als gehörten nicht auch die Kleriker zum Gottesvolk, als empfingen nicht auch sie von der Kirche die geistlichen Hilfsmittel. Die strikte Unterscheidung führt dazu, daß die Gemeinsamkeit beider „Stände“ völlig aus dem Blick gerät, daß nämlich Kleriker wie Laien „Kinder“ der „Mutter Kirche“, Glieder am mystischen Leib Christi sind. Das Verhältnis von Klerikern und Laien ist aber nicht im Sinne einer scharfen Trennung, sondern als polares Spannungsverhältnis zu verstehen[66], wobei die gemeinsame Gliedschaftsstellung von Klerikern und Laien einer Auflösung dieser Struktur entgegensteht. Weder die Kleriker noch die Laien allein stellen die Kirche schlechthin dar[67]. Wenn also Zech von „der Kirche“ spricht, aber nur die Kleriker meint, verrät dies eine klerikalistische Engführung des Kirchenbegriffs.

Neben dieser Zweiteilung verwendet Zech auch manchmal eine Dreiteilung, in der die Ordensleute als besonderer Stand in der Kirche berücksichtigt werden[68]. Diese bieten den Mitgliedern der Hierarchie Hilfe und gehören insofern „in gewisser Weise“ (sub aliqua ratione) zur Hierarchie hinzu. Von den Laien sind sie durch ihren heiligeren Lebensstand unterschieden[69]. Die vorsichtige Formulierung, die Zech hier wählt („sub aliqua ratione“) zeigt aber, daß er die Aussage, die Mitglieder des Ordensstandes gehörten zur Hierarchie, nicht im strengen Sinne verstanden wissen will; die verfassungs-

[62] Vgl. Hier. S. 2, § 1.

[63] Vgl. Hier. S. 497, § 495.

[64] Vgl. Hier. S. 1, § 1.

[65] Vgl. ebd.

[66] Vgl. *Alfred Gläßer,* Das Kirchenrecht als konsekutives Recht und die Bestellung der Bischöfe, in: Theologisch-praktische Quartalschrift 130 (1982) 4–19, hier: 13.

[67] Vgl. *Gläßer,* Zur Theologie von Sittlichkeit und Recht 110; *ders.,* Kirche kontra Gesellschaft? Beiträge zur Theologie und Soziologie der Kirche, Kevelaer 1976 (Eichstätter Studien N.F. 11), 38–44, bes. 43: „Die Kirche Gottes ist weder eine Laiengemeinde noch ein Klerikerverband.“

[68] Die Lehre von den drei Ständen in der Kirche wirkt noch bei der typologischen Beschreibung des Laienbegriffs durch das II. Vatikanische Konzil nach; vgl. hierzu *Edward Schillebeeckx,* Die typologische Definition des Laien, in: De Ecclesia. Beiträge zur Konstitution "Über die Kirche“ des Zweiten Vatikanischen Konzils, hrsg. v. *G. Baraúna,* Bd. 2, Freiburg – Basel – Wien 1966, 269–288; *Krämer,* Dienst und Vollmacht 57–59.

[69] Vgl. Hier. S. 458, § 472.

rechtliche Unterscheidung von Klerikern und Laien liegt auf einer anderen Ebene als die Frage des Ordensstandes.

2. *Laien und Kirchengewalt*

Obwohl die Laien nicht Mitglieder der Hierarchie sind, kann der Papst ihnen in Einzelfällen Jurisdiktion übertragen – dies gilt auch für Frauen[70]. So hatte Honorius III.[71] „der Äbtissin von Quedlinburg ... die Vollmacht zugestanden, ihre Kanonikerinnen und Kleriker von Amt und Benefizium zu suspendieren. Heute hat die gleiche Vollmacht die Äbtissin von Thorn[72] in ihrem katholischen Kolleg von Kanonikerinnen und Kanonikern."[73] Eine solche vom Papst einem Laien übertragene Jurisdiktion kann sich natürlich nur auf den äußeren Bereich beziehen und auf solche Fälle, „die nicht von sich aus den klerikalen Stand erfordern." Als Beispiele nennt Zech: „die Gewährung kirchlicher Benefizien, das Stimmrecht bei der Wahl zu solchen Benefizien, das Urteil in einem einzelnen kirchlichen Streitfall usw."[74] Besonders hebt Zech hervor, daß Laien diese Vollmacht nicht durch allgemeine Verordnung oder durch Gewohnheit erlangen können, sondern nur in einem Einzelfall durch päpstliches Zugeständnis. Jurisdiktion über Kleriker in der Gesamtzahl der Fälle kann ein Laie aber nicht haben, „weil dadurch der kirchliche Stand in Verwirrung gebracht würde"[75].

In der Frage, ob Laien als kirchliche Richter zugelassen werden können, werden auch heute noch Argumente aus der kanonistischen Tradition herangezogen. So referiert Winfried Aymans in diesem Zusammenhang die von der Kommission für die Reform des Codex Iuris Canonici als Beleg für die Möglichkeit der Zulassung von Laien als kirchliche Richter zitierten Ansichten von Anaklet Reiffenstuel und Franz Schmalzgrueber und kommt zu dem Ergebnis, daß auch nach diesen Autoren „das Richten in einer kirchlichen

[70] Vgl. Hier. S. 517f., § 510; vgl. auch *Raming*, Der Ausschluß der Frau vom priesterlichen Amt 164: „Im Gegensatz zum kultisch-liturgischen Bereich werden der Frau (als Äbtissin oder Regentin) auf jurisdiktionellem Gebiet in der Anerkennung der ihr auf Grund ihres Amtes zukommenden Autorität gegenüber den ihr untergeordneten Personen gewisse Vollmachten eingeräumt."

[71] Honorius III. an Michael de Lapide: c. 12 X de major. et oboed. I, 33 (II, 20 *Friedberg*); vgl. *Petrus Presutti*, Regesta Honorii Papae III, Bd. 2, Rom 1895 (Nachdruck: Hildesheim – New York 1978), S. 80, Nr. 4039.

[72] Thorn liegt südwestlich von Roermond, Niederlande.

[73] De Jud. I, S. 31, § 28, Anm. 56. Zur Jurisdiktion der Äbtissin von Quedlinburg vgl. auch *Michael de Fürstenberg*, Exempla iurisdictionis mulierum in Germania septentrionali-orientali, in: Periodica de re morali, canonica, liturgica 73 (1984) 89–111, hier: 107–109.

[74] De Jud. I, S. 31f., § 28.

[75] De Jud. I, S. 32, § 28.

Angelegenheit ... ein Akt geistlicher Jurisdiktion" ist, „derer ein Laie nicht befähigt ist, und zwar auch dann nicht, wenn ihm ein geistlicher Richter beigegeben wird."[76] Zwar erwähnt Aymans im folgenden, daß nach Schmalzgrueber und Reiffenstuel der Papst die Vollmacht zum Richteramt auch Laien übertragen kann, aber dennoch nimmt er die Aussage, „daß nur ein Geistlicher Träger von geistlicher Vollmacht sein kann und deshalb auch nur Geistliche als kirchliche Richter in geistlichen Angelegenheiten bevollmächtigt werden können"[77] als Ansicht der genannten Kanonisten in Anspruch. Bei näherem Hinsehen zeigt sich aber, daß Reiffenstuel und Schmalzgrueber – ähnlich wie Zech – nur prinzipiell sagen, daß nur Kleriker Kirchengewalt innehaben können, ohne aber auszuschließen, daß Laien – wenn auch unter erschwerten Bedingungen – mit dem Richteramt betraut werden können[78].

Interessant ist in diesem Zusammenhang der genaue Gedankengang bei Schmalzgrueber; seine Ausgangsthese lautet: „... Laien können für geistliche und kirchliche Fälle – auch gemeinsam mit Klerikern – nicht von Rechts wegen (als Richter) delegiert werden."[79] Im folgenden erläutert Schmalzgrueber diese Antwort und nennt zwei Ausnahmen von dieser Regel: 1. In Fällen, die nicht „geistliche und kirchliche" sind, können Laien auch von Rechts wegen als Richter im kirchlichen Gericht eingesetzt werden. Was Schmalzgrueber als „nicht geistliche und kirchliche Fälle" versteht, ergibt sich aus seiner Schlußfolgerung, daß Laien in einzelnen Streitfällen bezüglich zeitlicher Dinge Richter sein können, auch dann, wenn die Prozeßparteien Kleriker sind. Strafsachen nimmt er aber eigens aus. 2. Nicht von Rechts wegen, wohl aber durch eine besondere Entscheidung des Papstes können Laien in allen Fällen mit dem Richteramt betraut werden, und zwar in allen geistlichen Angelegenheiten; die Beauftragung durch den Papst kann auch für die Gesamtheit aller Fälle erfolgen.

Da Schmalzgrueber als Begründung für seine Ausgangsthese nennt, daß das Richteramt Jurisdiktion voraussetzt, derer ein Laie nicht fähig (capax) ist, ist zu vermuten, daß nach seiner Ansicht im Falle von rein zeitlichen Streitfällen und im Falle der Beauftragung durch den Papst die fehlende Jurisdiktion ergänzt wird, und zwar im ersten Falle von Rechts wegen und im zweiten Falle durch den Papst.

Im Vergleich mit Schmalzgrueber und Reiffenstuel macht Zech zunächst

[76] *Winfried Aymans*, Laien als kirchliche Richter? Erwägungen über die Vollmacht zu geistlicher Rechtsprechung, in: AkathKR 144 (1975) 3–20, hier: 13.

[77] Ebd. 14.

[78] Vgl. die von *Aymans* herangezogenen Belegstellen: ebd., Anm. 16 und 17.

[79] *Schmalzgrueber*, Jus Ecclesiasticum Universum I, S. 409f., RNr. 14.

eine weitere Einschränkung: Auch der Papst kann Laien nur für Einzelfälle, nicht aber für die Gesamtzahl der Fälle von Klerikern als Richter einsetzen. In der Frage der für das Richteramt notwendigen Jurisdiktion vertritt Zech allerdings eine etwas andere Ansicht als die beiden genannten Autoren: Zwar handelt es sich hier um einen Fall der Ausübung kirchlicher Jurisdiktion, doch setzt diese Tätigkeit nicht den klerikalen Stand voraus. Diese Ansicht Zechs, daß es einen Unterschied gibt zwischen kirchlicher Jurisdiktion, die den geistlichen Stand voraussetzt und solcher, die diesen nicht voraussetzt, ist von besonderem Interesse. Wenn sich Peter Krämer im Anschluß an Aussagen des II. Vatikanischen Konzils dafür ausspricht, daß eine solche Unterscheidung möglich und legitim ist[80], kann für diese Ansicht bereits eine kanonistische Tradition herangezogen werden.

3. Die Stellung der Frauen in der Kirche

Ein besonderes Problem des kirchlichen Verfassungsrechtes liegt in der Frage, welche rechtliche Stellung den Frauen in der Kirche zukommt. Zech behandelt diese Frage zwar nicht systematisch und an einem Ort, macht aber doch einige Aussagen, die in diesem Zusammenhang von Bedeutung sind.

Frauen sind nach Zech jure divino unfähig zum Empfang der Weihe[81] und können daher auch nicht an der hierarchischen Gewalt des Presbyterats und des Episkopats teilhaben. Die Ansicht, daß Frauen aufgrund göttlichen Rechtes die Weihe nicht empfangen können, wird auch noch von Theologen des 20. Jahrhunderts vertreten[82]. Immerhin wird die Norm, daß nur der getaufte Mann fähig zum Empfang der Weihe ist, weder im alten noch im neuen kirchlichen Gesetzbuch auf göttliches Recht zurückgeführt (vgl. c. 968 § 1 CIC/1917 und c. 1024 CIC/1983). Nach Zech scheinen dennoch drei „Klassen“ von Frauen den hierarchischen Stufen zugerechnet werden zu können, nämlich die Diakonissen[83], Kanonikerinnen und Nonnen. Aber auch hier besteht, wie Zech hervorhebt, ein Unterschied zu den Männern, die der Hierarchie angehören[84]. Schon zuvor war gesagt worden, daß die Ordination von Diakonissen in der alten Kirche nicht als sakramentale

[80] Vgl. *Krämer*, Dienst und Vollmacht 112f.; vgl. auch *Ulrich Mosiek*, Der Laie als Jurisdiktionsträger?, in: Österreichisches Archiv für Kirchenrecht 25 (1976) 3–15, hier: 14.

[81] Vgl. Hier. S. 517, § 510.

[82] Vgl. *Raming*, Der Ausschluß der Frau vom priesterlichen Amt 2 mit Anm. 6; 205f. mit Anm. 21–23.

[83] Zum Rechtsinstitut der Diakonissen vgl. *Heimerl*, Kirche, Klerus und Laien 47f. Weitere Literatur zur Geschichte der Diakonissen: ebd. 47, Anm. 53.

[84] Vgl. Hier. S. 458f., § 472.

Weihe zu verstehen ist[85]. Diese gehören nicht einfachhin der Weihestufe der Diakone an. Die von Zech hier erwogene Zuordnung von Kanonikerinnen und Nonnen zur Hierarchie wird wohl in demselben Sinn verstanden werden müssen wie die Zuordnung von Ordensleuten insgesamt zur Hierarchie. Vielleicht kann man das, was Zech hier meint, am ehesten so umschreiben, daß die aus der frühen Kirche bekannten Diakonissen und die männlichen und weiblichen Ordensleute der Hierarchie zwar nicht eigentlich angehören, wohl aber in besonderer Weise auf diese ausgerichtet sind. Das bei Zech zugrundeliegende Verständnis der Laien läßt nicht zu, die Ordensleute als Laien im Sinne des zu versorgenden Volkes, der „Kinder“ der „Mutter Kirche“ zu verstehen, weil auch sie eine wichtige Tätigkeit in der Kirche ausüben.

Aufschlußreich ist in diesem Zusammenhang noch eine Bemerkung Zechs in dem Abschnitt über die Diakonissen der alten Kirche, wo er darauf hinweist, daß diese wegen ihres höheren Alters nach Epiphanius von Salamis[86] „presbytidae“ geannnt wurden, niemals aber „presbyteridae“, damit nicht die Möglichkeit einer Verwechslung mit dem Priesterstand gegeben sei[87]. Diese Anmerkung steht in enger Verbindung mit der These Zechs, daß die Frauen nach göttlichem Recht unfähig zum Empfang der Weihe sind. Jedes nur denkbare Argument dagegen möchte er von vorneherein entkräften.

III. Presbyterat und Episkopat

1. Der Ursprung des Priesteramtes

Episkopat und Presbyterat bestehen nach Zech schon seit den ersten Anfängen des Christentums. Da es sich hier um das Weihesakrament handelt, muß Zech dessen Einsetzung auf Christus selbst zurückführen, denn das gehört nach der Lehre des Konzils von Trient zu den Charakteristika jedes Sakramentes[88]. Wie die Konzilsväter von Trient[89] sieht Zech den Ursprung des Episkopats in der Berufung der Zwölf aus dem Kreis der Jünger: „Die ersten Bischöfe der Kirche wählte Christus nach seinem Gutdünken aus der Mitte

[85] Siehe oben, S. 136.

[86] Vgl. *Epiphanius von Salamis,* Haereses 79, 4 (GCS 37, 478,1 *Holl*); zitiert bei *Zech,* Hier. S. 460, § 473, Anm. 29.

[87] Hier. S. 460, § 473, Anm. 29.

[88] Vgl. Conc. Tridentinum, Sess. VII, can. 1 (DS 1601); *Fahrnberger,* Bischofsamt und Priestertum 100.

[89] Vgl. *Fahrnberger,* ebd. 75 mit Anm. 80 und S. 83. 100. 115. 120.

der Jünger"[90]. Der eigentliche Akt der Weihe liegt nach Zech in den Worten: „Tut dies zu meinem Gedächtnis" (Lk 22,19) und in der Übertragung der Vollmacht, Sünden nachzulassen (Joh 20,22f.)[91]. Wenn Zech hier gerade diese beiden Stellen heranzieht[92], so ist mit dem Wiederholungsauftrag die in der Weihe grundgelegte Weihevollmacht angesprochen, während die Vollmacht zur Sündenvergebung den Bereich der Jurisdiktion bezeichnet, oder – wie Zech es formuliert – im ersten Element ist die Gewalt bezüglich des Corpus Christi verum und im zweiten bezüglich des Corpus Christi mysticum[93] gegeben. Christus hat also die ersten Bischöfe und Priester geweiht – unter „sacerdotes" faßt Zech Bischöfe (episcopi) und Priester (presbyteri) zusammen[94] –, indem er ihnen Weihe- und Jurisdiktionsgewalt erteilte. Hier wird deutlich, daß für Zech die Bereiche der Weihe- und der Jurisdiktionsgewalt zwar unterschieden werden können, jedoch in der Wurzel zusammengehören.

2. *Der Unterschied von Presbyterat und Episkopat*

Eine wichtige Frage stellt für Zech das Verhältnis von Episkopat und Presbyterat dar; in dieser Frage wird er noch zu Beginn des 19. Jahrhunderts als Vertreter einer „mittleren Linie" zitiert[95].

In der Apostelzeit gingen die Bezeichnungen „presbyter" und „episcopus" noch durcheinander[96]. Dennoch aber behauptet Zech, daß die Vollmachten von Bischof und Priester schon immer unterschieden worden sind, auch bevor diese Bezeichnungen unterschieden wurden[97]. Diese unhistorisch klingende Aussage muß Zech treffen, da er einerseits die Unterscheidung von

[90] Hier. S. 175, § 196; vgl. Hier. S. 130f., § 152.

[91] Vgl. Hier. S. 122, § 140.

[92] Auch in den Diskussionen auf dem Trienter Konzil spielten die Stellen Lk 22,19 und Joh 20,22 neben Lk 24,50 (die Aussendung der Jünger) eine entscheidende Rolle für die Begründung der Sakramentalität der Weihe; vgl. *Fahrnberger,* Amt und Eucharistie 195.

[93] Vgl. Hier. S. 122, § 141.

[94] In der Begrifflichkeit, wonach „sacerdos" als gemeinsame Bezeichnung für „episcopus" und „presbyter" verwendet wird, kann sich Zech an Gratian anschließen; vgl. *Fahrnberger,* Bischofsamt und Priestertum 34. Zur frühchristlichen Tradition vgl. *M. Gy,* Bemerkungen zu den Bezeichnungen des Priestertums in der christlichen Frühzeit, in: Das Apostolische Amt, hrsg. v. *J. Guyot,* Mainz 1961, 92–105.

[95] Vgl. *Walf,* Das bischöfliche Amt 38.

[96] Vgl. Hier. S. 128, § 148; *Hubert Müller,* Zum Verhältnis zwischen Episkopat und Presbyterat im Zweiten Vatikanischen Konzil. Eine rechtstheologische Untersuchung, Wien 1971 (Wiener Beiträge zur Theologie 35), 33–38; *Fahrnberger,* Bischofsamt und Priestertum 21f.

[97] Vgl. Hier. S. 128, § 148. Diese Ansicht findet sich schon bei Huguccio von Pisa; vgl. *Fahrnberger,* ebd. 35.

Episkopat und Presbyterat aufrechterhalten und auf göttliches Recht zurückführen will, andererseits aber der weitverbreiteten Erkenntnis nicht widersprechen kann, daß die Begrifflichkeit im Neuen Testament und in der frühen Kirche noch nicht eindeutig geklärt war[98].

Zech stellt sich nicht die Frage nach einem sakramentalen Unterschied von Presbyterat und Episkopat, es kommt ihm lediglich darauf an nachzuweisen, daß überhaupt ein Unterschied besteht. Dieses Anliegen ist auf dem Hintergrund der evangelischen Kirchenrechtslehre zu verstehen, die gänzlich bestritten hatte, daß ein solcher Unterschied zwischen dem Bischofsamt und den Ämtern der anderen Geistlichen überhaupt bestehe, und sich hierbei auf die Verhältnisse in der Urkirche berufen hatte[99]. Obwohl das Konzil von Trient sich in der Frage des Verhältnisses von Episkopat und Presbyterat nicht zu einer klaren und ins einzelne gehenden Entscheidung hatte durchringen können[100], hatte es doch wenigstens eindeutig gelehrt, daß ein solcher Unterschied zwischen diesen beiden Stufen des Weihesakramentes bestehe[101], und sich so von der Lehre der Reformatoren abgesetzt[102]. Dieser Lehre des Tridentinums schließt Zech sich an.

Der Episkopat stellt die Spitze des Priestertums (apex sacerdotii) dar[103]. Da aber in der Priesterweihe die Befähigung verliehen wird, das eucharistische Opfer zu vollziehen, und da das bischöfliche Amt dies voraussetzt, ist eine Bischofsweihe ohne vorausgehende Priesterweihe ungültig[104]. Während bei den übrigen Weihen eine „ordinatio per saltum" lediglich verboten ist, ist sie bei der Bischofsweihe auch unmöglich[105]. Die Priesterweihe ist somit unverzichtbar und konstitutiv; die Bischofsweihe setzt diese voraus und verleiht – auf ihr aufbauend – weitere Vollmachten. Diese Aussage Zechs legt den Schluß nahe, daß er die Bischofsweihe nicht als sakramental ansieht; doch ist dieser Schluß keineswegs zwingend. So wurde auch auf dem Konzil von Trient die Ansicht vertreten, daß die Bischofsweihe zur Gültigkeit den Empfang der Priesterweihe voraussetzt[106]. Doch wurde hieraus gerade geschlossen, daß die Bischofsweihe eine eigenständige, höhere und sakra-

[98] Nach *Hubert Müller* (ebd. 33) setzt die juristische Unterscheidung von Episkopat und Presbyterat erst im 3. Jahrhundert ein.

[99] Vgl. *Schlaich*, Kollegialtheorie 213; *Heckel*, Staat und Kirche (1956) 171.

[100] Vgl. *Fahrnberger*, ebd. 123–126.

[101] Vgl. ebd. 122f.; *Krämer*, Dienst und Vollmacht 9.

[102] Vgl. noch *Fahrnberger*, Amt und Eucharistie, bes. 181f.

[103] Vgl. Hier. S. 5, § 5; S. 129, § 150. Die Bezeichnung des Bischofsamtes als „apex sacerdotii" findet sich später noch bei Pehem; vgl. *Walf*, Das bischöfliche Amt 68, Anm. 1.

[104] Vgl. Hier. S. 80, § 85.

[105] Vgl. ebd.

[106] Interamnensis: CT IX, 73,12f. *Ehses;* vgl. *Fahrnberger*, Bischofsamt und Priestertum 101 mit Anm. 171.

mentale Weihestufe darstellt; sie kann die Priesterweihe nicht ersetzen und teilt nur die bischöflichen, nicht aber die priesterlichen Vollmachten mit[107].

Der Ansicht, daß der Episkopat keinen eigenen sakramentalen Charakter verleiht, scheint Zech an anderer Stelle zuzuneigen, wo er berichtet, daß „auch katholische Theologen erörtern, ob der Episkopat eine vom Presbyterat unterschiedene Weihe sei, so daß er einen neuen (sakramentalen, der Verf.)[108] Charakter verleiht." Er stellt die verschiedenen Meinungen dar: „Einige stimmen dem zu, andere verneinen es und meinen, der Episkopat sei lediglich eine Ausweitung des priesterlichen Charakters auf ein neues Amt und eine umfangreichere Vollmacht, so daß der Episkopat nichts anderes sei als das vollkommene Priestertum." Im Anschluß daran verteidigt er diese zweite Ansicht: „Diese Ansicht hat aber nichts gemein mit der Lehre des Aërius, der Waldenser, des Wycliff und eines großen Teils der heutigen Protestanten, die durch das Tridentinum verurteilt wurden. Denn beide Ansichten geben zu, daß die Vollmacht von Bischof und Priester verschieden ist und die Bischöfe aus göttlichem Recht über den Priestern stehen, was die feststehende Tradition der ersten Kirchenväter lehrt, deren Anführung die Grenzen dieses Büchleins überschritte."[109] Daß Zech die Ansicht, der Episkopat verleihe keinen neuen sakramentalen Charakter, als mit der Lehre des Konzils von Trient vereinbar darstellt, legt den Schluß nahe, daß er selbst dieser Ansicht zuneigt, obwohl er in dieser Frage keine ausdrückliche Entscheidung trifft. Wichtig ist für ihn nur der Nachweis, daß Presbyterat und Episkopat nicht identisch sind[110]. Das wird auch nicht durch das Argument widerlegt, daß ein Bischof immer zugleich auch Priester ist, denn es ist durchaus möglich, daß eine Person zwei verschiedene Ämter zugleich innehat, ohne daß daraus geschlossen werden könnte, daß diese Ämter identisch sind[111].

[107] Vgl. *Fahrnberger,* ebd. 101.

[108] Daß es Zech hier um die Frage der Sakramentalität geht, zeigt Hier. S. 129, § 149, Anm. 28: „... Über die verschiedenen Ansichten der Katholiken kann man nachlesen bei: Hallier ..., Vasquez ..., der bejaht, daß der Episkopat ein Sakrament sei, gegen Dom. Soto ..."

[109] Hier. S. 128 f., § 149; vgl. auch Hier. S. 133, § 155, wo Zech verschiedene Autoren zu diesem Fragenkreis nennt: Bellarmin, Dionysius Petavius, Natalis Alexander, Louis Habert und Venerius. Zur Diskussion auf dem Konzil von Trient vgl. *Fahrnberger,* ebd. 60–111; zur Ansicht nachtridentinischer Theologen und Kanonisten in dieser Frage vgl. *Ott,* Das Weihesakrament 128–139.

[110] Vgl. Hier. S. 126f., § 146.

[111] Vgl. Hier. S. 127f., § 147.

3. Die Vollmachten des Bischofs

Der Unterschied von Episkopat und Presbyterat wirkt sich sowohl im Bereich der Weihe- wie auch der Jurisdiktionsgewalt aus. Der Bischof hat die Vollmacht zur Firmung und zur Weihe – gäbe es keine Bischöfe, so fehlte die Vollmacht zur Bischofs- und Priesterweihe, wie Zech an einer anderen Stelle eigens hervorhebt[112] – und er hat die Leitungsgewalt über die ihm anvertraute Kirche, und zwar über Klerus und Volk[113]. Der Episkopat steht somit – und zwar aufgrund göttlichen Rechtes – sowohl in der Weihe- als auch in der Jurisdiktionshierarchie über dem Presbyterat. Zech behauptet sogar, daß auch die dem Priester eigenen Aufgaben vom Bischof „viel herrlicher, mit größerer Vollmacht und einer gewissen wunderbaren Fruchtbarkeit" wahrgenommen werden[114]. Diese Aussage ist nicht so zu verstehen, daß die Bischöfe auch für die Aufgaben, die jedem Priester zukommen, eine vollkommenere Vollmacht im theologischen Sinn innehaben, eher dürfte eine größere charismatische und pastorale Befähigung gemeint sein.

Neben den sakramentalen Vollmachten ist nach Zech die Aufgabe, eine Diözese zu leiten, das besondere Kennzeichen des bischöflichen Amtes[115]. Wenn er auch nicht die Vollmacht des Papstes leugnet, die sich in verschiedenen Exemtionen äußert[116], betont er doch die „vollste" Gewalt des Bischofs über seine Diözesanen. Die Bischöfe „sind Fürsten (principes) über ihre Kirche mit voller und vollkommener Jurisdiktion, unbeschadet der dem obersten Haupt der Kirche geschuldeten Unterordnung. Daher erstreckt sich ihr Amt und ihre Gewalt auf alles, was erforderlich ist zur kirchlichen Leitung der ihnen unterstellten Gemeinschaft[117], allerdings ohne eine auf die gesamte Kirche überfließende Entscheidungsgewalt."[118]

Hier scheint sich auch für die heutige Diskussion um Episkopat und

[112] Vgl. Hier. S. 225, § 246; zur Firmvollmacht vgl. De Jur. Rer. I, S. 258, § 211.

[113] Vgl. Hier. S. 129, § 150; S. 130, § 151.

[114] Hier. S. 130, § 151.

[115] Wie schon vor ihm Van Espen geht auch Zech bei seinen Überlegungen zum Bischofsamt vom Diözesanbischof als dem „Normalfall" aus; vgl. *Walf*, Das bischöfliche Amt 18.

[116] Vgl. Hier. S. 515, § 509.

[117] Vgl. die auffallende Ähnlichkeit dieser Aussage mit der Regelung im Bischofsdekret des II. Vatikanischen Konzils, Christus Dominus 8a: „Als Nachfolgern der Apostel steht den Bischöfen in den ihnen anvertrauten Diözesen von selbst jede ordentliche, eigenständige und unmittelbare Gewalt zu, die zur Ausübung ihres Hirtenamtes erforderlich ist. Die Gewalt, die der Papst kraft seines Amtes hat, sich selbst oder einer anderen Obrigkeit Fälle vorzubehalten, bleibt dabei immer und in allem unangetastet."

[118] Hier. S. 166, § 188: „Hi sunt Principes Ecclesiarum suarum Jurisdictione plena & perfecta, salva tamen subordinatione debita ad supremum Caput Ecclesiae. Unde officium & potestas eorum se extendit ad omnia, quae necessaria sunt ad Ecclesiasticum regimen communitatis sibi subjectae, absque praejudicio tamen in Universam Ecclesiam redundante."

Presbyterat ein Anstoß zu ergeben: Dieses Beziehungsverhältnis kann nicht allein durch die Feststellung aufgeklärt werden, welche sakramentalen Funktionen allein dem Bischof zukommen – eine solche Engführung hatte auch das II. Vatikanische Konzil bewußt vermieden[119] –, vielmehr kommt es darauf an, den Bischof in seiner Funktion als eigenberechtigter Leiter einer kirchlichen Teilgemeinschaft in den Blick zu nehmen. „Das Amt sollte nicht zu einseitig aus seiner potestas begründet werden, sondern umgekehrt ergibt sich die potestas aus dem Sinn, den das Amt im Gesamtgefüge der Kirche hat."[120] Die Umschreibung der Ämter in der Kirche und der jeweiligen Amtsvollmachten hat somit von ekklesiologischen Grunddaten auszugehen. Der Bischof ist zunächst als der ordentliche und eigenberechtigte Vorsteher einer Teilkirche anzusehen; hieraus ergeben sich die Vollmachten des bischöflichen Amtes. Als Leiter der Teilkirche muß er alle Vollmachten innehaben, die zur Leitung eben dieser Gemeinschaft erforderlich sind. Die Priester und Diakone dagegen haben deswegen eine eingeschränkte Vollmacht, weil sie Mitarbeiter sind – die Priester Mitarbeiter des Bischofs, die Diakone Mitarbeiter von Bischof und Priestern. So erweist sich hier das Kirchenrecht insofern als „konsekutives Recht"[121], als die kirchenrechtliche Gestaltung der Rechtsverhältnisse nicht unabhängig von den zugrundeliegenden theologischen Sachverhalten geschehen kann. Unter dieser Rücksicht zeigt sich, daß die von Zech genannten besonderen sakramentalen Funktionen – was vor allem für die Vollmacht zur Bischofs- und Priesterweihe gilt – ebenso wie die jurisdiktionellen Vollmachten des Bischofs so interpretiert werden müssen, daß sie in engem Zusammenhang mit der Leitung der Diözese stehen, wenn auch die jurisdiktionellen und zum Teil auch die sakramentalen Funktionen, die dem Diözesanbischof zukommen, delegiert werden können.

4. *Die Bestellung des Bischofs*

Eine weitere Frage, der Zech sich zuwendet, ist noch von besonderer Bedeutung: die Bestellung des Bischofs. Diese kommt nach seiner Ansicht auf keinen Fall den Laien zu[122], zumindest nicht aufgrund göttlichen Rech-

[119] Vgl. *Krämer*, Dienst und Vollmacht 43f. 100 mit Anm. 75.

[120] *Wilhelm Breuning*, Zur Frage nach dem Sinn des priesterlichen Dienstes, in: Trierer Theologische Zeitschrift 77 (1968) 353–365, hier: 364, Anm. 12.

[121] Vgl. *Gläßer*, Zur Theologie von Sittlichkeit und Recht 101–111; zum Begriff „konsekutives Recht" bes. 101; *ders.*, Das Kirchenrecht als konsekutives Recht, passim, wo dieser Ansatz am Beispiel der Bischofswahl erläutert wird.

[122] Vgl. Rigor moderatus, Diss. I, Corollarium 4 (nicht paginiert).

tes[123]. Wohl hatte das Volk das Recht, Zeugnis über Sitten und Lebenswandel eines Kandidaten abzugeben[124], doch wurde es im Laufe der Geschichte ganz von der Beteiligung an der Bischofswahl ausgeschlossen, „um Störungen und Unruhe zu vermeiden“[125]. Lediglich dem christlichen Herrscher wurde zugestanden, daß zur Wahl eines Bischofs seine Zustimmung eingeholt werden mußte[126]. Ursprünglich und eigentlich kommt es aber den Bischöfen zu, Mitbischöfe auszuwählen und zu weihen, wobei auch hier der Papst eine besondere Stellung hat, die sich aus seiner Jurisdiktion über die ganze Kirche ergibt[127]. Im Lauf der Zeit ist das Recht der Bischofswahl den Kathedralkapiteln zugestanden worden, was zur Zeit Zechs aufgrund der Concordata Nationis Germanicae geltendes Recht in Deutschland war[128].

Wenn Zech das Recht der Bischofswahl ursprünglich den Mitbischöfen zuweist, so zeigt sich hier wohl auch eine gewisse kritische Haltung zur Rechtslage seiner Zeit, die dieses Recht den Kathedralkapiteln zugesteht[129]. Sein Wunsch wäre wohl, daß die Stellung der Bischöfe auch bei der Auswahl neuer Bischöfe gestärkt würde. Die Beteiligung aller Gläubigen an der Bischofswahl lehnt er aber eindeutig ab.

IV. Episkopat und Primat

1. Ursprung und Aufgabe des Papstamtes

Ebenso wie Presbyterat und Episkopat ist auch das Amt des Papstes göttlichen Rechtes und geht auf Christus selbst zurück, insofern dieser den Simon als „Fels der Kirche“ bezeichnete (Mt 16,18) und ihm den Auftrag gab: „Weide meine Schafe“ (Joh 21,15–17)[130]. Dieses Amt des Petrus ging nun im

[123] Vgl. Hier. S. 176, § 197.

[124] Vgl. Hier., ebd. Dies entspricht auch den Weisungen des Konzils von Trient; vgl. *Fahrnberger*, Amt und Eucharistie 196f.

[125] Hier. S. 178, § 201. Die von Zech genannte Begründung für den Ausschluß des Volkes von der Bischofswahl entspricht auch der Dekretale Gregors IX. „Massana Ecclesia“, mit der die Diskussion um die Bischofswahl in der Zeit der klassischen Kanonistik zu einem „gesetzgeberischen Abschluß“ gebracht wurde; vgl. hierzu *Hubert Müller*, Der Anteil der Laien an der Bischofswahl. Ein Beitrag zur Geschichte der Kanonistik von Gratian bis Gregor IX., Amsterdam 1977 (Kanonistische Studien und Texte 29), 201.

[126] Vgl. Hier. S. 178, § 200.

[127] Vgl. Hier. S. 177f., § 199.

[128] Vgl. Hier. S. 184f., §§ 207–208.

[129] Vgl. Hier. S. 179f., § 202: „Exeunte saeculo X. quidam Canonici opibus & potentia freti, Electionem Canonicam ad se solos trahere conati sunt.“

[130] Vgl. Hier. S. 135, §§ 157–158.

Rahmen der apostolischen Sukzession[131] auf den Bischof von Rom über. Dies ist nach Zech nicht allein von der historischen Zufälligkeit abhängig, daß Petrus in Rom gestorben ist, „da Christus es hätte einrichten können, daß der Römische Bischof in der kirchlichen Monarchie dem hl. Petrus nachgefolgt wäre, wo immer auch Petrus gestorben wäre."[132] Zech beruft sich hier insofern auf ein historisches Faktum, als er davon ausgeht, daß Petrus Bischof von Rom war; dieses Faktum reicht zur Begründung des Primats des Römischen Bischofs aus. Die andere Frage, wo Petrus gestorben ist, mag umstritten sein, ist aber für die Begründung des Primats nicht von Belang.

Für die Autoren des späten 18. Jahrhunderts ist klar, daß die Verbindung des Papstamtes mit dem Bischofsstuhl von Rom „allein auf der geschichtlichen Tatsache" beruht, „daß Petrus Bischof von Rom gewesen und dort auch gestorben ist. Man hielt die Verbindung des Primates mit der römischen Kirche für eine Anordnung des kirchlichen und keineswegs göttlichen Rechtes."[133] Auch in der heutigen Kirchenrechtswissenschaft hat sich die Ansicht durchgesetzt, „daß die Tatsache, daß der Papst der Nachfolger Petri ist, vorrangig ist; sie ist göttlichen Rechts. Die Verbindung dieser Eigenschaft als Nachfolger Petri mit dem Bischofsstuhl von Rom ist nicht wesentlich; sie erklärt sich aus der historischen Entwicklung."[134]

Der Papst, der „gleichsam das sichtbare Haupt der Kirche"[135] und ihr höchster Hirt ist[136], soll vor allem die Einheit und den Frieden in der Kirche im Auge halten[137]. „Im allgemeinen kann und soll der Papst auf dem ganzen Erdkreis alles das leiten, ohne welches die Einheit der Kirche nicht bewahrt werden kann, auf deren Erhaltung die Einheit des Hauptes vornehmlich abzielt."[138] Dieser Gedanke, daß der Papst das Amt der Einheit innehat,

[131] Vgl. Praec. S. 24f., § 39.
[132] Hier. S. 137, § 159.
[133] *Neumann,* Die Kirche und die kirchliche Gewalt 73f.
[134] *René Metz,* Der Papst, in: Handbuch des katholischen Kirchenrechts 252–266, hier: 256.
[135] De Jud. I, S. 24, § 24.
[136] Vgl. Hier. S. 12, § 18; S. 136, § 159; S. 268, § 280.
[137] Vgl. Hier. S. 138, § 160.
[138] Hier. S. 141, § 163. Nach Knut Walf hat der reichskirchliche Episkopalismus „nie ernsthaft den Primat des Papstes als Einheitsprinzip der Kirche angetastet" (*Walf,* Das bischöfliche Amt 8), und auch im josephinischen Kirchenrecht galt die Erhaltung der kirchlichen Einheit als Endzweck des Papstamtes (vgl. ebd. 74f.). Charakteristisch für diese Funktion ist die bei Febronius und febronianischen Kanonisten begegnende Bezeichnung des Papstes als „centrum unitatis" (vgl. *Pitzer,* Febronius 44. 51; *Frowein,* Hedderich 306–310; *ders.,* Primat und Episkopat 227–229). Der Unterschied zur Ansicht Zechs dürfte somit nicht im Sinn des Petrusamtes, sondern vor allem darin liegen, daß als Mittel zur Erhaltung der kirchlichen Einheit dem Papst nach Zech auch eine Entscheidungsbefugnis zukommt.

klingt geradezu modern[139]; für Zech bedeutet die Aufgabe des Papstes aber auch, daß er eine rechtliche Zuständigkeit in den Fragen innehat, die für die Einheit der Kirche entscheidend sind. So sollen die Bischöfe ihm Fragen der Glaubenslehre vorlegen und „von ihm die sichere Lehre lernen."[140] Die Einheit der Kirche hängt also eng mit der Einheit in der Lehre zusammen. Aus der „Lehre der einzelnen Jahrhunderte" entnimmt Zech, daß es „keinen sichereren Weg gibt, um Häresien hervorzubringen und zu fördern, als das Band der Einheit zu zerreißen und von der Autorität der römischen Kirche abzuweichen."[141] In der Auseinandersetzung mit Febronius unterscheidet sich Zech somit nicht darin, daß im Papstamt die Einheit der Kirche ihren Ausdruck findet[142], sondern in den Mitteln, die dem Papst zur Wahrung dieser Einheit zur Verfügung stehen.

2. *Die Autorität des Papstes*

Das Mittel, das dem Papst zur Verfügung steht, um die kirchliche Einheit zu wahren, ist also nicht nur Ermahnung und brüderliches Gespräch, sondern auch Entscheidungsvollmacht[143]. Dem Papst sind alle „causae majores" in der Kirche vorbehalten, und zwar die unfehlbare Autorität zur Entscheidung von Glaubensstreitigkeiten und zur Heiligsprechung, die allgemeine Gewalt zur Dispens von Gesetzen des allgemeinen kirchlichen Rechts, zum Erlaß von gesamtkirchlichen Gesetzen, zur Verhängung von Beugestrafen über jeden Getauften, zum gerichtlichen Urteil in Fällen des ganzen christlichen Weltkreises, zur Ernennung von Bischöfen, zur Festlegung der Diözesangrenzen, zur Errichtung von Kathedralkirchen usw.; diese päpstlichen Rechte können nicht verjähren[144]. Eine eventuell konkurrierende Autorität des Allgemeinen Konzils bedenkt Zech an dieser Stelle nicht. Wie im weltlichen Bereich die Anweisungen der Fürsten alle Autorität haben, so

[139] Vgl. z. B. allein die Titel der folgenden Schriften aus neuerer Zeit zum Primat des Papstes: *J. J. Allmen*, Päpstliches Amt – Amt der Einheit, in: Concilium 11 (1975) 564–567; Dienst an der Einheit. Zum Wesen und Auftrag des Petrusamtes, hrsg. v. *Josef Ratzinger*, Düsseldorf 1978 (Schriften der Katholischen Akademie in Bayern 85); Petrus und Papst. Evangelium – Einheit der Kirche – Papstdienst, 2 Bde., hrsg. v. *A. Brandenburg – H. J. Urban*, Münster 1977/78. Vgl. auch *Michael Hardt*, Papsttum und Ökumene. Ansätze eines Neuverständnisses für einen Papstprimat in der protestantischen Theologie des 20. Jahrhunderts, Paderborn – München – Wien – Zürich 1981 (Beiträge zur ökumenischen Theologie 20), vor allem 159.

[140] Praec. S. 140f., § 202.

[141] De Jud. II, S. 198, § 166.

[142] *Pitzer* (Febronius 68. 160, Anm. 19) rechnet Zech zu der Gruppe von Autoren, bei denen die Einheitsproblematik im Zentrum der Auseinandersetzung mit Febronius steht.

[143] Die Entscheidungsvollmacht des Papstes ist bei einigen Zeitgenossen Zechs, z. B. bei Febronius, unterbewertet worden; vgl. *Pitzer*, ebd. 51; *Frowein*, Episkopat und Primat 219.

[144] De Jur. Rer. II, S. 902, § 593.

haben in der Kirche die päpstlichen Entscheidungen die höchste Autorität, „als wären sie mit der Stimme des Petrus selbst bekräftigt.“[145]

Die Autorität des Papstes und seine Mittel zur Durchsetzung seiner Entscheidungen werden ebenso wie das Papstamt selbst mit der Wahrung der Einheit in der Kirche begründet. „Denn es ist sicher, daß Ritus und Disziplin der katholischen Kirche durch nichts mehr empfohlen werden als dadurch, daß in allen Provinzen die genaueste Gleichförmigkeit gewahrt wird. Es ziemt sich aber, daß eher die Glieder sich dem Haupt angleichen, nämlich der Römischen Kirche, als daß das Haupt sich den Gliedern angleiche, da wir wissen, daß die Lehre des Evangeliums vom Römischen Stuhl aus in den ganzen Okzident verkündet worden ist, so daß die übrigen Kirchen mit Recht die alten Sitten ihrer Mutter befolgen, zu denen die Päpste mit neuen Dekreten die anderen Kirchen in gleicher Weise zurückführen.“[146] Neben der Berufung auf Petrus als den ersten Bischof von Rom wird also als weiterer Grund für den Vorrang des Bischofs von Rom genannt, daß von Rom aus die anderen Kirchen des westlichen Kulturkreises errichtet worden sind. Dies führt dazu, daß der Papst – im Unterschied zu den weltlichen Herrschern, die auf die Zustimmung der Stände angewiesen sind – auch ohne die Zustimmung der Bischöfe Gesetze für die gesamte Kirche erlassen kann[147], damit in der gesamten Kirche in gleicher Weise die alte Disziplin der Kirche gilt; der Bischof von Rom, also der Bischof der Mutterkirche der übrigen Diözesen, ist dieser alten Disziplin am nächsten. Allerdings haben die Diözesanbischöfe das Recht, solche Gesetze, die nicht zum Nutzen ihrer Diözese zu sein scheinen, in ihrer Teilkirche nicht zu promulgieren, so daß sie dort keine Geltung erlangen. In diesem Fall aber muß der betreffende Bischof mit dem Apostolischen Stuhl in Verbindung treten, um zu erreichen, daß sein Territorium von der Verpflichtungskraft dieses Gesetzes ausgenommen wird[148].

Der Eindruck, daß der Papst als absoluter Herrscher über die Kirche verstanden wird, verstärkt sich noch dadurch, daß die Ämter des Primas und des Patriarchen in starker Abhängigkeit vom Papst dargestellt werden[149]; so nennt auch Knut Walf die Anschauungen Zechs als typisches Beispiel für die „vorjosephinische“ Kirchenrechtswissenschaft, die bei der Bestimmung des Verhältnisses von Primat und Episkopat „auf den Primat fixiert“[150] gewesen

145 Praec. S. 141, § 203.
146 Praec. S. 288 f., § 377.
147 Vgl. Rigor moderatus, Diss. I, Corollarium 1 (nicht paginiert).
148 Vgl. Praec. S. 84, § 122.
149 Vgl. Hier. S. 155, § 179; S. 147, § 169.
150 *Walf*, Das bischöfliche Amt 87.

sei. Die Lehre der „Jesuitenschule" des 18. Jahrhunderts faßt Walf folgendermaßen zusammen: „Es bestand dort zu jener Zeit keine Frage, daß die jurisdiktionelle Vollmacht in der Kirche dem Papst allein aus seinem Amt zufließt. Die Gewalt des Papstes wurde für so umfassend gehalten, daß die bischöfliche Gewalt als untergeordneter Anteil an der päpstlichen Vollmacht verstanden wurde. Die bischöfliche Gewalt bezeichnete man als ‚Jurisdictio Ecclesiastica Subalterna', während der Papst ein ‚regimen Universale, Monarchicum, et Hierarchicum' führte. Die Bischöfe wurden lediglich als Beamte des Papstes, etwa als päpstliche Gouverneure, angesehen, die an seiner Gewalt partizipieren."[151] So eindeutig ist der Befund bei Zech allerdings nicht; Walf beruft sich an dieser Stelle auch nicht auf ihn, sondern auf Franz Schmier. So findet sich die Bezeichnung der bischöflichen Gewalt als „Jurisdictio Ecclesiastica Subalterna" bei Zech nicht, dieser hebt vielmehr die „volle und vollkommene Gewalt" des Diözesanbischofs hervor[152], und die von Walf zusammengefaßte Lehre stimmt auch nicht mit der für den Jesuitenorden bedeutungsvollen Lehre Bellarmins überein, der die Aussage ausdrücklich abgelehnt hatte, die Bischöfe seien lediglich die Vikare des Papstes[153].

3. *Abhängigkeit und Unabhängigkeit des Bischofs vom Papst*

Die Verhältnisbestimmung von Primat und Episkopat wird deutlicher an der Stelle, an der Zech über die Vollmachten des Bischofs und seine Abhängigkeit vom Papst handelt[154]. Er legt hier wieder die Unterscheidung von Weihe- und Jurisdiktionsgewalt zugrunde, die ja nach seiner Ansicht auch unabhängig voneinander verliehen werden können. Die Weihegewalt des Bischofs ist unabhängig vom Papst und stammt unmittelbar von Gott[155]. Von der Jurisdiktionsgewalt aber gilt das nicht; sie ist zwar „unmittelbar von Christus eingerichtet", also juris divini, „dennoch aber durch den Papst auf die übrigen Bischöfe abgeleitet"[156]. Dies aber ist kein Widerspruch, denn der Papst „leitet die Vollmacht nicht als von ihm selbst eingerichtete, sondern

[151] Ebd. 69.

[152] Siehe oben, S. 115 mit Anm. 118.

[153] Vgl. *Walf*, ebd. 95.

[154] Siehe auch oben, S. 151.

[155] Vgl. Hier. S. 142, § 164. Nach *Reiffenstuel* (Jus Canonicum Universum, Bd. 1, S. 508f., RNr. 73f.) und *Schmalzgrueber* (Jus Ecclesiasticum Universum, Bd. 1, S. 239, RNr. 26) stammt die Gewalt des Bischofs unmittelbar von der römischen Kirche, d. h. vom Papst; vgl. auch *Walf*, ebd. 15.

[156] Rigor moderatus, Diss. I, Corollarium 9 (nicht paginiert); vgl. Hier. S. 142, § 165. Nach Van Espen sind alle Bischöfe in Weihe und Jurisdiktion gleich. Der Papst steht mit den anderen Bischöfen allerdings nur insofern auf gleicher Stufe, als er als Bischof betrachtet wird (vgl. *Walf*,

vielmehr als in ihm von Christus eingerichtete auf die Bischöfe weiter."[157] Der Sachverhalt, daß die Jurisdiktion vom Papst auf die Bischöfe übergeht, zeigt sich darin, daß die Bischöfe vom Papst ernannt werden[158].

Die Lehre, die Zech bezüglich der bischöflichen Jurisdiktionsgewalt vorlegt, scheint mit der Ansicht des Salzburger Kanonisten Franz Schmier OSB (1680–1728) verwandt zu sein, wonach dem Bischof die Gewalt an sich von Christus zukomme, während ihm vom Papst nur ein Gebiet zugewiesen werde, in dem er diese Gewalt ausüben dürfe[159]. Eine andere und wohl auch überzeugendere Lösung des Problems von Episkopat und Primat bietet Zechs Zeitgenosse Gregor Zallwein OSB (1712–1766), nach welchem die Bischöfe ihre Jurisdiktion durch die Weihe erhalten[160]; sie können diese aber nur ausüben, wenn sie in Gemeinschaft mit dem Papst stehen[161].

Bereits auf dem Konzil von Trient war die Ansicht vertreten worden, daß durch die Bischofsweihe nicht nur die Weihegewalt, sondern auch ein Grundbestand an Jurisdiktionsgewalt verliehen werde, deren Ausübung in einer bestimmten Diözese durch die päpstliche Ernennung ermöglicht wird[162]. Zechs Aussagen über das Verhältnis von Episkopat und Primat und über den Umfang und den Ursprung der bischöflichen Vollmacht lassen sich in diesem Spektrum von Lösungsvorschlägen nicht eindeutig einer bestimmten Richtung zurechnen, weil sie zu wenig ausgeführt sind. Auf jeden Fall aber scheint es hinreichend klar zu sein, daß Zech sich nicht der römischen Schule zurechnen läßt, die auf dem Tridentinum unter dem Jesuitengeneral Paul Laynez die Ansicht vertreten hatte, daß die Jurisdiktionsgewalt allein vom Papst abzuleiten sei[163]. Der Ursprung der bischöflichen Jurisdiktion liegt nicht einfachhin im Papst, sondern Christus selbst hat diese Gewalt im

ebd. 41 f.). Diese Lösung macht sich Zech nicht zu eigen, denn es ist kaum möglich, den Papst als Papst und den Papst als Bischof von Rom zu unterscheiden.

[157] Hier. S. 143, § 165. Die Lehre Zechs wird dargestellt bei *Walf*, ebd. 87. Was daran „kurios" sein soll, wie Walf meint, zeigt er nicht näher auf.

[158] Vgl. Hier. S. 143, § 165.

[159] Vgl. *Franciscus Schmier*, Tractatus Juridicus de Jurisdictione, ad Librum I. Decretalium, Salzburg 1710, Cap. IV, Sect. I, § III, RNr. 34; *ders.*, Jurisprudentia Canonico-civilis, Bd. 1, Salzburg 1716, Lib. I, Tract. V, Cap. V, Sect. V, § III, RNr. 14–17; vgl. auch *Walf*, ebd. 40; *Zech*, Hier. S. 142, § 164: „Potestas ordinis datur immediate a Deo, homine nil nisi nudum ministerium praebente."

[160] So auch Van Espen; vgl. *Walf*, ebd. 17.

[161] Vgl. ebd. 43.

[162] Vgl. *Hubert Jedin*, Zur Theologie des Episkopates vom Tridentinum bis zum Vaticanum I, in: Trierer Theologische Zeitschrift 74 (1965) 176–181, hier: 177.

[163] Vgl. ebd.; *Krämer*, Dienst und Vollmacht 9. Dieser These hatte auch der Jesuit Petrus Canisius zugeneigt; vgl. *Fritz Vigener*, Gallikanismus und episkopalistische Strömungen im deutschen Katholizismus zwischen Tridentinum und Vaticanum. Studien zur Geschichte der Lehre von dem Universalepiskopat und der Unfehlbarkeit des Papstes, in: Historische Zeitschrift 111 (1913) 495–581, hier: 507.

Papst eingerichtet, damit dieser sie auf die Bischöfe weiterleitet. Da aber nicht der Papst der Ursprung der bischöflichen Jurisdiktionsgewalt ist, ist es ihm auch verwehrt, diese Vollmachten abzuschaffen und die Kirche ohne eigenberechtigte Diözesanbischöfe, sondern nur noch durch Vikare zu leiten.

In der Leitung ihrer Diözese haben die Bischöfe nach Zech „volle und vollkommene" Jurisdiktion[164]. Die Frage, ob einem Bischof auch das Recht zustehe, von allgemeinkirchlichen Gesetzen zu dispensieren, sofern sich nicht der Apostolische Stuhl dies vorbehalten hat, oder ob er hierzu eine eigene Ermächtigung des Papstes benötigt, läßt Zech unentschieden[165]. Im Normalfall aber geht er davon aus, daß der Papst die Gewalt des Bischofs in seiner Diözese nicht behindert, es sei denn, daß Notwendigkeit oder Nutzen dies erfordern[166].

Knut Walf trifft die Feststellung: „Tatsache ist, daß in den kirchenrechtlichen Lehrbüchern vor den Josephinern, Febronianern und deren geistigen Vätern der Bischof als der mit göttlicher Weihe ausgestattete und vom Papst entsandte Verwalter eines Teilbereichs der Kirche bezeichnet worden ist. Der Bischof galt als päpstlicher Gouverneur ..."[167] Franz Xaver Zech bietet aber wohl ein Beispiel dafür, daß es in der von Walf gemeinten Epoche auch Kanonisten gab, die wesentlich differenzierter dachten, ohne jedoch den Vertretern oder geistigen Vätern episkopalistischer Lehren zugerechnet werden zu können[168].

[164] Hier. S. 166, § 188; siehe auch oben, S. 151.

[165] Vgl. Praec. S. 99f., § 148.

[166] Vgl. Hier. S. 140, § 163.

[167] *Walf*, Das bischöfliche Amt 16.

[168] *Walf* (ebd. 87) erweckt den Anschein, als seien die Ansichten Zechs in diesem Punkt von Van Espen kritisiert worden. Dies beruht auf einer zumindest stark mißverständlichen Ausdrucksweise. An der bei Walf genannten Stelle wird Zech nicht erwähnt; vgl. *Zeger Bernhard Van Espen*, Vindiciae Resolutionis Doctorum Lovaniensium super Quaestiones de Subsistentia Ecclesiae Ultrajectensis ejusque Episcopis & Capitulo, in: Supplementum ad varias Collectiones Operum Clar. Viri Z. B. Van Espen, Bd. 2, Neapel 1769, 369–513, hier: 418. Das ist auch gar nicht möglich, da Zech erst einige Jahre nach dem Tod Van Espens († 1728) seine erste Schrift veröffentlicht hat.

V. Papst und Ökumenisches Konzil

1. Begriff und Ursprung der Konzilien

Die Ansicht, daß Zech die Kirche nicht nur als Monarchie des Papstes angesehen hat, wie es manchmal den Anschein haben mag[169], wird dadurch bestätigt, daß er auch die Existenz von Konzilien in der Kirche auf göttliches Recht zurückführt[170]. Dergleichen Zusammenkünfte beruhen nicht auf rein menschlicher, sondern auf göttlicher Autorität[171]. Zur Begründung für seine Ansicht, daß die Existenz von Konzilien göttlichen Rechts ist, zieht Zech die Worte Christi heran: „Wo zwei oder drei in meinem Namen versammelt sind, da bin ich in ihrer Mitte" (Mt 18,20)[172]. Mit Papst Coelestin I.[173] und dem Konzil von Chalkedon[174] wendet Zech diese Aussage im Sinne eines Schlusses vom Kleineren auf das Größere auf die Konzilien an[175]: Wenn schon bei der Versammlung von zweien und dreien Christus anwesend ist, um wieviel mehr bei einer großen Versammlung von Bischöfen? „Daher sagen die auf dem Konzil von Jerusalem versammelten Apostel, die das Vorbild für die künftigen Konzilien bieten, zuversichtlich: ‚Es hat dem Heiligen Geist und uns gefallen ...', um zu zeigen, daß Versammlungen dieser Art nicht aus menschlicher, sondern aus göttlicher Autorität stattfinden."[176]

Zech legt folgende Definition des Konzils zugrunde: „Unter kirchlichen Konzilien werden verstanden: rechtmäßige Zusammenkünfte katholischer Hirten (antistitum), die über Fragen des Glaubens und der allgemeinen kirchlichen Disziplin einberufen werden. In diesen Worten sind alle Fälle solcher Zusammenkünfte enthalten. Sie werden auch Synoden genannt, weil die Menschen zum selben Weg und Ort zusammenkommen."[177] In dieser

[169] Siehe oben, S. 93–95.

[170] Vgl. Praec. S. 101, § 151.

[171] Vgl. Praec. S. 102, § 151.

[172] Zitiert: Praec. S. 101, § 151.

[173] Epistula Papae Caelestini ad Synodum apud Ephesum collectam contra Nestorium, in: Concilium universale Ephesenum, hrsg. v. *Eduard Schwartz*, Bd. II, Berlin – Leipzig 1925/26 (Acta Conciliorum Oecumenicorum Tom. I, Vol. 2), 22–24, hier: 22,24–23,1: *„Ubi duo vel tres congregati fuerint in nomine meo, ibi et ego sum in medio eorum.* quod cum ita est, (nam nec huic tam brevi numero spiritus sanctus deest), quanto magis eum nunc interesse credamus, quando in unum convenit tanta turba sanctorum?"

[174] Concilium Chalcedonense, Ep. Synodalis „Ἐπλήϑη χαρᾶς" ad Leonem Pp. (DS 306).

[175] Vgl. Praec. S. 101, § 151, Anm. 35.

[176] Praec. S. 101f., § 151.

[177] Praec. S. 102, § 152. Zur Erläuterung des Begriffs „Synode" vgl. *Winfried Aymans*, Das synodale Element in der Kirchenverfassung, München 1970 (Münchener Theologische Studien, Kanonistische Abteilung 30), 7f.; *Johannes Neumann*, Synodales Prinzip. Der größere Spielraum im Kirchenrecht, Freiburg – Basel – Wien 1973, 14.

Definition bietet Zech vor allem etymologische Hinweise zu den beiden Bezeichnungen „Konzil“ und „Synode“; diese Bezeichnungen versteht er als deckungsgleich. Steht hinter der Bezeichnung „Konzil“ vor allem das Moment der Einberufung, so bezeichnet der Begriff „Synode“ vor allem das Zusammenkommen der Mitglieder einer solchen Versammlung. Da die Definition Zechs, wie er selbst hervorhebt, sehr allgemein gehalten ist, enthält sie auch keine Aussagen über die Art und Weise der Einberufung und den Vorsitzenden solcher Zusammenkünfte.

Bedeutsam ist vor allem, daß Zech die Existenz von Synoden auf göttliches Recht zurückführt. Zwar kann nicht bestritten werden, „daß Synoden in der gesamten Kirche des Ostens wie des Westens schon sehr früh zum originären Verfassungsbestand gehören“[178], daß sie aber auf göttliches Recht zurückgehen, wird man sinnvollerweise doch nur dann sagen können, wenn man zugleich annimmt, daß sie ständig bestehen bzw. regelmäßig einberufen werden müssen, wie dies beispielsweise im ostkirchlichen Bereich der Fall ist[179]. Zwar behauptet Zech eine solche Notwendigkeit nicht, dennoch wird man aber in der Begründung von Konzilien und Synoden im göttlichen Recht den Versuch sehen können, einer ausschließlichen Engführung der kirchlichen Verfassung auf die primatiale Gewalt zu entgehen. Zech versucht allerdings auch nicht, die Autorität der Ökumenischen Konzilien gegen die des Papstes auszuspielen. Ökumenische Konzilien haben nur dann höchste Gesetzgebungsgewalt in der Kirche, wenn sie rechtmäßig, d. h. vom Papst, einberufen worden sind und in Verbindung mit ihrem Haupt, dem Papst, handeln. Dann aber repräsentieren sie die gesamte Kirche[180].

2. *Die Autorität des Ökumenischen Konzils*

Bezüglich der Autorität eines Ökumenischen Konzils findet sich bei Zech keine einheitliche Aussage[181]. Einerseits vertritt er die Ansicht, daß ein Konzil seine Autorität vom Papst habe[182] – dies schlägt sich darin nieder, daß seine Beschlüsse nur dann Verpflichtungskraft (robur) haben, wenn sie vom Papst bestätigt wurden[183]. Damit stimmt auch überein, daß Zech jene Beschlüsse des Konstanzer Konzils ablehnt, die die Vollmacht eines Allge-

[178] *Neumann,* ebd. 17; vgl. ebd. 13.

[179] Vgl. das Rechtsinstitut der „synodos endemousa“; *Richard Potz,* Patriarch und Synode in Konstantinopel. Das Verfassungsrecht des ökumenischen Patriarchats, Wien 1971 (Kirche und Recht 10), passim; *Aymans,* Das synodale Element in der Kirchenverfassung 85–89.

[180] Vgl. Praec. S. 101, § 150.

[181] In der Frage der Autorität des Allgemeinen Konzils beruft sich Zech auf Bellarmin; vgl. Praec. S. 139, § 201.

[182] Vgl. Praec. S. 73, § 104.

[183] Vgl. Praec. S. 107, § 162.

meinen Konzils über die des Papstes stellen. Als Begründung hierfür führt er an, daß diese Beschlüsse weder im strengen Sinne Glaubensfragen betreffen, noch in synodaler Weise zustandegekommen sind. Da aber andere Beschlüsse dieses Konzils offensichtlich Rechtsgeltung erlangt haben, so z. B. die Verurteilung der Irrtümer des Johannes Wycliff und des Johannes Hus[184], kommt Zech – in dieser Frage wohl abhängig von Bellarmin[185] – zu dem Schluß, daß die Beschlüsse des Konstanzer Konzils teilweise bestätigt worden sind und teilweise nicht[186].

Auf der anderen Seite steht die Aussage Zechs, daß das Konzil selbst – nicht etwa der Papst auf dem Konzil – die höchste Gesetzgebungsvollmacht in der Kirche habe[187]. Zwar ist die Mitwirkung des Papstes durch die Bestätigung der Konzilsbeschlüsse erforderlich, doch bleiben diese dennoch Beschlüsse des Konzils und werden dadurch nicht etwa zu Entscheidungen des Papstes. Das wird vor allem an folgender Überlegung Zechs deutlich: „Mängel in der erwähnten Einberufung und rechtmäßigen Durchführung (eines Allgemeinen Konzils) können auf gewisse Weise geheilt werden durch die nachfolgende Bestätigung und Billigung des Papstes, in der Weise, daß die Entscheidungen eines solchen Konzils nur jene Autorität erlangen, die Beschlüsse des Papstes außerhalb eines Konzils haben oder auf Partikularkonzilien gefaßte Beschlüsse, die von der Kirche gebilligt und vom Papst bestätigt wurden."[188] Offensichtlich unterscheidet Zech hier die Autorität von Konzilsbeschlüssen von der Autorität päpstlicher Entscheidungen, ohne daß dies allerdings so verstanden werden müßte, daß es einen Unterschied in der rechtlichen Verbindlichkeit gebe. Hier zeigt sich, daß die Aussage, die Konzilien leiteten ihre Autorität vom Papst ab, zumindest ungenau ist.

Die beiden bei Zech vorliegenden Aussagereihen lassen sich vielleicht folgendermaßen zusammenfassen: Einerseits sind sowohl der Papst als auch das Ökumenische Konzil Träger der höchsten Vollmacht in der Kirche,

[184] Vgl. DS 1151–1195. 1201–1230.

[185] Zur Lehre Bellarmins vgl. *Hans Schneider,* Der Konziliarismus als Problem der neueren katholischen Theologie. Die Geschichte der Auslegung der Konstanzer Dekrete von Febronius bis zur Gegenwart, Berlin – New York 1976 (Arbeiten zur Kirchengeschichte 47), 63 f.

[186] Vgl. Praec. S. 126 f., § 185. Zu einem ähnlichen Ergebnis kommt noch im Jahre 1934 *Karl August Fink,* Art. Konstanzer Konzil, in: LThK[1], Bd. 6 (1934) 176–178, hier: 178; vgl. aber dessen neuerliche Beurteilung: *Karl August Fink,* Das abendländische Schisma und die Konzilien, in: *Hans-Georg Beck – Karl August Fink – Josef Glazik – Erwin Iserloh – Hans Wolter,* Die mittelalterliche Kirche, 2. Halbbd.: Vom kirchlichen Hochmittelalter bis zum Vorabend der Reformation, Freiburg – Basel – Wien 1973 (Handbuch der Kirchengeschichte 3,2), 490–588, hier: 567. Immerhin wird noch 1967 im Enchiridion Symbolorum Definitionem et Declarationum von *Denzinger* und *Schönmetzer* die Ansicht vertreten, daß nicht alle Beschlüsse des Konzils von Konstanz als approbiert gelten können; vgl. die Einleitung vor DS 1151, S. 315 f.

[187] Vgl. Praec. S. 101, § 150.

[188] Praec. S. 107, § 161.

andererseits ist es aber erforderlich, daß der Papst als Haupt des Konzils am Zustandekommen der Konzilsbeschlüsse konstitutiv mitwirkt; dadurch wird er aber nicht einfachhin der Träger dieser Beschlüsse.

Die hier aufscheinende Problematik findet sich ähnlich schon bei Franz Suárez. Hubert Jedin umschreibt dessen Ansichten so: „Jurisdiktion jedweder Art verleiht allein und ausschließlich der Papst. Dennoch scheut Suarez davor zurück, den auf dem Generalkonzil versammelten Bischöfen den Charakter von iudices kraft eigenen Rechtes abzusprechen und sie als bloße Ratgeber (consiliarii) des Papstes zu bezeichnen.“[189] Die bei Suárez und Zech vorliegende Spannung zwischen den Aussagen über die Autorität des Papstes und die des Ökumenischen Konzils ist ähnlich noch in den kirchlichen Gesetzbüchern von 1917 und von 1983[190], wie auch in den Beschlüssen des II. Vatikanischen Konzils[191] gegeben. Eine befriedigende Lösung in dieser Frage scheint es bisher nicht zu geben[192].

3. *Die Unfehlbarkeit kirchlicher Entscheidungen*

Ein ähnliches Problem wie bei der Bestimmung der Autorität von Beschlüssen eines Ökumenischen Konzils tut sich auf, wenn Zech die Frage der Unfehlbarkeit kirchlicher Entscheidungen darstellt. Zum einen lehrt er, daß „die Autorität Allgemeiner Konzilien die höchste und unfehlbar ist und ihre Beschlüsse alle Christen binden“[193], zum anderen weist er die Unfehlbarkeit den Entscheidungen des Papstes zu und führt auch hier wieder die Ansicht an, daß die Entscheidungen eines Konzils ihre Unfehlbarkeit vom Papst erlangen[194]. Zech nennt die Unfehlbarkeit zunächst eine Eigenschaft der Kirche, durch die die Gläubigen sicher zum ewigen Leben geführt werden sollen[195]. Doch gilt diese Unfehlbarkeit nicht einfachhin für alle Akte der Kirche, auch nicht für die Entscheidungen von Bischöfen und Partikular-

[189] *Jedin*, Zur Theologie des Episkopates 178f.

[190] Vgl. c. 228 § 1 in Verbindung mit c. 227 CIC/1917; c. 336 in Verbindung mit c. 337 § 1 und c. 341 § 1 CIC/1983.

[191] Vgl. II. Vatikanisches Konzil, Dogmatische Konstitution über die Kirche „Lumen Gentium“ 22,2 und die Nota explicativa praevia 3.

[192] Vgl. *Neumann*, Synodales Prinzip 28; zur kanonistischen und theologischen Diskussion vgl. *Wilhelm Bertrams*, Papst und Bischofskollegium als Träger der höchsten Hirtengewalt, München – Paderborn – Wien 1965; *Winfried Aymans*, Papst und Bischofskollegium als Träger der höchsten Hirtengewalt. Gedanken zu einer Schrift gleichen Titels von W. Bertrams, in: AkathKR 135 (1966) 136–147; *Karl Rahner*, Zum Verhältnis zwischen Papst und Bischofskollegium, in: *ders.*, Schriften zur Theologie, Bd. 8, Einsiedeln – Zürich – Köln 1967, 374–394.

[193] Praec. S. 108, § 164.

[194] Vgl. Hier. S. 141, § 163. Auch an dieser Stelle geht es wiederum um die Bestätigung der Konzilsbeschlüsse durch den Papst.

[195] Vgl. Praec. S. 317, § 404.

konzilien, „sondern nur bezüglich jener canones, denen Christus die Unfehlbarkeit zugesagt hat."[196] Auffällig ist, daß Zech an dieser Stelle ausdrücklich nur von den Bischöfen, d. h. hier wohl den einzelnen Bischöfen, und den Partikularkonzilien spricht. Auf diese Weise ist es ihm möglich, an anderer Stelle den Entscheidungen eines Allgemeinen Konzils wie denen des Papstes Unfehlbarkeit zuzusprechen.

In diesem Zusammenhang, in dem wieder der Papst als Quelle der Unfehlbarkeit in der Kirche erscheint[197], hebt Zech ausdrücklich hervor, daß nicht alles, „was aus dem Mund oder der Feder der Päpste fließt, ununterschieden für eine unfehlbare Glaubens- oder Sittenregel gehalten werden kann. Nur jenen (Entscheidungen) gestehen wir eine solche Autorität zu, die der Papst authentisch der gesamten Kirche vorlegt, wobei er dazu verpflichtet, so zu glauben oder zu handeln. Auf diese Weise, sagen wir, spricht der Papst ‚ex cathedra'."[198] Materiell entspricht diese Aussage Zechs über die Unfehlbarkeit des Papstes bereits der Entscheidung des I. Vatikanischen Konzils[199], wobei allerdings auffällt, daß Zech – anders als das I. Vaticanum und auch anders als einige Theologen des 18. Jahrhunderts, z. B. Pichler[200] – keine Aussage darüber macht, ob der Konsens der Kirche für die Unfehlbarkeit einer päpstlichen Entscheidung erforderlich ist[201]. Hieraus schließen zu wollen, Zech habe eine weniger strenge Unfehlbarkeitslehre vertreten, ist allerdings nicht berechtigt, da diese Frage in einem kirchenrechtlichen Lehrbuch nicht unbedingt angesprochen werden muß.

4. Zusammenfassung: Papst – Bischöfe – Ökumenisches Konzil

Wenn man die Aussagen Zechs über das Verhältnis von Primat und Episkopat und über die Zuordnung von Papst und Ökumenischem Konzil zusammennimmt, ergibt sich der Eindruck, daß Zech den episkopalistischen Tendenzen seiner Zeit insofern entspricht, als er die Stellung des Bischofs hervorhebt und rechtlich absichern will, ohne allerdings dem Papst eine

[196] Praec. S. 318, § 404.

[197] Vgl. Praec. S. 142f., § 205.

[198] Praec. S. 143f., § 206. So schon Zechs Ordensbrüder Gregor von Valencia und Kardinal Bellarmin; vgl. *Vigener,* Gallikanismus und episkopalistische Strömungen 509f. Auch Ignaz Schwarz hatte die Unfehlbarkeit päpstlicher Entscheidungen gelehrt; vgl. *Dickerhof,* Land, Reich, Kirche 168.

[199] Vgl. DS 3074.

[200] Vgl. *Ulrich Horst,* Unfehlbarkeit und Geschichte. Studien zur Unfehlbarkeitsdiskussion von Melchior Cano bis zum I. Vatikanischen Konzil, Mainz 1982 (Walberberger Studien, Theologische Reihe 12), 151. 255f.

[201] Vgl. die Wendung „ex sese, non autem ex consensu Ecclesiae" in der Entscheidung des I. Vatikanischen Konzils, DS 3074.

echte Jurisdiktion über die ganze Kirche absprechen zu wollen. Die Spannungen zwischen seinen Aussagen über das Amt der Bischöfe und des Papstes rühren daher, daß er zum einen nicht die traditionelle Lehre der Kanonisten seines Ordens bezüglich der zentralen Stellung des Papstes in der Kirche aufgeben will oder kann – wie auch Febronius in seiner Auseinandersetzung mit Zech bemerkt[202] –, zum anderen aber die Notwendigkeit sieht, auch die besondere Verantwortung des Bischofs für seine Diözese und der auf dem Ökumenischen Konzil versammelten Bischöfe für die gesamte Kirche hervorzuheben. Es fehlt bei Zech noch eine durchdachte Konzeption, die die vorliegenden Spannungen ausräumen könnte. Zu der Lehre über das Bischofskollegium als Träger gesamtkirchlicher Verantwortung hat Zech noch nicht gefunden[203], wiewohl seine Ausführungen über das Allgemeine Konzil in diese Richtung weitergeführt werden könnten[204].

B) Das Verhältnis der Kirche zum Staat

I. Allgemeine Zuordnung

Für die allgemeine Bestimmung des Verhältnisses von Kirche und Staat durch Zech ist die Art und Weise kennzeichnend, wie er das sogenannte „axioma milevitanum" interpretiert, einen Satz aus einer Schrift des Bischofs Optatus von Mileve aus der zweiten Hälfte des vierten Jahrhunderts: „Nicht der Staat ist in der Kirche, sondern die Kirche ist im Staat"[205]. Anders als die protestantische Kirchenrechtswissenschaft seiner Zeit zieht Zech aus diesem Satz nicht den Schluß, daß die Kirche der weltlichen Herrschaft unterliege,

[202] Vgl. *Febronius*, De Statu Ecclesiae II, 113.

[203] Allenfalls in diesem Sinne könnte man sagen, daß Zech „im wesentlichen die traditionelle Lehre über das Konzil" vertritt (*Walf*, Das bischöfliche Amt 109), weil eine Lehre vom Bischofskollegium, das auf dem Allgemeinen Konzil repräsentiert ist, bei ihm noch nicht gegeben ist. Eine solche Lehre kommt erst später auf; vgl. ebd. 43. 109–115; *Jedin*, Zur Theologie des Episkopates 179f.

[204] Bei den späteren Vertretern einer Lehre vom Bischofskollegium wird das Ökumenische Konzil als die einzige Gelegenheit für die Ausübung der Hirtengewalt des Bischofskollegiums angesehen; vgl. *Jedin*, ebd. 180. Insofern fehlt bei Zech lediglich die „theoretische Unterlage" für seine Aussagen über das Allgemeine Konzil.

[205] *Optatus von Mileve*, Contra Parmenianum Donatistam, Lib. III, cap. 3 (CSEL 26, 74,3f. *Ziwsa*): „Non enim respublica est in ecclesia, sed ecclesia in republica"; bei Zech zitiert: Rigor moderatus, Diss. II, Corollarium 1 (nicht paginiert).

da sie eine Vereinigung innerhalb des Staates sei[206], vielmehr bezieht er diese Aussage auf die besondere Rolle, die der Kirche im Staat zukommt, und die er mit der Funktion der Seele im Körper vergleicht.

Dieser Vergleich, der auch bei Bellarmin begegnet[207], betrifft die Frage, ob die weltliche Rechtsordnung den Vorrang vor der kirchlichen habe oder umgekehrt. Zur Beantwortung dieser Frage hatte Bellarmin auf den Vorrang der Zwecke der Kirche vor denen des Staates hingewiesen. Ernst-Wolfgang Böckenförde gibt die Ansicht Bellarmins folgendermaßen wieder: „Weil das Ziel der Kirche, die Menschen zum ewigen Heil zu führen, den höchsten und letzten Menschheitszweck verkörpert und daher den Vorrang vor dem Ziel des irdischen Gemeinwohls behauptet, das der Staat vertritt, hat ihre Gewalt, soweit sie reicht, auch den Vorrang vor der weltlich-politischen Gewalt."[208] Daß diese Ansicht auch bei Zech im Hintergrund steht, wenn er das Bild von Leib und Seele erwähnt, zeigt sich an der Art und Weise, wie er die Zuständigkeiten von Staat und Kirche voneinander abgrenzt und einander zuordnet[209].

Die Auslegung des „axioma milevitanum" durch Zech ist allerdings weniger kanonistisch als vielmehr kontroverstheologisch geprägt, wie sich schon an der negativen, gegenüber den Anschauungen der protestantischen Lehre abgrenzenden Interpretation Zechs ablesen läßt: „Gemäß dem Ausspruch des Optatus von Mileve ist nicht der Staat in der Kirche, sondern die Kirche im Staat. Das ist aber nicht nach der Weise der Nichtkatholiken zu verstehen, so daß die Kirche der weltlichen Macht unterworfen wird, sondern in dem Sinne, in dem wir sagen, daß die Seele im Leib ist."[210] Zech will nur die Ansprüche des Staates auf die Herrschaft über die Kirche abwehren, die seiner Ansicht nach ungerechtfertigt sind. Würde er die Leib-Seele-Analogie

[206] Rigor moderatus, ebd.: „Istud autem non more Acatholicorum ad Ecclesiam Regimini Saeculari subjiciendam, sed eo modo intelligimus, quo anima dicitur esse in corpore." Zur Diskussion in der protestantischen Kirchenrechtslehre um das „axioma milevitanum" vgl. *Schlaich*, Kollegialtheorie 121 f. 127. 247; *Josef Bohatec*, Das Territorial- und Kollegialsystem in der holländischen Publizistik des XVII. Jahrhunderts, in: ZSRG.K 35 (1948) 1–149, hier: 26f. mit Anm. 80; *Heckel*, Staat und Kirche (1957) 209. 227. 285f.; vgl. auch *Frowein*, Hedderich 364; *Raab*, Die Concordata Nationis Germaniae 80. 109. Zur allgemeinen Bestimmung des Verhältnisses von Kirche und Staat vgl. auch *Schlaich*, Der rationale Territorialismus 277f. 311–316.

[207] Vgl. *Heckel*, ebd. 285f.; *Ernst-Wolfgang Böckenförde*, Staat – Gesellschaft – Kirche, in: Christlicher Glaube in moderner Gesellschaft, Teilbd. 15, Freiburg – Basel – Wien 1982, 5–120, hier: 21f.; *Paul Mikat*, Das Verhältnis von Kirche und Staat nach der Lehre der katholischen Kirche, in: Handbuch des Staatskirchenrechts, Bd. 1, hrsg. v. *Ernst Friesenhahn – Ulrich Scheuner*, Berlin 1974, 143–187, hier: 157f.

[208] *Böckenförde*, ebd. 21.

[209] Siehe unten, S. 168–173.

[210] Rigor moderatus, Diss. II, Corollarium 2 (nicht paginiert).

streng interpretieren, so müßte er für die Kirche die Regierungsgewalt im Staat beanspruchen, denn die Seele ist das leitende Prinzip des Leibes. Eine solche Argumentation setzt zugleich voraus, daß Kirche und Staat nicht zwei selbständige Körperschaften darstellen, wie Zech im Zusammenhang mit der Lehre von der Kirche als communitas perfecta behauptet[211], sondern er müßte von einer kirchlich-staatlichen Einheit ausgehen, wie sie im Mittelalter gegeben war[212].

An einer anderen Stelle interpretiert Zech die Aussage, daß die Kirche „im Reich" (in imperio) sei, folgendermaßen: „Das heißt, sie ist zusammengesetzt aus Gläubigen, die bezüglich der politischen Stellung einem Fürsten unterworfen sind."[213] Die Kanonistik des späten 18. Jahrhunderts schloß aus der Tatsache, „daß die Kirche nur im Staat existieren kann"[214], auf die Verpflichtung der Kirche, diejenigen Zuständigkeiten aufzugeben, die in den staatlichen Bereich hineinragen, bzw. auf die Berechtigung des Fürsten, diese abzuschaffen. „Da die Kirche aber im Staat ist, kann sie keine Gewalt besitzen, die eine Schwächung der staatlichen Macht bedeuten würde. Findet sich darum etwas in der Kirche, was der Macht des Staates abträglich wäre, so kann das nur eine spätere Zutat zum Christentum sein, die abzuschaffen der Fürst nicht nur berechtigt, sondern verpflichtet ist."[215] Zechs Argumentation geht in eine andere Richtung: Er bestreitet, daß aus der Zugehörigkeit der Glieder der Kirche zu einem bestimmten Staat folge, daß die Kirche der weltlichen Regierung unterliege. „Daraus folgt aber nicht im mindesten, daß eben diesem Fürsten die kirchliche Leitung in gleicher Weise zukomme wie die politische. Denn Christus hat seine Kirche seit alter Zeit auf einem anderen Fundament erbaut und anderen zur Leitung anvertraut, und dies nicht etwa nur in Betreff auf die innere Leitung bezüglich Glaubensdogmen, Sakramenten usw., sondern auch in Betreff auf die äußere Herrschaft und die rechte Ordnung in Kirchensachen, die Dienste der Kleriker, das Einhalten von Fasten und Feiertagen usw."[216] Zech kommt somit zu der grundsätzlichen Überzeugung, daß die Leitung der Kirche ganz und gar getrennt ist von der politischen Herrschaft[217].

[211] Siehe oben, S. 89–92.

[212] Im Mittelalter wurde die Leib-Seele-Analogie tatsächlich zur Begründung einer Vorrangstellung der Kirche herangezogen; vgl. *Walter Ullmann,* Individuum und Gesellschaft im Mittelalter, Göttingen 1974, 37. 120f., Anm. 107 und 108; vgl. auch die Kritik an der Leib-Seele-Analogie, wie sie *Böckenförde* (Staat – Gesellschaft – Kirche 22) vorträgt.

[213] Praec. S. 179, § 240.

[214] *Neumann,* Die Kirche und die kirchliche Gewalt 82.

[215] Ebd. 83.

[216] Praec. S. 179f., § 240.

[217] Vgl. Praec. S. 179, § 240: „Ecclesiae Regimen est prorsus separatum a Regimine Politico"; ebd. S. 183, § 246: „Quamvis igitur Ecclesia Constitutionibus Principum non regatur ..."

II. Abgrenzung der Zuständigkeiten

Die verschiedenen möglichen Ansätze der Kanonistik zur Abgrenzung der Zuständigkeiten von staatlicher und kirchlicher Gewalt lassen sich vereinfacht auf zwei Typen zurückführen: Der eine Typ stellt den Gedanken der Zweckbestimmung in den Vordergrund und kann zu einer Überordnung der Kirche über den Staat führen, da der Zweck der Kirche der höhere ist[218]. Diese Argumentation hat die Verhältnisbestimmung der zwei Gewalten in der einen Christenheit während des Mittelalters entscheidend beeinflußt[219] und führte bei Suárez zu der These von der indirekten Gewalt der Kirche über den christlichen Staat[220]. Daneben gibt es aber auch einen anderen Ansatzpunkt zur Bestimmung des Verhältnisses von staatlicher und kirchlicher Gewalt, der die Eigenständigkeit beider Bereiche in den Vordergrund stellt[221]. An diesem Ansatz aber hat die Theologie und Kanonistik nicht konsequent festgehalten, vielmehr kam es auch hier durch eine Vermengung mit dem Zweckgedanken zu einer Überordnung der Kirche über den Staat, „doch ist diese Überordnung nicht absolut zu verstehen, sondern wird durch die Ausrichtung auf den übernatürlichen Endzweck (das ewige Leben) bestimmt und begrenzt, wobei der weltlichen Gewalt auf ihrem Gebiet weitgehende Selbständigkeit zugesprochen wird“.[222]

1. Materiale Abgrenzung

Als Ausgangspunkt für die Grenzziehung zwischen kirchlichem und staatlichem Zuständigkeitsbereich hätte Zech die allgemeine rechtsphilosophische Erkenntnis heranziehen können, daß die Materie eines Gesetzes in die Zuständigkeit des Gesetzgebers fallen muß, „denn dessen Gesetze erstrecken sich weder auf ein fremdes Territorium, noch auf eine Materie, die ihm nicht untersteht“.[223] – Ähnliches gilt auch im Bereich der Rechtsprechung: Ein von einem unzuständigen Richter gefälltes Urteil erlangt keine Rechtskraft[224]. – Auf diese Weise wäre Zech zu einer materialen Abgrenzung zwischen

[218] Der Schluß von der jeweiligen Zweckbestimmung auf eine Überordnung der kirchlichen über die staatliche Zuständigkeit ist aber keineswegs zwingend. So gingen auch die aufklärerischen Kirchenrechtler zur Bestimmung des Umfangs der Gewalt von Kirche und Staat von deren je eigenen Zwecken aus, ohne jedoch zu einer solchen Überordnung zu gelangen; vgl. *Neumann,* ebd. 82.

[219] Vgl. *Mikat,* Das Verhältnis von Kirche und Staat 157–159.

[220] Vgl. *Rommen,* Die Staatslehre des Franciscus Suarez 248–269.

[221] Vgl. *Mikat,* ebd. 159f.

[222] Ebd. 160; vgl. hierzu auch *Böckenförde,* Staat – Gesellschaft – Kirche 15–23.

[223] Praec. S. 78, § 112.

[224] Vgl. Praec. S. 277, § 367, Anm. 62.

kirchlichem und staatlichem Zuständigkeitsbereich gelangt. Und tatsächlich setzt er eine solche Abgrenzung des öfteren voraus, so wenn er tadelnd feststellt, daß „gewisse Fürsten die Grenzen ihrer Jurisdiktion überschritten und sich ungebeten in kirchliche Dinge allzusehr eingemischt haben; diesen aber haben sich die Päpste immer entgegengestellt“[225]. Zech betont ausdrücklich, daß auch solche Entscheidungen von Fürsten in Kirchensachen, die einen Vorteil für die Kirche bedeuten, keine Rechtsgeltung haben, wenn sie nicht von der Kirche approbiert wurden[226] oder, wie Zech hinzufügt, nur ein Privileg für kirchliche Personen darstellen[227].

An mehreren Stellen nennt Zech auch Gegenstandsbereiche, in denen der weltliche Herrscher[228] unzuständig ist: das Kirchengebäude[229], heilige oder geistliche Dinge und kirchliche Personen[230] oder – an anderer Stelle – „geistliche“ Gegenstandsbereiche, wie Sakramente, den Kleriker- und Religiosenstand, kirchliche Benefizien und Zehnten usw., sowie „kirchliche Sachen“, d. h. Kirchengut, „und kirchliche Personen“[231]. Ausdrücklich reserviert er Sünden und Gewissensdinge[232], aber auch den Ehevertrag[233] der kirchlichen Jurisdiktion. Insgesamt lassen sich diese Gegenstandsbereiche so zusammenfassen: In allem, „was das geistliche Wohl der Seele betrifft“[234], sei es nun unmittelbar oder auch mittelbar, ist allein die Kirche zuständig.

Die Abgrenzung der Zuständigkeitsbereiche von Kirche und Staat gilt prinzipiell nicht nur einseitig, so daß der Staat nicht in kirchliche Belange eingreifen darf, denn auch der Papst „erläßt nicht in eigener Person und unmittelbar Gesetze bezüglich weltlicher Dinge außerhalb seines weltlichen (temporale) Territoriums.“[235] Allerdings enthält diese Aussage drei Einschränkungen: 1. Innerhalb seines Territoriums, also innerhalb des Kirchenstaates, ist es dem Papst unbenommen, auch weltliche Gesetze zu erlassen.

[225] Praec. S. 183, § 245.

[226] Vgl. Praec. S. 78, § 112, Anm. 12; S. 325, § 410 mit Berufung auf c. 7 und c. 10 X de constit. I 2 (II, 9 und 12 *Friedberg*).

[227] Vgl. Praec. S. 326, § 410.

[228] „Laicus“ ist in diesem Zusammenhang im Sinne von „weltlicher Herrscher“ zu verstehen; zu diesem Wortgebrauch vgl. *Javier Hervada,* Tres Estudios sobre el Uso del Termino Laico, Pamplona 1973, bes. 95. 104. 133f. 158; vgl. auch *Heimerl,* Kirche, Klerus und Laien 154; *Müller,* Der Anteil der Laien an der Bischofswahl 208.

[229] Daß Zech an dieser Stelle mit „Ecclesia“ das Kirchengebäude meint, wird deutlich aus der in der Anmerkung zitierten Dekretale (c. 10 X de constit. I 2 [II, 12 *Friedberg*]), wo von Kirchen im Plural gesprochen wird.

[230] Vgl. Praec. S. 78, § 112.

[231] Praec. S. 325, § 410; De Jud. I, S. 21, § 22.

[232] Vgl. Praec. S. 326, § 411.

[233] Vgl. De Ambitu, Parergon 18, S. 150.

[234] Praec. S. 326, § 411.

[235] Praec. S. 78f., § 112.

2. Gesetze, die sich mittelbar auch auf weltliche Dinge beziehen, kann der Papst ebenso erlassen; Zech nennt hier allerdings keine Kriterien, wann ein solches Gesetz sich nur mittelbar auf weltliche Dinge bezieht. 3. Der Papst kann des weiteren durch eine andere Person Gesetze bezüglich weltlicher Dinge außerhalb seines Territoriums erlassen. Diese Möglichkeit, die sich aus der Aussage Zechs ergibt, daß der Papst „nicht in eigener Person" weltliche Gesetze erläßt, wird ebenso nicht näher erläutert. Sicher ist hiermit auch die Möglichkeit gemeint, daß er Einfluß auf die weltlichen Herrscher nehmen kann, daß diese die weltliche Rechtsordnung in seinem Sinne gestalten. Dennoch aber hält Zech an der grundsätzlichen beiderseitigen Abgrenzung der Zuständigkeiten fest, die auch bedeutet, daß jedes Recht in dem ihm zugehörigen Bereich angewendet wird. Dies gilt auch für Verbrechen, durch die sowohl die kirchliche als auch die weltliche Rechtsordnung verletzt wird (crimina mixti fori)[236].

Das Ziel, das hinter der Abgrenzung der Zuständigkeiten von Staat und Kirche steht, ist die Harmonie beider Mächte[237]. So faßt Zech den Abschnitt über das Verhältnis der beiden Rechtsordnungen zueinander folgendermaßen zusammen: „Wenn diese Regeln genau befolgt werden, wird immer die allerbeste Harmonie von Priesterschaft und Staat herrschen, Frieden und Einklang der weltlichen und kirchlichen Gewalt, sobald nämlich, wie es nach der Meinung von Papst Nikolaus in der Kirche Christi geschehen muß, weder der Herrscher die Rechte des Papsttums an sich zieht, noch der Papst den Namen eines Herrschers beansprucht, da ja Christus die Aufgaben beider Gewalten so unterschieden hat, daß die christlichen Herrscher für das ewige Leben der Päpste bedürfen und sich die Päpste für den Ablauf der rein zeitlichen Dinge der Gesetze der Herrscher bedienen."[238] Auch die Harmo-

[236] Vgl. Praec. S. 327f., § 412.

[237] Diese Zielsetzung ist im 18. Jahrhundert weit verbreitet und begegnet auch bei Barthel und Hedderich; vgl. *Frowein*, Philipp Hedderich 356f. mit Zitat des *Ivo von Chartres*, ep. 238 (PL 162, 246 B): „Novit enim paternitas vestra, quia cum regnum et sacerdotium inter se conveniunt, bene regitur mundus, floret et fructificat Ecclesia." Vgl. auch den Titel der Schrift des *Petrus de Marca:* De concordia Sacerdotii et Imperii seu de Libertatibus Ecclesiae Gallicanae Libri Octo (Paris 1641), die auch Zech bekannt war. Ignaz Schwarz war der Ansicht, daß es normalerweise keine Konflikte zwischen Kirche und Staat geben könne, da die Kirche eben keinen Staat im Staat darstelle und andere, nämlich höhere, Ziele als dieser verfolge; vgl. *Dickerhof,* Land, Reich, Kirche 154 mit Anm. 116. Der Gedanke der Symphonie zwischen staatlicher und kirchlicher Gewalt richtete sich in der evangelischen Kirchenrechtswissenschaft des 17. Jahrhunderts gegen eine Einmischung des Papstes in weltliche Angelegenheiten; vgl. *Heckel,* Staat und Kirche (1956) 146. 240.

[238] Praec. S. 328f., § 415: „Hae Regulae, si exacte observentur, vigebit semper optatissima Sacerdotii, & Imperii Harmonia, pax, & concordia potestatis Saecularis, & Ecclesiasticae, quando scilicet, prout in Ecclesia Christi fieri debere monet Nicolaus Papa, nec Imperator Jura Pontificatus arripit, nec Pontifex nominem Imperatorum usurpat, quoniam Christus sic Officia

nie von Kirche und Staat ist ein Ziel, das von beiden Seiten anzustreben ist, wie ja auch die Abgrenzung der Zuständigkeiten von Kirche und Staat prinzipiell beiderseitig verpflichtet. So hebt Zech hervor: „In gleicher Weise sind die Bischöfe gehalten, um den Nutzen des Staates bemüht zu sein, und müssen die weltlichen Fürsten um Ansehen und Ehre der Kirchen bemüht sein."[239] Wenn auch Zech hier zunächst – im Zusammenhang mit dem Asylrecht – die Unverletzlichkeit der Kirchengebäude im Auge hat, wie auch der Plural zeigt („Ansehen und Ehre der Kirchen"), so ergibt sich doch aus der Verpflichtung der Bischöfe, zum Nutzen des Staates zu wirken, daß über die Kirchengebäude hinaus auch das Wohl der gesamten Kirche gemeint ist, das auch den Fürsten anvertraut ist.

2. *Überordnung des kirchlichen über den staatlichen Bereich*

Trotz der materialen Abgrenzung der Zuständigkeit von kirchlicher und weltlicher Gewalt zeigt sich aber, daß bei Zech auch eine andere Argumentationsweise im Hintergrund steht, die letztlich auf die Frage nach der Zielbestimmung von Kirche und Staat zurückgeht. Die Unzuständigkeit des weltlichen Herrschers bezieht sich auf „kirchliche Personen", d. h. Kleriker[240], und kirchliche Sachen. So führt Zech aus: „... wie der Führer von Soldaten Jurisdiktion über die Militärpersonen und bezüglich der Sachen ausübt, die zum Militär gehören, so ist es auch passender, daß die Kleriker, die Militärdienst für Gott leisten, und die Sachen der Kirche, die der Förderung des Gottesdienstes gewidmet sind, einen eigenen Richter haben."[241] Hieraus ergibt sich die Forderung, daß Kleriker und Kirchengut der Immunität unterliegen und nur vor einem kirchlichen Gericht über diese verhandelt werden kann[242]. Diese Immunität, die von den zeitgenössischen Vertretern des weltlich-juristischen Jus Publicum keineswegs anerkannt wurde[243], führt Zech unmittelbar auf göttliches Recht zurück, insofern

potestatis utriusque discrevit, ut *Christiani Imperatores pro aeterna vita Pontificibus indigerent, & Pontifices pro cursu temporalium tantummodo rerum Imperialibus Legibus uterentur.*" Zech bezieht sich hier auf *Nikolaus I.*, Ep. „Proposueramus quidem" ad Michaelem Imp., 28. 9. 865 (DS 642).

239 De Jure Asyli, S. 149, § 211.

240 Zum Gebrauch des Adjektivs „ecclesiasticus" im Sinne von „clericus" vgl. *Klaus Mörsdorf*, Die Rechtssprache des Codex Juris Canonici. Eine kritische Untersuchung, Paderborn 1937 (Nachdruck: Paderborn 1967) (Görres-Gesellschaft zur Pflege der Wissenschaft im katholischen Deutschland, Veröffentlichungen der Sektion für Rechts- und Staatswissenschaft 74), 128.

241 De Jud. I, S. 22, § 22; vgl. ebd., S. 21, § 22.

242 Vgl. De Jud. I, S. 96–98, § 86.

243 Vgl. *Unverhau*, Lex 19.

Christus seine Kirche nicht den weltlichen Herrschern, sondern dem Petrus anvertraut hat[244]. Nach einer möglicherweise überspitzt formulierten These, die Zech seiner Dissertation „De Ambitu" beigegeben hat, liegt es „auch im Interesse des Staates, daß die Kirchengüter von allgemeinen Lasten befreit sind".[245] Wenn Kleriker auf weltliche Gesetze verpflichtet werden – wobei diese Gesetze allerdings weder die kirchliche Immunität verletzen, noch geistliche Sachen betreffen dürfen –, so geschieht das lediglich „aufgrund des Willensentschlusses des Papstes, der will, daß sich die Kleriker in einer indifferenten Sache den übrigen Bürgern angleichen".[246] Wenn aber Laien, d. h. in diesem Zusammenhang: die Vertreter der weltlichen Gewalt, in kirchlichen Dingen Urteile fällen oder „aus eigener Autorität Klerikern Steuern auferlegen"[247], stellt das eine vernunftwidrige Gewohnheit dar und hat keinerlei verbindliche Kraft[248], es sei denn, der Papst habe einzelnen Klerikern den Schutz der Immunität genommen[249]. Ein Kleriker kann aber nicht von sich aus auf seine Immunität verzichten[250].

Es zeigt sich, daß Zech die Verhältnisbestimmung von Kirche und Staat nicht nur so vornimmt, daß für die jeweilige Zuständigkeit allein der betreffende Gegenstandsbereich ausschlaggebend ist. Vielmehr scheint hier der Nutzen der Kirche, die ja selbst wieder nur zum „geistlichen Wohl der Seele"[251] tätig ist, im Vordergrund zu stehen. Zum Nutzen der Kirche ist es sicherlich, wenn ihr Besitz und die Kleriker nicht dem weltlichen Recht unterliegen, zumindest nicht unmittelbar.

Doch ist hier kritisch anzumerken, daß eine Person, die Kleriker wird, dadurch ja nicht aufhört, Bürger eines Staates zu sein. Dies aber bestreitet Zech ausdrücklich mit dem Argument, daß der Kleriker in einen höheren Stand aufrückt[252]. Doch gilt diese Begründung eben nur für den Bereich der Kirche. Die von Zech vertretene Ansicht spiegelt noch Verhältnisse einer engen Verbindung des staatlichen mit dem kirchlichen Bereich wider, wie sie in der Neuzeit nicht mehr gegeben sind. Die Zuständigkeiten von Kirche und Staat können aber nicht so abgegrenzt werden, daß gewisse Personen und Sachen vollständig aus der staatlichen Jurisdiktion herausgenommen werden, wobei die Entscheidung hierüber einseitig nur bei der Kirche zu

244 Vgl. De Jud. I, S. 98–100, § 87.
245 De Ambitu, Parergon 17, S. 149.
246 Praec. S. 92, § 136.
247 Praec. S. 277f., § 367.
248 Vgl. ebd.
249 Vgl. De Jud. I, S. 101, § 89.
250 Vgl. ebd.
251 Vgl. Praec. S. 326, § 411; siehe oben, S. 118.
252 Vgl. De Jud. I, S. 100, § 88.

liegen scheint. Es ist vielmehr von Fall zu Fall zu prüfen, ob kirchliches oder weltliches Recht anzuwenden ist. So kann die Kirche den staatlichen Strafanspruch nicht dadurch beeinträchtigen, daß bestimmte Personen der weltlichen Gerichtsbarkeit entzogen werden; der Staat hingegen kann in rein innerkirchliche Belange nicht eingreifen, z. B. in Fragen der Lehre oder der Sakramentenspendung. Aus dem Satz, daß die Kirche im Staat ist, folgt auch nach Zech, daß die Kirchenglieder bezüglich ihrer politischen Verhältnisse dem Staat unterliegen. Bei der Behandlung der Immunität hat Zech nicht bedacht, daß dies auch für die Kleriker und das Kirchengut zutrifft.

III. Der Schutz der Fürsten für die Kirche

Wenn auch die weltlichen Herrscher keine Jurisdiktion in der Kirche innehaben, kommen ihnen dennoch wahre „Iura circa Sacra" zu, nämlich „die Vollmacht der Fürsorge und die Verpflichtung zum Schutz"[253]. Deswegen hat es die Kirche zugelassen, daß die Fürsten zu diesem Zweck auch in eigenem Namen Gesetze erließen, welche die „äußere Leitung" (externa Politia) der Kirche betrafen, da so die heiligen canones durch das Hinzutreten der weltlichen Zwangsgewalt mit besserem Erfolg und größerer Sicherheit durchgesetzt werden konnten[254]. Das wäre in den ersten drei Jahrhunderten nach Christus nicht möglich gewesen, da zu dieser Zeit die weltlichen Herrscher die Kirche noch verfolgten[255]. Doch für die christlichen Herrscher ergibt sich geradezu die Pflicht, die Kirche zu schützen. Dies brachte dann aber auch mit sich, daß Gesetze der weltlichen Herrscher, die zum Schutz der Kirche erlassen worden waren, kirchenrechtliche Geltung erlangen konnten, wie Zech an Gesetzen Friedrich Barbarossas zeigt[256]. Anders als Febronius ist Zech aber nicht der Meinung, daß sich aus der Aufgabe der Fürsten, die Kirche zu schützen, auch ein Recht zur selbständigen Ordnung der kirchlichen Angelegenheiten ergebe, wobei die Fürsten nach Febronius sogar unabhängig von jeder Mitwirkung des Papstes sind[257]. Die Hauptauf-

[253] De Jure Asyli, Corollarium 11 (nicht pagniniert); vgl. Hier. S. 499, § 497. Auch nach Ignaz Schwarz haben die Herrscher die Aufgabe, die Kirche zu schützen. Dies ist auch in ihrem eigenen Interesse, da die naturrechtlichen Normen, welche die Verpflichtungskraft der staatlichen Gesetze begründen, von Gott stammen. Wenn also die Untertanen auf ihr übernatürliches Ziel, auf Gott hin, ausgerichtet werden, wird dadurch zugleich die staatliche Herrschaft gefestigt; vgl. *Dickerhof,* Land, Reich, Kirche 154f.

[254] Vgl. Praec. S. 180f., § 242.

[255] Vgl. Praec. S. 180, § 242.

[256] Vgl. Praec. S. 181, § 242, Anm. 53; c. 18 de haeret. in VI°, V 2 (II, 1076f. *Friedberg*).

[257] Vgl. *Pitzer,* Febronius 57f.; *Walf,* Das bischöfliche Amt 13.

gabe der weltlichen Fürsten ist es, die Beobachtung kirchlicher Normen einzuschärfen und durch die Furcht vor Strafe zu erzwingen[258]. Bei der Erfüllung dieser Aufgabe sind sie aber an die canones gebunden, die ja die Voraussetzung für ihre Schutzaufgabe darstellen[259]. Eine Überschreitung dieser Zuständigkeit traf stets auf den Widerstand der Päpste[260].

Aus dieser Umschreibung der Schirmaufgabe der Fürsten ließe sich wohl ohne weiteres ein Anspruch der Kirche auf die Hilfe des weltlichen Arms ableiten, zumindest gegenüber einem christlichen Herrscher, aber Zech braucht hierüber nicht zu handeln, weil – wie er sagt – in Deutschland, dessen Rechtsverhältnisse er in seinen Institutionen des kanonischen Rechts ja besonders berücksichtigt[261], die meisten Bischöfe zugleich auch weltliche Herrscher sind und als solche das brachium saeculare ohnehin zur Verfügung haben[262]. Aus dieser Gedankenführung kann man aber erschließen, daß Zech den Anspruch der Kirche auf die Hilfe des weltlichen Arms als legitim ansieht.

IV. Jus reformandi und Verhältnis der katholischen Kirche zu den nichtkatholischen Christen

1. Die Rechtsgeltung der Religionsfrieden

Im Zusammenhang mit der Behandlung der Quellen des katholischen Kirchenrechts in Deutschland erwägt Zech in seinen Praecognita Juris Canonici auch die Rechtsgeltung der deutschen Religionsfrieden des 16. und 17. Jahrhunderts, also des Passauer Vertrages von 1552, des Augsburger Religionsfriedens von 1555 und des Westfälischen Friedens von 1648[263]. Diese Friedensverträge rechnet Zech nicht zu den Prinzipien des kanonischen Rechtes, sondern bezeichnet sie vielmehr als dem kanonischen Recht entgegengesetzt, da durch sie „der rechte und freie Gebrauch des kanonischen Rechtes

[258] Vgl. Hier. S. 498f., § 496; Praec. S. 182, § 245.

[259] Vgl. Praec. S. 182, § 245.

[260] Vgl. Praec. S. 183, § 245.

[261] Vgl. die Titel der einzelnen Bände der Institutiones Juris Canonici: „... ad Germaniae Catholicae Principia et Usum".

[262] Vgl. De Jud. II, S. 543f., § 440.

[263] Zu Passauer Vertrag und Augsburger Religionsfrieden vgl. *Erwin Iserloh*, Die deutsche Fürstenreformation, in: *Erwin Iserloh – Josef Glazik – Hubert Jedin*, Reformation, Katholische Reform und Gegenreformation, Freiburg – Basel – Wien 1967 (Handbuch der Kirchengeschichte IV) 217–312, hier: 307–312; zum Westfälischen Frieden vgl. *Hubert Jedin*, Europäische Gegenreformation und konfessioneller Absolutismus (1605–1655), in: ebd. 650–683, hier: 664–666.

behindert wird".[264] Nachdem er die geschichtlichen Gründe für das Zustandekommen der Religionsfrieden und deren wesentlichen Inhalt darstellt[265], wobei er erwähnt, daß sie von den weltlichen Landesherren bestätigt, von den Päpsten aber zurückgewiesen wurden[266], stellt Zech dann die Argumente der Benediktiner-Kanonisten Franz Schmier und Placidus Boeckn für die Rechtmäßigkeit und Verbindlichkeit dieser Vereinbarungen dar, führt einige Einwendungen dagegen und eine Erwiderung auf diese Einwände an[267]. „Ohne sich selbst zu entscheiden, bricht Zech dann die Erörterung ab."[268]

Klar hält Zech aber daran fest, daß die in den Friedensverträgen von Passau, Augsburg und Osnabrück zugestandene Religionsfreiheit sich nicht auf die Kleriker bezieht, so daß diese bei einem Abfall vom Glauben nicht mehr der kirchlichen Strafgewalt unterlägen[269]. Wohl aber sind vor dem weltlichen Gericht („in foro seculari") die Kapitel dieser Verträge genau einzuhalten[270]. Hiermit geht Zech eindeutig von der praktischen Verbindlichkeit der Religionsfrieden aus, ohne die theoretische Diskussion hierüber zuvor entschieden zu haben.

Ausführlicher äußert sich Zech in seinem zweiten Band über das kirchliche Gerichtswesen, in welchen er einen besonderen Titel aufgenommen hat, der „ausgewählte Fragen, die sich auf die Ausübung der Religion in Deutschland beziehen", zum Gegenstand hat[271]. Wie in den Praecognita Juris Canonici faßt Zech auch in diesem Zusammenhang die Religionsfrieden nicht als Verträge, sondern als Gesetze auf[272]. „Er gibt damit, sicherlich bewußt, die Position auf, die es seinem Mitbruder Laymann einst ermöglicht hatte, den Religionsfrieden auch für Katholiken als verbindlich zu betrachten, seine Einschätzung nicht als lex, sondern als Vertrag, der völkerrechtlicher Behandlung unterliegt und damit verbindlich ist, solange der Partner daran festhält. Laymann, wie schon seine Vorgänger, hatte damit

[264] Praec. S. 298, § 388.

[265] Vgl. Praec. S. 298–310, §§ 389–397.

[266] Vgl. Praec. S. 310–312, §§ 398–399. An anderer Stelle sagt Zech, daß Innozenz X. den Westfälischen Friedensvertrag zwar zurückgewiesen habe, seine Ausführung aber nicht verhindern konnte (De Jud. II, S. 188, § 156). Über die Rechtsfolgen des päpstlichen Protestes macht Zech sich keine Gedanken, sondern geht faktisch von der Geltung des Westfälischen Friedens aus.

[267] Vgl. Praec. S. 312–315, §§ 400–401.

[268] *Kraus,* Das Problem des Glaubenskrieges 120.

[269] Praec. S. 315, § 402; vgl. auch De Jud. II, S. 188f., § 157.

[270] Vgl. Praec. S. 316, § 402; De Jud. II, S. 189, § 157.

[271] De Jud. II, S. 225–251, §§ 189–207. Dieser Titel steht im Zusammenhang mit der Behandlung der Straftaten gegen den Glauben.

[272] Vgl. De Jud. II, S. 227, § 190; Praec. S. 310, § 398: „... confirmatumque est tanquam Lex fundamentalis Imperii ..."

den Augsburger Religionsfrieden der Einflußnahme des Papstes zu entziehen gewußt, da dieser über das Völkerrecht nicht gebieten könne."[273]

Im folgenden gelangt der soeben zitierte Andreas Kraus aufgrund der Ausführungen Zechs in den Praecognita Juris Canonici zu der Ansicht, er habe die Gültigkeit des Westfälischen Friedens abgelehnt, wobei Kraus die von Zech angeführten Argumente gegen Schmier und Boeckn ihm selbst zurechnet[274]. Aufgrund des einige Jahre später geschriebenen Abschnitts im letzten Band der Institutionen des kanonischen Rechtes, den Kraus nicht berücksichtigt hatte, ergibt sich jedoch ein anderes Bild: In den Praecognita Juris Canonici referiert Zech nur Ansichten für und gegen die Rechtsgeltung der Religionsfrieden, ohne zu einer Entscheidung zu kommen[275], im Zusammenhang des kirchlichen Strafrechts aber legt er eine differenzierte Antwort zu dieser Frage vor.

Bezüglich der Erlaubtheit der Vertragsabschlüsse trägt Zech nur eine Ansicht vieler Gelehrter vor, der er sich wohl auch selbst anschließt: „Viele verteidigen, daß diese Verträge erlaubt gewesen seien wegen der höchsten Notwendigkeit und der Gefahr eines größeren Schadens für die Religion."[276] In der Frage der Gültigkeit der Verträge stellt Zech aber offensichtlich seine eigene Meinung dar: „Bezüglich der Geltung ist für die Katholiken sicher, daß jene Verträge nicht in dem Sinne gültig sind, daß die Protestanten ein Recht erworben hätten[277]. Sie können aber in dem Sinne gültig sein, daß die Untertanen verpflichtet sind, die Artikel einzuhalten, die dort beschlossen worden sind. Somit ist keine ausgleichende Gerechtigkeit entstanden, sondern höchstens eine gesetzmäßige: Das heißt, jene Verträge haben den Charakter eines öffentlichen Gesetzes, das ein Übel zulassen kann, um größere Übel zu verhindern. Daher können die katholischen Untertanen verpflichtet werden, die Ausübung einer Religion nicht zu behindern, die von den öffentlichen Gesetzen zugelassen, von der römischen Kirche aber verurteilt worden ist."[278]

[273] *Kraus,* ebd. 119.

[274] Vgl. ebd. 120.

[275] So auch *Kraus,* ebd. 120; immerhin bringt Zech aber zweimal Argumente für die Geltung der Religionsfrieden, doch leitet er die Erwiderung auf die Einwände gegen die Ansichten von Schmier und Boeckn mit den Worten ein: „Diese Schwierigkeiten werden die deutschen Gelehrten kaum so lösen können, daß sie allem gerecht werden." Praec. S. 314, § 401.

[276] De Jud. II, S. 226, § 190; vgl. die Argumente von Schmier und Boeckn, dargestellt bei *Zech,* Praec. S. 312f., § 400.

[277] Vgl. Praec. S. 315, § 401: „Acatholicis non tribui verum Jus."

[278] De Jud. II, S. 226f., § 190: „Multi defendunt, ea pacta fuisse licite inita ob summam necessitatem, & periculum gravioris circa Religionem damni. Quoad eorum valorem, certum est Catholicis, illas conventiones non adeo esse validas, ut Protestantibus acquisitum sit jus: posse tamen ita esse valida, ut subditi teneantur observare articulos, de quibus ibi conventum est:

Nach Andreas Kraus stellt die Einschätzung der Friedensvereinbarungen als Verträge eine Grundlage dafür dar, daß sie als gültig eingeschätzt werden können[279]. Zech hingegen sieht sie nicht als Verträge, sondern als Gesetze an. Dennoch ist es ihm möglich zu begründen, daß diese Gesetze Rechtsgeltung beanspruchen können, obwohl sie ein Übel zulassen. Der Hinweis auf die Vermeidung von Schlimmerem ist nicht nur als Argument für die Geltung von Verträgen möglich[280], sondern kann nach Zech auch für die Begründung der Rechtsgeltung eines Gesetzes herangezogen werden, das ein (relativ geringes) Übel, in diesem Fall die Tolerierung der Religionsausübung von Nichtkatholiken, zuläßt.

Zusammenfassend stellt Andreas Kraus zur Frage der Rechtsgeltung solcher Normen der Religionsfrieden, die dem kanonischen Recht widersprechen, fest: „In der kanonistischen Literatur wird der 1648 besonders schroff markierte Dissens zwischen Rechtsnorm und Rechtswirklichkeit bis weit in die zweite Hälfte des 18. Jahrhunderts in der Regel nur überbrückt durch Konstruktionen, die durch ein Dissimulieren des grundsätzlichen Widerspruchs einen Rechtsrelativismus zu vermeiden suchen, aber ihn doch durch die subsidiäre Beiziehung des Jus Gentium und Jus Naturae in Wirklichkeit bereits unübersehbar, und zwar nicht nur als Anweisung an die Praxis, sondern auch durch die theoretische Argumentation, in das Kirchenrecht einführen."[281] Auch Zech behandelt die Religionsfrieden als dem kanonischen Recht widersprechend, geht aber dennoch von ihrer Verbindlichkeit aus, „damit Schlimmeres verhütet wird". Insofern ist auch bei Zech von Dissimulation zu sprechen und er hat wohl auch unbewußt einem Rechtsrelativismus Vorschub geleistet. Hatte er ansonsten für die Anwendung von Normen des kanonischen und des weltlichen Rechts Regeln aufgestellt[282], so beachtet er diese Regeln hier selbst nicht, denn die Tolerierung nichtkatholischer Christen ist eine rein geistliche Angelegenheit, handelt es sich doch um kirchliche Sachen, und in diesem Bereich ist nach Zech allein das kanonische Recht im inneren wie im äußeren Bereich zu befol-

proin non est orta justitia commutativa, sed ad summum legalis; id est, conventiones illae habent rationem legis publicae, quae potest permittere malum ad evitanda majora mala: igitur subditi Catholici possunt teneri, ne impediant usum permissi legibus publicis exercitii religionis, a Romana Ecclesia damnatae."

279 Vgl. *Kraus*, Das Problem des Glaubenskrieges 115. 119f.

280 So scheint es *Kraus* (ebd. 120) zu verstehen.

281 Ebd. 121; vgl. *ders.*, Im Vorhof der Toleranz. Kirchenrecht, Reichsrecht und Naturrecht im Einflußbereich des Würzburger Kanonisten Johann Caspar Barthel, in: Historisches Jahrbuch 103 (1983) 56–76, hier: 56.

282 Vgl. Praec. S. 316–329, §§ 403–415, Tit. XX: „De Origine praecipuarum differentiarum inter Jus canonicum, et Jus civile: item quale jus sit sequendum?", hier bes. S. 325–329, §§ 409–415.

gen[283]. Zech wird also hier seinen eigenen Grundsätzen untreu und stellt damit das System der Zuordnung von kanonischem und weltlichem Recht insgesamt in Frage.

2. *Das Reformationsrecht*

Im Augsburger Religionsfrieden von 1555 war das Recht der Fürsten anerkannt worden, die Religionsausübung in ihren Ländern zu bestimmen und die Reformation einzuführen oder den „alten" Glauben beizubehalten (jus reformandi)[284]. Dieses Reformationsrecht hatte allerdings zu einer weitgehenden Einmischung der Fürsten in innerkirchliche Belange geführt, was Zech bezüglich der protestantischen Fürsten beklagt[285]. Als Begründung für das Reformationsrecht wurde der Grundsatz herangezogen: „Cujus regio ejus et religio", der, wie Zech hervorhebt, aber nicht aus dem Evangelium stammt, sondern ein heidnisches Prinzip darstellt[286]. Im Westfälischen Frieden (1648) hatte man sich um eine Gleichstellung der katholischen mit den protestantischen Landesherren und um eine Einschränkung des Reformationsrechtes bemüht. Die Fürsten hatten zwar weiterhin das Recht, die öffentliche Religionsausübung in ihrem Land zu bestimmen, doch mußten sie die Konfession tolerieren, die im „Normaljahr" 1624 in ihrem Land ausgeübt worden war[287]. Zech kämpft vor allem gegen eine Minderberechtigung der katholischen Landesherren: „Im Widerspruch zum Westfälischen Frieden stehen diejenigen, die erklären, daß ein akatholischer Fürst sich in seiner katholischen Stadt des Reformationsrechtes erfreue, nicht dagegen ein katholischer Fürst in seiner lutherischen Stadt."[288]

Zur Begründung dieser These argumentiert Zech folgendermaßen:

[283] Vgl. Praec. S. 325f., § 410.

[284] Vgl. Augsburger Reichsabschied vom 25. September 1555, §§ 15–17 (100,34–101,36 *Hofmann*).

[285] Vgl. Praec. S. 304, § 394.

[286] Vgl. De Jud. II, S. 227, § 191: „Plenam potestatem de hac re in suis Provinciis disponendi, post Pacem Religiosam sibi sumpserunt & usurparunt Principes Acatholici juxta Brocardicon Lutheranorum, cujus Regio, illius & Religio, desumptum non ex Evangelio, sed ex principiis Ethnicorum. Sic judex Aemilianus ad S. Fructuosum & socios dicit: Jussum est Caesaris ore Gallieni: QUOD PRINCEPS COLIT, HOC COLAMUS OMNES." Zech verweist hier auf Aurelius Clemens Prudentius, Peristephanon VI, 41f. (CCL 126, 315 *Cunningham*). Die Formulierung „Cujus regio, ejus religio" ist von dem evangelischen Juristen Joachim Stephani geprägt worden; vgl. *Heckel*, Staat und Kirche (1956) 211f.

[287] Vgl. Art. V, §§ 30–31 Instrumentum Pacis Osnabrugae (180,15–182,2 *Hofmann*).

[288] De Ambitu, Parergon 7, S. 147. Bemerkenswert ist, daß die Stoßrichtung dieser These gegen protestantische Ansichten geht; vgl. z.B. den bei *Schlaich* (Kollegialtheorie 138 mit Anm. 32) genannten Programmpunkt evangelischer Kanonisten der Zeit Zechs, der „das kirchenpolitisch zentrale Ziel kollegialistischer Argumentation" darstellt (*Schlaich*, ebd. 274).

1. „Die christlichen Fürsten sind aus göttlichem Recht gehalten, ihre Untertanen zum Gottesdienst anzuleiten und für sie Vorsorge zu treffen bezüglich der Mittel, die zum ewigen Heil führen. Da das Reformationsrecht aber hauptsächlich zu diesem Zweck ausgeübt wird, ist zu schließen, daß die katholischen Fürsten dieses Recht nicht in erster Linie aus dem Westfälischen Friedensvertrag ableiten."[289] Das Reformationsrecht der katholischen Fürsten ist also mit der im göttlichen Recht begründeten Pflicht gegeben, die Untertanen zum Gottesdienst und zum ewigen Heil zu führen. Somit ist dieses Recht göttlichen Rechts und nicht erst mit dem Osnabrücker Friedensvertrag zugestanden worden. Das jus reformandi ist nicht aus dem Recht der Landesherrschaft abzuleiten, eben weil es göttlichen Rechts ist, und es ist nicht Teil der Landesherrschaft, wohl aber ist es zugleich mit der Landesherrschaft verliehen. „Daher auch haben sich die Katholiken widersetzt, als einige diese Vorschrift (Art. V § 30 IPO, der Verf.) mit jenen Worten verfaßt haben, daß das Reformationsrecht *aus* dem Recht der Landesherrschaft zukomme, und sie haben dafür gesorgt, daß die Wendung ‚*mit* dem Recht der Landesherrschaft' eingesetzt wurde, da ihnen klar bewußt war, daß aus einer solchen Quelle nicht ein Recht bezüglich der Religion geschöpft werden könne."[290]

2. Aufgrund des Westfälischen Friedensvertrages ergibt sich für die katholischen Fürsten lediglich der Anspruch gegen die Protestanten, daß sie bei der Ausübung ihres Reformationsrechtes nicht behindert werden dürfen.

3. Die Art und Weise der Durchführung des Reformationsrechtes ergibt sich nach Art. V § 30 des Osnabrücker Friedensvertrages aus der „bislang geübten Praxis", d. h., wie Zech erläutert, aus der Praxis, die in der Zeit zwischen dem Augsburger Konfessionsfrieden und den Westfälischen Frieden geübt wurde. Diese Praxis bestand darin, daß die protestantischen Fürsten in den ihnen untergebenen Territorien die lutherische oder kalvinische Konfession einführten.

4. Da nun aber auch den katholischen Fürsten aufgrund göttlichen Rechtes ebenso das Reformationsrecht zusteht, können sie auf dieselbe Art und Weise in den ihnen unterstehenden lutherischen oder kalvinischen Territorien die öffentliche katholische Religionsausübung ungehindert einführen,

[289] De Jud. II, S. 236, § 197: „Principes Christiani jure Divino tenentur subditos suos dirigere ad cultum Divinum, iisque providere de mediis ad salutem aeternam conducentibus: cum autem in hoc praecipue exerceatur Jus reformandi, concluditur, Principes Catholicos jus istud primario non trahere ex Instrumento Pacis Westphalicae ..."

[290] Ebd. Auch Johannes Heckel scheint die Wendung „*cum* jure territorii" in dem von Zech abgelehnten Sinn zu verstehen, daß das Reformationsrecht seinen Grund im Recht des Fürsten über das Territorium habe („*ex* jure territorii"); vgl. *Heckel*, Staat und Kirche (1957) 214. Nach Zech wird das Reformationsrecht aber nur zugleich mit der Territorialgewalt verliehen.

wobei natürlich die Einschränkung des Art. V § 31 des Osnabrücker Friedensvertrages zu beachten ist, daß die im Normaljahr 1624 in dem betreffenden Gebiet herrschende Konfession zu tolerieren ist[291].

Einige protestantische Autoren argumentierten, daß die katholische Religionsausübung in einem bislang protestantischen Gebiet nicht eingeführt werden dürfe, da sonst die durch den Westfälischen Frieden zugesicherte ungestörte Religionsausübung nicht mehr gesichert sei; die katholische Konfession sei nämlich in hohem Maße geeignet, Unruhe hervorzurufen, während die protestantische die friedlichste Religion sei. Diese Argumentation erledigt sich nach Zech schon durch den Hinweis darauf, daß unter diesen Voraussetzungen die Einführung der protestantischen Lehre in einem bislang katholischen Gebiet voraussetzte, daß zuvor die katholische Religionsausübung völlig beseitigt würde[292]. Dies aber stünde im Widerspruch zu Art. V § 31 des Osnabrücker Friedensvertrages, der ja gerade Toleranz fordert.

3. *Das Verhältnis zu den nichtkatholischen Christen*

a) Toleranz

Im Zusammenhang mit dem Geltungsbereich kirchlicher Gesetze[293] wurde bereits ausgeführt, daß nach Zech die nichtkatholischen Christen aufgrund des Augsburger und des Westfälischen Friedensvertrages von der Verpflichtung durch rein kirchliche Gesetze ausgenommen sind. Diese Toleranz bezieht sich aber nicht auf die Wiedertäufer, die Anhänger des Wycliff und andere Häretiker. Wer diesen die freie Religionsausübung gestattet, verstößt nicht nur gegen das kanonische Recht, „sondern auch gegen öffentliche Reichsgesetze“[294], nämlich gegen die Religionsfrieden von Passau, Augsburg und Osnabrück[295]. Die prinzipielle Unterwerfung aller Getauften, also auch der nichtkatholischen Christen, unter die Gesetze der katholischen Kirche hält Zech allerdings aufrecht[296], und dies gilt auch für kirchliche Strafgesetze: „Andererseits aber, auch wenn die Häretiker“ – hiermit meint Zech auch die

[291] Vgl. De Jud. II, S. 236f., § 197.
[292] Vgl. De Jud. II, S. 237f., § 198.
[293] Siehe oben, S. 87.
[294] De Jud. II, S. 188, § 156.
[295] Vgl. z. B. Augsburger Reichsabschied vom 25. September 1555, § 17: „Doch sollen alle andere, so obgemelten beeden Religionen (katholische und Augsburger Konfession, der Verf.) nicht anhängig, in diesen Frieden nicht gemeynt, sondern gäntzlich ausgeschlossen seyn.“ (101,34–36 *Hofmann*).
[296] Vgl. Praec. S. 41, § 61.

nichtkatholischen Christen – „die Last der kirchlichen Gesetze abschütteln wollten, könnten sie sich doch nicht von der Unterwerfung befreien, die sie in der Taufe übernommen haben. Daher unterliegen sie auch Strafandrohungen, die in den canones festgesetzt sind, von denen sie allerdings vor dem weltlichen Gericht wegen der Toleranz befreit sind".[297]

Zechs Lehrer Vitus Pichler hatte die Rechtsgeltung der Religionsfrieden wegen des päpstlichen Protestes bestritten[298] und konnte daher die nichtkatholischen Christen nicht aus diesem Grund von der Geltung rein kirchlicher Gesetze ausnehmen, weil das in den Religionsfrieden so vereinbart worden ist. Und so führt er aus: „Die kirchlichen Gesetze binden aber an sich (per se) Häretiker wie auch Apostaten, weil sie durch die Taufe der wahren Kirche Christi unterworfen sind und ständig unterworfen bleiben, wie ja auch der Charakter der Taufe beständig bestehenbleibt."[299] Dennoch aber erschien es wohl auch Pichler nicht sinnvoll, den prinzipiellen Anspruch der katholischen Kirche auch praktisch durchsetzen zu wollen und nichtkatholische Christen ihrer Rechtsgewalt zu unterwerfen. Um diesen praktischen Verzicht auch theoretisch zu legitimieren, greift er auf die Lehre von der Gesetzesunkenntnis zurück: „Dennoch werden sie tatsächlich (per accidens) oft entschuldigt wegen der Unwissenheit bezüglich dieser Unterworfenheit und ihrer Verpflichtung."[300] Hiermit gibt Pichler zunächst das wieder, was vor ihm auch schon Schmalzgrueber gesagt hatte: „Nicht nur Naturgesetzen und göttlichen Gesetzen, sondern auch kirchlichen Gesetzen bleiben ‚per se' Häretiker und Apostaten unterworfen; mögen sie auch als faule Glieder durch die Exkommunikation vom Leib der Kirche abgeschnitten sein, so bleiben sie ihr dennoch wegen des unauslöschlichen Prägemals der Taufe unterworfen."[301] Während Schmalzgrueber nur durch die Wendung „per se" andeutet, daß es sich bei der Verpflichtung nichtkatholischer Christen durch rein kirchliche Gesetze nur um einen prinzipiellen Anspruch handelt, ohne aber auszuführen, ob und wie es eine Ausnahme von diesem „per se" bestehenden Anspruch geben kann, wendet Pichler die „ignorantia legis", die in bestimmten Fällen von der Verpflichtung des Gesetzes befreit[302], unmittelbar auf die Protestanten an, wobei er allerdings nicht zu einer prinzipiellen Ausnahmeregelung für die außerhalb der katholischen Kirche stehenden Christen gelangt. Es ließe sich höchstens sagen, daß von der

[297] De Jud. II, S. 189, § 157.

[298] Vgl. *Pichler*, Candidatus Jurisprudentiae Sacrae, Bd. 5, S. 237, RNr. 6; *Kraus*, Das Problem des Glaubenskrieges 115.

[299] *Pichler*, Candidatus Jurisprudentiae Sacrae, Bd. 1, S. 139, RNr. 46.

[300] Ebd., S. 139f., RNr. 46.

[301] *Schmalzgrueber*, Jus Ecclesiasticum Universum, Bd. 1, S. 18, RNr. 35.

[302] Zur ignorantia legis vgl. *Pichler*, ebd., S. 21, RNr. 40.

Rechtsvermutung ausgegangen werden kann, daß die Protestanten von ihrer Unterworfenheit unter das kanonische Recht nichts wissen, so daß sie als von der Verpflichtungskraft rein kirchlicher Gesetze befreit zu gelten haben.

Im Vergleich mit Pichler geht Zechs Ansicht insofern weiter, als dieser eine allgemeine Beschränkung des Verpflichtungsbereiches rein kirchlicher Gesetze auf katholische Christen, allerdings wohl nur für das Deutsche Reich, vertritt[303]. Doch muß er hierzu auf Rechtsquellen zurückgreifen, die nach seiner eigenen Ansicht dem kanonischen Recht nicht nur fremd, sondern geradezu entgegengesetzt sind. Pichler hingegen kann rein „systemimmanent" aus den Vorschriften des kanonischen Rechtes heraus argumentieren, gelangt aber nur zu einer Ausnahmeregelung, die – streng genommen – von Fall zu Fall zu prüfen wäre.

Nichtkatholische Christen betrachtet Zech als Häretiker und Schismatiker; diese sind somit exkommuniziert. Er betont aber, daß der Umgang mit ihnen in geschäftlichen Dingen nicht verboten ist, solange nicht einzelne Akatholiken öffentlich und namentlich exkommuniziert werden[304]. Auch zeitliche Strafen, die bei Häresie und Schisma drohen, entfallen aufgrund der in Deutschland gesetzlich festgelegten Toleranz zwischen katholischen und nichtkatholischen Christen[305].

b) Das Problem der konfessionsverschiedenen Ehe

Die Eheschließung zwischen Christen verschiedener Konfession behandelt Zech nicht unter dem Abschnitt über die verbietenden Ehehindernisse seines Buchs über das kirchliche Sachenrecht[306], doch betrachtet er sie normalerweise als verboten, wie aus folgender Bemerkung – im Zusammenhang mit dem trennenden Ehehindernis der Religionsverschiedenheit – hervorgeht: „Die Ehe eines Katholiken mit einer Häretikerin oder umgekehrt ist zwar gültig, wenn kein anderes Ehehindernis vorliegt; sie ist zumeist aber unerlaubt wegen der Gefahr des Glaubensabfalls und aus vielen anderen Gründen."[307] Ein eigenes verbietendes Ehehindernis der Konfessionsverschiedenheit kennt Zech also nicht, und die Frage, ob die Eheschließung im Fall von Konfessionsverschiedenheit erlaubt ist oder nicht, hängt offensichtlich davon ab, ob die Gefahr des Glaubensabfalls

303 Vgl. Praec. S. 41, § 61.

304 Vgl. De Jud. II, S. 187, § 156.

305 Vgl. De Jud. II, S. 188, § 157: „Cessant quidem dictae poenae temporales ob legis publicae tolerantiam."

306 De Jur. Rer. I, S. 393–399, §§ 303–308.

307 De Jur. Rer. I, S. 425, § 323.

oder ein anderer Grund vorliegt, der eine solche Eheschließung verbietet. Wie und von wem dies festgestellt wird, sagt Zech nicht.

Vereinbarungen, wonach die männlichen Nachkommen in der Konfession des Vaters, die weiblichen aber in jener der Mutter erzogen werden sollen, sind zwar nicht erlaubt, machen aber eine unter dieser Bedingung geschlossene Ehe nicht ungültig[308]. Obwohl aber sicher ist, daß Eheschließungen zwischen Katholiken und Protestanten in bestimmten Territorien kaum zu vermeiden sind – Zech gibt in diesem Zusammenhang seiner Freude Ausdruck, daß diese Probleme in Bayern aufgrund einer besonderen Gnade Gottes nicht bestehen[309] –, sollten solche Bedingungen bezüglich der Kindererziehung möglichst nicht zugelassen werden, zumal sie von protestantischer Seite als Grund für eine Nichtigerklärung der Ehe gelten[310], sofern nicht das öffentliche Wohl dazu rät, eine solche Bedingung ausnahmsweise doch zu tolerieren[311]. „Das Elend jener Provinzen, denen die Notwendigkeit auferlegt ist, die Ausübung verschiedener Religionen zu tolerieren, zwingt auch dazu, solche traurigen Folgeerscheinungen zuzulassen."[312]

Energisch bestreitet Zech das Recht des weltlichen Gesetzgebers, für den Konfessionswechsel von Kindern ein bestimmtes Mindestalter festzulegen: „Denn der Glaube ist ein besonderes Geschenk Gottes, worüber geschrieben steht: Der Geist weht, wo er will. Sofern nur der Vernunftgebrauch gegeben ist, kann hier kein Alter von der weltlichen Macht am Bekenntnis der wahren Religion gehindert werden; denn man könnte dagegenhalten: Man muß Gott mehr gehorchen als den Menschen."[313] Eine solche Behinderung des öffentlichen Bekenntnisses eines bestimmten Glaubens wäre sowohl dem göttlichen Recht als auch dem Westfälischen Friedensvertrag entgegen[314].

V. Die Concordata Nationis Germanicae

1. Das Problem der Konkordate und ihr Rechtscharakter

Die mit den Concordata Nationis Germanicae verbundene grundlegende Problematik umschreibt Heribert Raab folgendermaßen: „Das eigentliche historische Problem des stiftischen Deutschland in den beiden letzten Jahr-

[308] Vgl. De Jud. II, S. 242, § 201.
[309] Vgl. De Jud. II, S. 241 f., § 200.
[310] Vgl. De Jud. II, S. 243, § 201.
[311] Vgl. De Jud. II, S. 244, § 202.
[312] Ebd.
[313] De Jud. II, S. 246, § 203.
[314] Vgl. De Jud. II, S. 247, § 205.

hunderten des alten Reiches ist mit dem Versuch gegeben, den Übergang vom mittelalterlichen zum modernen Staat zu vollziehen. Es findet seinen Ausdruck in den Fragen nach dem Verhältnis von Staat und Kirche, von fürstbischöflichen und päpstlichen Rechten und Befugnissen, von Reichs- und Universalkirche. Nirgendwo aber erscheint dieses zentrale und wichtige Problem in solch wenigen Sätzen zusammengedrängt wie in den Bestimmungen der Concordata Nationis Germanicae. Und nirgendwo kann das Ringen zwischen dem Papsttum und den geistlichen Fürsten um die kirchlichen und staatlichen Verfassungsformen, um eine befriedigende Ordnung von geistlicher und weltlicher Macht deutlicher vor Augen geführt werden als in der Geschichte des Kampfes um Umfang, Inhalt und gegenseitiges Rechtsverhältnis jener an der Wende vom Mittelalter zur Neuzeit errichteten Abkommen."[315] Die Diskussion um die Concordata Nationis Germanicae des 15. Jahrhunderts, worunter neben dem Wiener (1448) und dem Konstanzer Konkordat (1418) auch die Fürstenkonkordate und die Mainzer Akzeptation (1439) verstanden wurden, spielte in der Kanonistik des 18. Jahrhunderts deswegen eine große Rolle, weil durch den Rückgriff auf diese Konkordate versucht wurde, die Freiheiten der deutschen Reichskirche gegenüber dem Apostolischen Stuhl zu festigen[316]. Diese Auseinandersetzung steht somit auch im Zusammenhang mit den episkopalistischen Strömungen dieser Zeit. Auch Zech beteiligt sich daran, indem er zur Frage des Rechtscharakters und der Geltung der Konkordate Stellung nimmt. Hier zeigt sich nochmals seine grundsätzliche Einstellung zum Verhältnis von Staat und Kirche.

Die Frage, wie der Rechtscharakter von Konkordaten zu umschreiben sei, hat in der Geschichte sehr verschiedenartige Antworten gefunden. Von der Seite der römischen Kurie (z. B. Kalixt III.)[317] wurde die sogenannte Privilegientheorie vertreten, wonach mit einem Konkordat dem weltlichen Herrscher vom Papst ein Privileg zugestanden wird, das dieser ohne weiteres widerrufen kann. Umgekehrt wurde die Ansicht vertreten, das entscheidende Moment am Zustandekommen eines Konkordates sei die staatliche Gesetzgebungstätigkeit. Die im Konkordat ausgedrückte Zustimmung der Kirche sei rechtlich irrelevant (sogenannte Legaltheorie). Als Theorie des Ausgleichs wird man die heute allgemein anerkannte Vertragstheorie ansehen können, nach welcher Staat und Kirche als gleichberechtigte Vertragspartner gemeinsam das Konkordat errichten, an das sie dann auch – gemäß

[315] *Raab,* Die Concordata Nationis Germaniae 1.

[316] Vgl. *Hans Erich Feine,* Kirchliche Rechtsgeschichte. Die katholische Kirche, Köln – Wien ^{5}1972, 567f.

[317] Vgl. ebd. 481, Anm. 16.

dem naturrechtlichen Grundsatz „pacta sunt servanda“ – beide in gleicher Weise gebunden sind[318].

Zech geht von einer Vertragstheorie[319] und einer Gleichberechtigung beider das Konkordat schließenden Parteien aus: „Denn da diese festgesetzt sind und von den Parteien von da an gebilligt, gelobt, beschlossen, angenommen und vereinbart wurden, verpflichten sie daher beide vertragsschließenden Parteien in gleicher Weise und können von keiner (Partei) ohne Zustimmung der anderen verletzt werden.“[320] Außer der vertraglichen, d. h. rechtlichen Verpflichtung erkennt Zech aber noch eine besondere moralische Verpflichtung des Papstes an, die Concordata Nationis Germanicae zu halten, „damit dieser zur Wahrung des guten Glaubens beim (zwischen-)menschlichen Handeln nicht nur Gesetze gibt, sondern auch ein Beispiel bietet“.[321]

2. *Abweichen von Bestimmungen der Konkordate*

In der Frage der Verbindlichkeit der Konkordatsnormen sucht Zech, wie er selbst sagt, „einen mittleren Weg“ und vertritt die Ansicht, „daß der Papst nicht ununterschieden, nach Gutdünken und ohne die Zustimmung der deutschen Nation die Konkordate derogieren könne außer aus einem sehr dringenden Grund von öffentlichem Nutzen oder öffentlicher Notwendigkeit“.[322] Wie sich aber im folgenden zeigt, ist es nicht erforderlich, daß der Papst zu einem Abweichen von den Konkordaten das Einverständnis seines Vertragspartners einholen muß. Wenn ein öffentlicher und offensichtlicher Nutzen oder eine solche Notwendigkeit der Kirche oder der deutschen Nation vorliegt, kann er sich seiner von Christus erhaltenen Vollmacht bedienen und sich über die Bestimmungen der Konkordate hinwegsetzen[323]. Zwar betont Zech einerseits, daß das Einhalten der Konkordate nicht einfachhin in die Willkür des Papstes gestellt ist, doch reicht schon ein öffentlicher Nutzen der Kirche, den wohl der Papst selbst zu beurteilen hat, als Begründung, damit er sich über diesen Vertrag hinwegsetzen kann. In dieselbe Richtung geht die Bemerkung Zechs, daß die Concordata Nationis Germanicae auch deshalb noch als gültig anzusehen sind, weil sie bislang für

[318] Vgl. zum Ganzen: *Alexander Hollerbach,* Die vertragsrechtlichen Grundlagen des Staatskirchenrechts, in: Handbuch des Staatskirchenrechts, Bd. 1, 267–296, hier: 282.

[319] Vgl. auch *Raab,* ebd. 117: „Zech und Biner geben die extreme Form der Privilegientheorie auf.“

[320] Praec. S. 235, § 321.

[321] Ebd.

[322] Praec. S. 234f., § 320.

[323] Vgl. Praec. S. 235f., § 322.

beide Parteien von Nutzen gewesen sind[324]. Immerhin sagt Zech, daß ein Grund zum Abweichen von den Vorschriften der Konkordate sehr schwerwiegend sein muß, und er schließt aus, daß ein privater Nutzen als solcher Grund in Betracht kommt. Da aber der Papst allein beurteilt, ob ein solcher Grund vorliegt, bringt Zech hier eine Ungleichheit zwischen den Vertragspartnern in seine Auffassung von den Concordata Nationis Germanicae hinein, da sich der weltliche Herrscher nicht auf eine solche Vollmacht berufen kann, die er von Christus erhalten habe. In der weiteren kanonistischen Diskussion um die Concordata Nationis Germanicae wird Zech als Vertreter einer Vertragstheorie zitiert[325].

Neben der Möglichkeit, sich über die Bestimmungen der Concordata Nationis Germanicae in einem Ausnahmefall auch einseitig hinwegzusetzen, bestehen noch andere Möglichkeiten, sich von den Verpflichtungen der Konkordate zu befreien. Zum einen kann nach Zech auch gegen die Vorschriften der Konkordate ein Gewohnheitsrecht entstehen oder eine Ausnahmeregelung getroffen werden, wie sich aus der folgenden Aussage zu ergeben scheint: „Mögen auch die Konkordate zum Wohl und zur Ruhe ganz Deutschlands eingegangen worden sein, so steht dies doch nicht dagegen, daß an einem besonderen Ort oder in einer besonderen Sache etwas anderes beobachtet wird, wie es ja auch bei allgemeinen Gesetzen der Fall ist.“[326] Vor allem aber kommt auch die Möglichkeit der Verjährung in Betracht, besonders dann, wenn es sich um Bestimmungen der Konkordate handelt, durch welche die ursprüngliche Gewalt der Bischöfe eingeschränkt wird. Als Beispiel nennt Zech: „Viele Kirchen haben kürzlich verschiedene Privilegien erhalten, die den Konkordaten entgegengesetzt waren, vor allem bezüglich Benefizien, die in den päpstlichen Monaten freigeworden waren.“[327] Auch irritierende Klauseln der Konkordate können durch Verjährung ihre Verbindlichkeit verlieren, in gleicher Weise, wie dies bei anderen Verträgen der Fall sein kann[328]. Allerdings schränkt Zech die Möglichkeit der Verjährung auf die unvordenkliche Verjährung ein; diese ist nach seiner Ansicht eher als eine Rechtsvermutung zu verstehen, daß vor unvordenklicher Zeit ein päpstliches Indult ergangen ist, das die betreffende Befreiung von der Rechtspflicht zum Inhalt hatte[329].

Auch in der Frage der Concordata Nationis Germanicae fällt eine gewisse

[324] Vgl. Praec. S. 235, § 321: „... praesertim cum ratio utilitatis in utramque partem redundantis hucusque nunquam cessaverit.“
[325] Vgl. *Raab,* ebd. 128, Anm. 17 und S. 155.
[326] De Jur. Rer. II, S. 906, § 594.
[327] De Jur. Rer. II, S. 904, § 594.
[328] Vgl. De Jur. Rer. II, S. 905, § 594.
[329] Vgl. ebd.

Zwiespältigkeit im Denken Zechs auf: Einerseits erscheinen Staat und Kirche als gleichberechtigte und in gleicher Weise verpflichtete Vertragspartner, andererseits hat der Papst aufgrund seiner höchsten Vollmacht die Möglichkeit, die Konkordate ohne Rücksprache mit dem Vertragspartner teilweise außer Kraft zu setzen. Für den Bereich des Verhältnisses zwischen Kirche und Staat insgesamt ergibt sich, daß Zech immer wieder versucht, einen mittleren Weg zu finden. Hierbei aber findet er nicht zu einer konsequenten und schlüssigen Theorie, sondern schwankt zwischen verschiedenen Ansichten und setzt manchmal Aussagen nebeneinander, die miteinander nicht zu vereinbaren zu sein scheinen.

Zusammenfassung der Ergebnisse

Eine Zusammenfassung der Ergebnisse der vorliegenden Untersuchung über das Leben und die Lehre des Ingolstädter Kanonisten Franz Xaver Zech kann nicht den Sinn haben, die Lehre Zechs in kurzen Worten wiederzugeben und eine Bewertung der einzelnen Ansichten zu bieten. Das ist aufgrund der Verschiedenheit der einzelnen Sachgebiete nicht möglich und auch nicht sinnvoll. Wohl aber können einzelne gemeinsame Aspekte herausgestellt werden, die für die kirchenrechtliche Lehre Zechs von allgemeiner Bedeutung sind.

1. Ein durchgängiges Chrakteristikum der Ansichten Zechs ist sein Versuch, in allen Fragen einen mittleren Weg zu finden, seine Bemühung um Mäßigung. In verschiedenen Fragen wird Zech auch später noch als Vertreter einer gemäßigten Anschauung zitiert; das gilt insbesondere für seine Anschauungen über das kanonische Zinsverbot und die Rechtsgeltung der Concordata Nationis Germanicae. Das Bemühen um Mäßigung im Urteil begegnet aber auch schon in seiner Erstlingsschrift über die Vermögensfähigkeit der Scholastiker der Gesellschaft Jesu und kann auch an solchen Stellen erkannt werden, an denen er Thesen nebeneinander stellt, die sich zu widersprechen scheinen, z. B. in der Frage des Verhältnisses von Episkopat und Primat, in der Frage der Unfehlbarkeit kirchlicher Entscheidungen und in der Frage des Abweichens von Vorschriften der Concordata Nationis Germanicae. In diesen und anderen Fragen hat er nicht zu einer überzeugenden und schlüssigen Lösung gefunden.

2. Zech steht durchaus in der Tradition der Kirchenrechtslehre seines Ordens und vertritt in einigen Punkten lediglich die herkömmliche Lehre. Originalität ist an einigen Stellen zu finden, vor allem dann, wenn er einseitige Ansichten zu korrigieren versucht, um so seiner Bemühung um einen mittleren Weg Ausdruck zu geben. In der Frage der Unfehlbarkeit vertritt er bereits im wesentlichen die Lehre des I. Vatikanischen Konzils, und seine Ansichten bezüglich der Erlaubtheit des Zinsnehmens sind im Vergleich mit den Lehren anderer Theologen seiner Zeit als fortschrittlich zu bezeichnen. Verschiedene Lehren, die auch für die spätere Kirchenrechtswissenschaft der Aufklärungszeit kennzeichnend sind, finden sich bereits bei Zech, so die aus scholastisch-aristotelischem Denken stammende Lehre von der Kirche als „communitas perfecta". Dennoch aber ist er nicht den

Anhängern aufklärerischer Ideen zuzurechnen; so ist die Bedeutung des Naturrechts für das kanonische Recht in seinem kirchenrechtlichen Lehrbuch keineswegs zentral. Geradezu im Widerspruch zur Aufklärung steht seine Meinung, das Naturrecht dürfe nicht von seinem Ursprung in Gott getrennt werden. Die aufklärerische Philosophie seiner Zeit ist für Zechs Darstellung des kanonischen Rechts kaum maßgeblich; insofern ist er als „vor-aufklärerischer" Kanonist zu bezeichnen.

3. Kennzeichnend für die Schriften Zechs sind neben dem Versuch, extreme Positionen in seiner Lehre zu vermeiden, vor allem das Bemühen, das Recht des Deutschen Reiches und die besonderen Rechtsverhältnisse der deutschen Kirche zu berücksichtigen sowie die Beachtung des geschichtlichen Aspektes des kanonischen Rechts. Die Quellen für seine Ansichten liegen vor allem in der Tradition der Scholastik, die in seinem Orden noch lebendig war, hier sind es vor allem die Schriften des Thomas von Aquin, die er häufig zitiert; auch die Kirchenväter werden auffallend oft herangezogen. Die Berücksichtigung der Geschichte und des deutschen Teilkirchenrechts sowie die Übernahme des Institutionensystems in Zechs Lehrbuch stehen bereits in einer Linie mit der späteren Entwicklung der Kirchenrechtswissenschaft. Aufgrund der „neuen" Institutionengliederung war Zech bei der Darstellung des Kirchenrechts nicht in dem Maße von den Dekretalen abhängig wie seine Vorgänger, die hauptsächlich die kirchlichen Gesetze kommentierten. Vor allem in seinem Einleitungsband, den Praecognita Juris Canonici, stellt er auch mehr als bis dahin üblich theoretische Überlegungen zum Kirchenrecht und zur Kirchenrechtswissenschaft an, wobei er sich – ebenso wie die aufklärerischen Kirchenrechtler nach ihm – hauptsächlich philosophischer Denkweise bedient.

4. Zech hat vornehmlich durch seine Schüler aus der Theologischen und Juristischen Fakultät weitergewirkt und hatte durch diese und durch seine beratende Tätigkeit für den bayerischen Kurfürsten Einfluß auf die Entwicklung der Verhältnisse in Bayern. Genaueres über seine Bedeutung als Kirchenrechtslehrer in der Folgezeit ist nicht mehr zu ermitteln, doch dürfte seine Bedeutung nicht zu gering veranschlagt werden. Von seinen Schriften werden später vor allem die Praecognita Juris Canonici und die Dissertationen über das Zinsnehmen zitiert. Das Ergebnis der vorliegenden Untersuchung bestätigt das Urteil, daß Franz Xaver Zech der letzte große Kanonist der Universität Ingolstadt war; seinen Vorgängern aus der Gesellschaft Jesu Franz Schmalzgrueber und Vitus Pichler ist er durchaus ebenbürtig.

Personenregister